# VERDADE E CONHECIMENTO

# VERDADE E CONHECIMENTO
## *Santo Tomás de Aquino*

(Questões disputadas "Sobre a verdade" e "Sobre o verbo"
e "Sobre a diferença entre a palavra divina e a humana")

Tradução, estudos introdutórios e notas de:
LUIZ JEAN LAUAND e MARIO BRUNO SPROVIERO

SÃO PAULO 2013

*Títulos dos originais: QUAESTIONES DISPUTATAE DE VERITATE (QUAESTIO I e IV)
e DE DIFFERENTIA VERBI DIVINI ET HUMANI.
Copyright © 1999, Livraria Martins Fontes Editora Ltda.,
São Paulo, para a presente edição.*

1ª edição 1999
2ª edição 2011
2ª tiragem 2013

**Tradução, estudos introdutórios e notas**
LUIZ JEAN LAUAND
MARIO BRUNO SPROVIERO

**Preparação do original**
*Luzia Aparecida dos Santos*
**Revisões gráficas**
*Teresa Cecília de Oliveira Ramos
Ivany Picasso Batista*
**Produção gráfica**
*Geraldo Alves*
**Paginação/Fotolitos**
*Studio 3 Desenvolvimento Editorial*

**Dados Internacionais de Catalogação na Publicação (CIP)
(Câmara Brasileira do Livro, SP, Brasil)**

Tomás de Aquino, Santo, 1225?-1274.
    Verdade e conhecimento / Santo Tomás de Aquino ; tradução, estudos introdutórios e notas de Luiz Jean Lauand, Mario Bruno Sproviero. – 2ª ed. – São Paulo : Editora WMF Martins Fontes, 2011. – (Clássicos WMF)

    Título original: Quaestiones disputatae de veritate (quaestio I e IV) e De differentia verbi divini et humani.
    ISBN 978-85-7827-424-5

    1. Conhecimento 2. Palavra (Teologia) 3. Tomás, de Aquino, Santo, 1225?-1274 4. Verbo (Pessoa divina) 5. Verdade I. Lauand, Luiz Jean, 1952-. II. Sproviero, Mario Bruno. III. Título. IV. Série.

11-05710                                                          CDD-189.4

**Índices para catálogo sistemático:**
1. Tomás de Aquino : Filosofia medieval    189.4

*Todos os direitos desta edição reservados à*
**Editora WMF Martins Fontes Ltda.**
*Rua Prof. Laerte Ramos de Carvalho, 133 01325.030 São Paulo SP Brasil
Tel. (11) 3293.8150 Fax (11) 3101.1042
e-mail: info@wmfmartinsfontes.com.br http://www.wmfmartinsfontes.com.br*

"Veritas uniuscuiusque rei est propietas sui esse quod sabilitum est ei."

"A verdade de uma coisa é a característica própria de seu ser, que lhe foi dada como propriedade constante."

(Avicena, citado por Tomás I, 16, 3)

# *Índice*

*Prólogo* (LJL) .................................................. XI
*Cronologia de Tomás de Aquino* (LJL) ............. XV

**Tomás de Aquino: vida e pensamento
– estudo introdutório geral** (LJL) ..................... 1

1. Introdução: atualidade de Tomás ..................... 1
2. O quadro histórico de Tomás: um século de contradições .............................................................. 4
3. O "Movimento da Pobreza", Aristóteles e a universidade ......................................................... 9
4. A *quaestio disputata*, essência da universidade.. 15
5. A Criação pelo Verbo: fundamento do conhecimento e da inesgotabilidade do conhecimento.. 20
6. O filosofar cristão ............................................. 42
7. O método de Tomás: fenômeno e linguagem . 48
8. O Verbo, o falar e a palavra ............................. 52
9. Ser e participação em Tomás ........................... 55
10. Tomás do Deus Criador ................................. 64
11. A alma como forma ....................................... 67
12. Nota sobre a unidade do ser humano ............ 70
13. Outras notas sobre a *quaestio disputata* "Sobre o verbo" ............................................................. 72

## A verdade e a evidência – estudo introdutório (MBS) .................. 81

*Parte I – A questão da verdade* ............................. 81
1. Introdução .................................................. 81
2. A concepção semântica da verdade ................. 83
3. Concepções idealistas da verdade ................... 86
4. Concepção de verdade do pragmatismo ........... 92
5. A concepção voluntarista da verdade .............. 94
6. A verdade na hermenêutica ............................. 96
7. A verdade em Heidegger .................................. 99
8. O conceito de verdade nas Escrituras ............. 106

*Parte II – O fundamento da evidência e da certeza* ... 111
1. Introdução ................................................ 111
2. A evidência individual ................................. 114
3. A evidência coletiva ..................................... 119
4. A evidência do consenso universal ................. 121
5. O critério último da verdade ........................... 125

### Questões disputadas de Tomás de Aquino ...... 133

### Nota introdutória à questão disputada "Sobre a verdade" ................................................... 135

### Quaestio prima – De veritate (texto latino) ........ 138

### Primeira questão – Sobre a verdade ................. 139

Artigo 1 Que é a verdade? .................................. 139
Artigo 2 Se a verdade encontra-se antes no intelecto do que nas coisas .......................... 157

| | | |
|---|---|---|
| Artigo 3 | Se a verdade é somente no intelecto componente e dividente............... | 165 |
| Artigo 4 | Se há somente uma verdade pela qual todas as coisas são verdadeiras............ | 171 |
| Artigo 5 | Se alguma outra verdade além da primeira é eterna............................... | 189 |
| Artigo 6 | Se a verdade criada é imutável............ | 217 |
| Artigo 7 | Se em Deus a verdade diz-se essencialmente ou pessoalmente...................... | 231 |
| Artigo 8 | Se toda verdade depende da verdade primeira..................................... | 237 |
| Artigo 9 | Se a verdade é nos sentidos................ | 249 |
| Artigo 10 | Se alguma coisa é falsa...................... | 253 |
| Artigo 11 | Se há falsidade nos sentidos............... | 269 |
| Artigo 12 | Se há falsidade no intelecto................ | 277 |

**Nota introdutória a "Sobre a diferença entre a palavra divina e a humana"**............ 283

**De differentia verbi divini et humani** (texto latino)................................................ 284

**Sobre a diferença entre a palavra divina e a humana**............................................. 285
Introdução.............................................. 285

**Nota introdutória à questão disputada "Sobre o verbo"**........................................... 299

**Quaestio quarta – De verbo** (texto latino)...... 300

**Quarta questão – Sobre o verbo**................ 301

Artigo 1 Se o nome verbo se aplica propriamente nas relações divinas.................................. 301
Artigo 2 Se verbo se atribui a Deus essencialmente ou só de modo pessoal............... 323
Artigo 3 Se verbo compete ao Espírito Santo...... 337
Artigo 4 Se o Pai profere as criaturas com o verbo com que profere a si mesmo........... 343
Artigo 5 Se a palavra verbo contém em si referência às criaturas.................................... 355
Artigo 6 Se as coisas são mais verdadeiras no Verbo ou em si mesmas........................ 367
Artigo 7 Se o Verbo é daquelas coisas que não são nem serão nem foram...................... 375
Artigo 8 Se todas as coisas que foram feitas são vida no Verbo......................................... 379

*Glossário* ............................................................. 387

# *Prólogo*

Apresentamos ao leitor, sob o título *Verdade e conhecimento*, a edição bilíngüe de duas questões disputadas do *De veritate* de Tomás de Aquino: "Sobre a verdade" (q. 1) e "Sobre o verbo" (q. 4) (esta precedida do opúsculo "A diferença entre a palavra divina e a humana"). O *De veritate*, obra em que Tomás recolhe seu magistério de 1256 a 1259 na Universidade de Paris, compõe-se de 29 questões independentes, das quais – pela harmonia temática – selecionamos essas duas.

Duas questões, dois temas capitais de um pensamento que – como veremos – é marcado pelas notas da abertura e da universalidade, que superam qualquer tentativa de enclausurá-lo num corpo fechado de doutrina. Esta é uma das razões pelas quais Weisheipl – há um quarto de século – já previa que "o revitalizado interesse por Tomás talvez não proceda de centros católicos de pensamento, mas antes de universidades e centros de pesquisa seculares"[1].

Naturalmente, além das dificuldades próprias para a compreensão de um sólido pensamento filosófico, os

---
1. Weisheipl, James A. *Tomás de Aquino – Vida, obras y doctrina*, Pamplona, Eunsa, 1994, p. 16.

mais de 700 anos que nos separam do Aquinate impuseram a necessidade de estudos introdutórios e glossário (necessariamente sintéticos) que auxiliem o leitor a compreender o alcance e o significado de seu pensamento.

Assim, após uma "Cronologia", encontra-se "Tomás de Aquino: vida e pensamento", estudo introdutório geral (com ênfase para a questão do Verbo). Apresentam-se os seguintes temas: o ato de ser, criação e participação como essenciais na filosofia de Tomás; a alma e o espírito; o problema da filosofia cristã; a linguagem e o *Verbo* etc.

Em seguida, M. Sproviero em "A verdade e a evidência" discute a concepção do Aquinate de verdade como *adequatio*, em diálogo com os principais posicionamentos de outros pensadores. E os fundamentos da certeza e da evidência, também em contraste com outros filósofos.

Após os estudos introdutórios, apresentam-se as questões de Tomás, precedidas de um resumo elaborado pelos tradutores.

No momento em que escrevemos este prólogo, ocorrem dois eventos que representam emblematicamente a presença de Tomás em nosso tempo.

O governo de sua terra natal, a minúscula Roccasecca, promove um concurso internacional para a realização de uma estátua em honra de seu filho mais ilustre, para a abertura do próximo milênio...

Por outro lado, acaba de ser lançada a encíclica *Fides et ratio*, que dá a Tomás "um lugar absolutamente especial: não só pelo conteúdo da sua doutrina, mas também pelo diálogo que soube instaurar com o pensamento árabe e hebreu do seu tempo. Numa época em que os pensadores cristãos voltavam a descobrir os tesouros da

filosofia antiga, e mais diretamente da filosofia aristotélica, ele teve o grande mérito de colocar em primeiro lugar a harmonia que existe entre a razão e a fé. A luz da razão e a luz da fé provêm ambas de Deus: argumentava ele; por isso, não se podem contradizer entre si. Indo mais longe, Santo Tomás reconhece que a natureza, objeto próprio da filosofia, pode contribuir para a compreensão da revelação divina. Deste modo, a fé não teme a razão, mas solicita-a e confia nela" (N. 43).

O texto latino de que nos valemos para as traduções do *De veritate* é o da edição eletrônica feita por Roberto Busa, *Thomae Aquinatis Opera Omnia* cum hypertextibus in CD-ROM. Milão, Editoria Elettronica Editel, 1992 (*Textus Leoninus aequiparatus*, t. XXII). As questões disputadas "sobre a verdade" são neste CD apresentadas sob os números 11 e 12.

LUIZ JEAN LAUAND<br>
outubro de 1998

# *Cronologia de Tomás de Aquino*

## *Contexto em que ocorre o nascimento de Tomás*

*c.* 1170 Nascimento de São Domingos em Caleruega (Castela).
1182 Nascimento de Francisco de Assis. Francisco e Domingos irão fundar, no começo do séc. XIII, as ordens mendicantes: franciscanos e dominicanos. As ordens mendicantes, voltadas para a vida urbana, e, posteriormente, para a universidade, sofrerão duras perseguições em Paris.
*c.* 1197 Nascimento de Alberto Magno, um dos primeiros grandes pensadores dominicanos, mestre de Tomás.
1210 Primeira proibição eclesiástica de Aristóteles em Paris.
1215 Estatutos fundacionais da Universidade de Paris.
Inglaterra: Carta Magna.
Fundação da Ordem dos Pregadores.
1220 Coroação do Imperador Frederico II.
1224/5 Nascimento de Tomás no castelo de Aquino, em Roccasecca (reino de Nápoles). Filho de Landolfo e Teodora. Seu pai e um de seus irmãos pertencem à aristocracia da corte de Frederico II.

Frederico II funda a Universidade de Nápoles para competir com a Universidade de Bolonha (pontifícia).
1226 Morte de São Francisco de Assis.

### *Infância e adolescência no Reino de Nápoles*

1231 Tomás é enviado como oblato à abadia de Monte Cassino (situada entre Roma e Nápoles). Monte Cassino, além de abadia beneditina, é também um ponto crucial na geopolítica da região: é um castelo de divisa entre os territórios imperiais e pontifícios.

1239-44 Tomás estuda Artes Liberais na Universidade de Nápoles e toma contato com a Lógica e a Filosofia Natural de Aristóteles, em pleno processo de redescoberta no Ocidente. Conhece também a recém-fundada ordem dominicana, que – junto com a franciscana – encarna o ideal de pobreza e de renovação moral da Igreja.

### *Juventude na Ordem dos Frades Pregadores*

1244 Tomás integra-se aos dominicanos de Nápoles, sob forte oposição da família, que tinha para o jovem Tomás outros planos que não o de ingressar numa ordem de pobreza.

1245-8 Superada a oposição da família, Tomás faz seu noviciado e estudos em Paris. A Universidade de Paris, desde há muito, goza de um prestígio incomparável.

1248 Sexta Cruzada.

1248-52 Tomás com Alberto Magno em Colônia, onde em 1250/51 recebe a ordenação sacerdotal.
1250 Morre Frederico II.

## *Os anos de maturidade*

1252-9 Tomás professor em Paris. Inicialmente (1252-1256), como Bacharel Sentenciário e, de 1256 a 1259, como Mestre Regente de Teologia. Fruto direto deste magistério é o *De veritate*. Escreve o *Comentário às sentenças de Pedro Lombardo*. Em 1259, começa a redigir a *Summa contra gentiles*. Em defesa da causa das ordens mendicantes, perseguidas, escreve em 1256 o *Contra impugnantes Dei cultum et religionem*.
1260-1 Tomás é enviado a Nápoles, para organizar os estudos da Ordem. Continua a compor a *Contra gentiles*.
1261-4 O papa Urbano IV – pensando numa união entre o Oriente cristão e a Cristandade ocidental – leva Tomás por três anos a sua corte em Orvieto.
1264 Tomás conclui a *Summa contra gentiles*.
1265 Tomás é enviado a Roma com o encargo da direção da escola de Santa Sabina. Começa a escrever seus Comentários a Aristóteles e a *Summa theologica*. Nascimento de Dante Alighieri.
1266 Nascimento de Giotto.
1267 Um novo papa, Clemente IV, chama Tomás à sua corte em Viterbo, onde permanece até o ano seguinte.
1269-72 Tomás exerce sua segunda regência de cátedra em Paris. Escreve o *Comentário ao Evangelho de João* (o *De differentia* é a parte inicial do *Comen-*

*tário*). Recrudesce a perseguição contra as ordens mendicantes na Universidade de Paris.
1272-3 Tomás regente de Teologia em Nápoles.
1274 Tomás morre a caminho do Concílio de Lyon.
1277 Condenação, por parte do bispo de Paris, de 219 proposições filosóficas e teológicas (algumas de Tomás) em Paris.
1280 Morte de Alberto Magno.
1323 Tomás é canonizado por João XXII.

# *Tomás de Aquino: vida e pensamento – estudo introdutório geral (e à questão "Sobre o verbo")*

LUIZ JEAN LAUAND

*"Nos non possumus omnia quae sunt in anima nostra uno verbo exprimere, et ideo oportet quod sint plura verba imperfecta, per quae divisim exprimamus omnia quae sint in scientia nostra sunt"*

"Nós não podemos expressar em uma única palavra tudo o que há em nossa alma e devemos valer-nos de muitas palavras imperfeitas e, por isso, exprimimos fragmentária e setorialmente tudo o que conhecemos"

(Tomás de Aquino, *De differentia* V, 1)

## *1. Introdução: atualidade de Tomás*

O homem, diziam os antigos, é fundamentalmente um ser que esquece. Nesta tese, também ela hoje esquecida, convergem profundamente as grandes tradições do pensamento oriental e ocidental[1]. Para os antigos, neste ponto dotados de maior sensibilidade do que nós, era evidente a existência de uma alienante tendência humana para o esquecimento. Naturalmente, não se trata aqui do periférico, mas do essencial, as questões decisivas vão se embotando: Que é ser homem? O que é a verdade e o que ela representa para a vida? Qual o significado da existência? Etc.

Esse misto de esquecimento e desatenção (não nos esquecemos da data do depósito bancário nem do dia

---
1. De Hesíodo a Platão e Tomás; da tradição semita a Confúcio: cf. Lauand, L. J., *Medievália*, São Paulo, Mandruvá, 1997, pp. 69-75.

da final do campeonato), triste característica humana de todos os tempos, afeta agudamente o homem contemporâneo[2] e acabou por criar uma crise de orientação, de sabedoria e de ética. Uma crise tanto mais grave porquanto muitos dos seus protagonistas nem sequer suspeitam que essa carência existe e que realmente é uma carência. Buscam-se soluções definitivas para o profundo mal-estar do homem moderno em campos onde elas não podem estar: na economia, na tecnologia, nas ciências, nos movimentos ecológicos ou revolucionários... Mas deixam-se sem resposta – de modo mais ou menos consciente – as questões mais decisivas.

E que tem um frade medieval que ver com tudo isto? Tomás de Aquino é, por assim dizer, o último grande clássico; recolhe as grandes contribuições do pensamento filosófico (de Aristóteles aos árabes), harmonizando-as, numa síntese original e profunda, com a revelação cristã. Essa síntese adquire atemporalidade na medida em que se dá com as propriedades que são suas características mais marcantes: a abertura e o universalismo.

Abertura e universalismo. Contra muitos mestres de sua época, Tomás afirma a realidade em sua totalidade – a matéria, o espírito e o espírito intrinsecamente unido à matéria no homem –; proclama a bondade da obra criadora de Deus em toda a sua extensão – *visibilium om-*

..........
2. Uma desatenção, diz Gabriel Marcel, a que o nosso tempo não só nos convida, mas quase nos impõe. E de Heidegger procede o incisivo diagnóstico: "O homem contemporâneo está em fuga diante do pensamento" (*Gelassenheit*, Neske Verlag, 1959, p. 12). A cumplicidade interior nessa fuga de si mesmo para a dispersão – Tomás fala de uma *evagatio mentis*, o desespero de quem abandona a torre do espírito e derrama-se no variado – é potenciada pela maior propensão à consciência alienante nos dias de hoje.

*nium et invisibilium* – e defende a unicidade da alma humana: a alma espiritual, capaz de uma união mística com Deus, é a mesma e única que promove a prosaica digestão de alimentos ou a circulação do sangue.

O próprio conceito de espírito para Tomás é essencialmente abertura: espírito não é uma fumacinha desencarnada, mas precisamente a abertura – (potencialmente) infinita – para a totalidade do real: já no primeiro artigo da primeira questão do *De veritate*, Tomás afirma que a alma humana, por ser espiritual, "é de certo modo todas as coisas" (*"anima est quodammodo omnia"*) e, por natureza, pode travar relações com tudo o que é (*"convenire cum omni ente"*).

Abertura e universalismo. Entre outros aspectos que examinaremos mais adiante, Tomás, ao mesmo tempo que cultiva uma teologia bíblica, recorre aos filósofos pagãos e muçulmanos para elaborar sua teologia. O compromisso de Tomás é unicamente com a verdade das coisas e se recorre a este ou àquele autor é para investigar a verdade das coisas: "os argumentos filosóficos não são acolhidos pela autoridade de quem diz, mas pela validade do que se diz" (*"non... propter auctoritatem dicentium, sed propter rationem dictorum"* – *In Trin.* 2, 3 ad 8).

Além do mais, o pensamento de Tomás é o que há de mais oposto a um sistema fechado, completo e acabado. Ainda que, diga-se de passagem, a tendência ao fechamento da "doutrina" (enunciada em umas tantas "teses") num bloco não esteja totalmente ausente das obras de alguns de seus seguidores (daí a problematicidade de um "tomismo"). Como encerrar num sistema compacto, num "ismo", uma filosofia que, como veremos no tópico

4, se declara essencialmente "negativa" e afirma que "as essências das coisas nos são desconhecidas"? (*De veritate* 10, 1). Se uma sentença como esta nos surpreende é sinal de que estamos precisando voltar-nos mais para Tomás e menos para o "tomismo"...

Estabelecer o diálogo com Tomás – sobretudo nestes temas centrais: a *verdade* e o *conhecimento* – é precisamente deixar-nos *lembrar* daquilo que de mais fundamental foi elaborado por nossa tradição ocidental. A seguir, apresentaremos um enquadramento contextual bio-bibliográfico do Aquinate, de modo quase esquemático e sem nenhuma pretensão de originalidade (há muitos e muito bons livros sobre Tomás): seguiremos dois de seus melhores intérpretes contemporâneos: Josef Pieper e o citado Weisheipl. Este estudo pretende servir como uma breve introdução geral ao pensamento de Tomás, contextualizando as questões disputadas que apresentamos ao leitor neste volume, particularmente a questão "Sobre o verbo".

## 2. O quadro histórico de Tomás: um século de contradições[3]

Os cinqüenta anos da vida de Tomás de Aquino (1225-1274) estão plenamente centrados no século XIII, e não só do ponto de vista cronológico: todas as significativas novidades culturais desse tempo mantêm estreita relação com sua vida e lutas. Ao contrário do clichê que o apresenta como uma época de paz e equilíbrio harmônico,

..........
3. Neste tópico seguimos de perto a obra de Pieper, Josef, *Thomas von Aquin: Leben und Werk*, Munique, DTV, 1981.

esse século é um tempo de agudas contradições, tanto no plano econômico e social como no do pensamento.

A Cristandade – há séculos sitiada pelo Islã e, agora, ameaçada pelas hordas asiáticas – encontra-se na condição de ser um pequeno grupo no meio de um imenso mundo não-cristão. Não se trata só de limitações bélicas ou de fronteiras: há muito tempo o mundo árabe se tinha imposto, não só pelo poderio político-militar, mas também por sua filosofia e ciência. Estas, mediante traduções, tinham penetrado na Cristandade e em seu centro intelectual: a Universidade de Paris. Se essa filosofia e ciência não eram, em boa medida, muçulmanas, eram, ao menos, algo novo, estranho, perigoso, pagão.

Ao mesmo tempo, essa Cristandade do século XIII é abalada nas bases de sua estruturação política: em 1214, pela primeira vez, um rei nacional enquanto tal vence o Imperador, na batalha de Bouvines. Outra "novidade" são as guerras religiosas no seio da Cristandade: durante décadas parecem perdidos definitivamente todo o sul da França e o norte da Itália.

O antigo monacato – que poderia ser lembrado como um possível fator de renovação espiritual – parece ter perdido toda a sua força (apesar dos movimentos reformistas...) e o episcopado encontra-se também esvaziado em suas reservas morais.

Por outro lado, a Cristandade responde a esse estado de coisas de modo muito ativo: no século XIII não só se constroem catedrais, mas também florescem universidades que iniciam e ampliam a conquista da cultura mundana. Outro fenômeno importante é o surgimento dos dominicanos e franciscanos, as "ordens mendicantes", que, de modo surpreendente, vão estar intimamente ligadas às universidades (e, de início, enfrentar dura opo-

sição). Também das ordens mendicantes brota o impulso de defrontar-se com o mundo não-cristão: a *Summa contra gentiles* de Tomás dirige-se ao diálogo com *mahumetistae et pagani* (*CG* 1, 2) e, em meados do século, os dominicanos fundam as primeiras escolas cristãs de língua árabe.

Tomás nasceu em 1224/5 no castelo de Roccasecca, entre Roma e Nápoles. Por um lado, Tomás é "italiano" (alguns de seus sermões ao povo são pregados em sua língua materna, a língua da gente de Nápoles) e, por outro, tem sangue germânico tanto por parte de pai como de mãe. E o ambiente social em que Tomás cresce está marcado pelo selo dos imperadores germânicos dos Hohenstaufen: seu pai e um de seus irmãos pertencem à aristocracia da corte de Frederico de Hohenstaufen.

Tomás, com cinco ou seis anos, é enviado à abadia de Monte Cassino, situada em sua terra natal: o plano da família é que ele venha a se tornar abade desse importante mosteiro. Cerca de dez anos depois vai para Nápoles, onde estuda Artes Liberais na universidade e toma contato com a Lógica e a Filosofia Natural de Aristóteles (num momento em que, em Paris, estava proibido o pagão Aristóteles), e conhecerá os dominicanos (trata-se, como diz Pieper, de uma "fuga": Monte Cassino, além de abadia beneditina, é também o castelo de fronteira entre os territórios imperiais e pontifícios. Também este episódio da vida de Tomás incrustra-se emblematicamente em seu tempo: 1. as lutas entre o Papado e o Império; 2. a falta de vigor do monacato para as exigências dos novos tempos; 3. o declínio do campo e o deslocamento da cultura para a cidade – e para a universidade –; 4. o encontro com Aristóteles e 5. o dinamismo do "movimento de pobreza").

*Verdade e conhecimento*

Com dezenove anos, Tomás ingressa numa das "ordens mendicantes", a Ordem dos Pregadores, dominicana, fundada pelo espanhol Domingo de Guzmán. Seus confrades de Nápoles, procurando afastar o noviço da esfera de poder da família e também da do imperador (as ordens mendicantes sempre são suspeitas de "estar do lado do Papa"), tentam enviá-lo a Paris, mas, no caminho, Tomás é aprisionado por seus próprios irmãos e é mantido por bons meses contra sua vontade no castelo do pai.

Superada finalmente a oposição da família, chega Tomás à universidade por excelência, Paris: primeiro como estudante, depois como um de seus maiores professores de todos os tempos. Em Paris, exatamente no ano de sua chegada, 1245, começa a lecionar Alberto Magno: o doutor universal – em conhecimento, abertura e modernidade –, o mestre sob medida para o gênio do jovem Tomás. Ambos viajam para Colônia, onde Alberto deve erigir uma escola da Ordem. Alberto propicia a Tomás um ingrediente básico: o neoplatonismo, haurido no Pseudo-Dionísio Areopagita. Um neoplatonismo que Tomás concertará – em sua síntese pessoal – com o aristotelismo.

Com vinte e sete anos, Tomás é chamado de volta a Paris, primeiro como mestre da escola dominicana do convento de Saint Jacques e, depois, como professor de Teologia na universidade, enfrentando forte antagonismo – mais dirigido contra as ordens mendicantes do que contra ele pessoalmente.

Com os dominicanos, encarna Tomás um novo tipo de vocação religiosa: para ele, a clausura é interior, uma cela de contemplação dentro de si que convive com a agitação da *vita activa*: o ensino e a discussão intelectual.

Esta agitação acompanhará toda a vida de Tomás. Após sua primeira regência em Paris, é enviado à Itália (1260) para atender a encargos de organização de estudos da Ordem. Depois (1261), o papa Urbano IV – pensando numa união entre o Oriente cristão e a Cristandade ocidental – leva-o por três anos à sua corte em Orvieto. Em 1265, outro encargo: a direção da escola de Santa Sabina, em Roma, por dois anos. Tomás – a quem só restam dez anos de vida – não começou a escrever nenhum de seus doze Comentários a Aristóteles e nem a *Summa theologica* (é nesta estada em Roma que começa essas obras). Em 1267, um novo papa, Clemente IV, chama-o à sua corte em Viterbo.

Em 1269, um fato surpreendente: a direção da Ordem chama-o para uma nova estada na Universidade de Paris. A perseguição às ordens mendicantes recrudesceu: já não se trata mais de cátedras, mas da própria doutrina que fundamenta os dominicanos. Além disso, questiona-se fundamentalmente – Tomás está entre dois fogos – aquela abertura e universalidade que Tomás terá de defender absolutamente sozinho. Em meio a essas tribulações, nesses seus últimos anos parisienses (novamente três), Tomás consegue escrever em um ritmo inacreditável: comentários a quase todas as obras de Aristóteles, ao livro de Jó, ao Evangelho de João, às epístolas de Paulo; as *Quaestiones disputatae* sobre o mal e sobre as virtudes; a enorme parte II da *Summa theologica*...

A polêmica acirra-se tanto que a direção da Ordem toma a discutível decisão de que Tomás deixe Paris e retorne a Nápoles com o encargo de fundar uma escola... Passado um ano, por encargo pontifício, põe-se a caminho de Lyon para participar do Concílio Ecumêni-

co. No caminho, cai doente e morre, no dia 7 de março de 1274, com menos de cinqüenta anos.

## 3. O *"Movimento da Pobreza"*, *Aristóteles e a universidade*[4]

Mas voltemos à caracterização do século XIII, detendo-nos um pouco em três de seus aspectos mais ligados a Tomás: as ordens mendicantes, a recepção de Aristóteles e a universidade.

A Igreja, cujo poder e influência temporais vinham crescendo desde o século IX – o que lhe garantia a independência frente aos poderes civis –, corre por isso mesmo o risco de contaminar-se com os usos e costumes do mundo feudal. Estava em vias de cumprir-se o que formulara um monge desse tempo: "A temperança produz riqueza, a riqueza destrói a temperança."[5]

Não é de admirar que tivessem surgido por essa época, por reação, diversas heresias que pretendiam opor-se à Igreja por métodos violentos. Os albigenses e os *cátaros* – do grego *kátharoi*, "puros" – constituíam uma revivescência medieval da antiga concepção maniqueísta, que já dera bastante trabalho à Igreja nos séculos IV e V. Diante da presença do bem e do mal no mundo, afirmavam a existência de um duplo princípio da realidade: por um lado, Deus, criador do espírito e de tudo o que é luminoso, bom e puro; pelo outro, um princípio da matéria, "cárcere da alma", origem de todo o mal.

..........

4. Também neste tópico seguimos de perto a obra de Pieper, *Thomas von Aquin: Leben und Werk*, Munique, DTV, 1981.

5. Cesarius von Heisterbach, in Bernhart, Joseph, *Sinn der Geschichte*, Friburgo, 1931, p. 53.

É nesse contexto que São Domingos e São Francisco fundam as ordens dominicana e franciscana, rejeitando os erros dos hereges, mas acolhendo o que havia de legítimo nos ideais de reforma e dando-lhes uma expressão equilibrada e verdadeira *dentro* da Igreja e não fora dela. Os frades dominicanos dedicar-se-ão a reevangelizar os sectários, levando a sério a pobreza evangélica e dirigindo-se a eles mediante debates públicos fundamentados na Sagrada Escritura. Juntamente com os franciscanos, que nascem nesta mesma época, são os "galgos de Deus" – *domini canes* – que levarão a cabo a renovação da Igreja.

O êxito das duas ordens, englobadas sob a denominação de "mendicantes" por renunciarem a todo o tipo de posses, é explosivo. Por ocasião da morte do fundador, apenas cinco anos depois da aprovação oficial da sua regra, os dominicanos têm mais de trinta conventos espalhados pela França, Itália, Espanha, Alemanha, Hungria, Inglaterra, Suécia e Dinamarca. Tal como os franciscanos, renunciam à vida retirada do monacato tradicional, dirigindo-se especialmente à juventude das cidades – o século anterior, aliás, havia assistido a um reflorescimento da vida urbana. O silêncio e a tranquilidade do claustro são substituídos pela "cela interior" que todos os frades devem "levar consigo", mesmo no meio do burburinho da rua.

Ao contrário dos franciscanos, que davam primazia a uma piedade afetiva, os dominicanos constituíram desde o início uma ordem sóbria e racional, voltada para as universidades nascentes e para a teologia; o estudo da Bíblia e das ciências passa, por conseguinte, ao primeiro plano, e as suas *Constituições* estabelecem, por exemplo, que o religioso pode deixar a oração comunitária

por causa do estudo, o que seria uma dispensa impensável na tradição beneditina.

É natural que Tomás se fizesse dominicano: o ideal de São Domingos coincide perfeitamente com a vocação de Tomás. Está centrado, por um lado, no retorno ao espírito do Evangelho, numa pobreza e pureza radicais, mas completadas pela fé e pela humildade; e, por outro, na paixão de anunciar a verdade, convencendo pela argumentação e não pela violência. Efetivamente, na *Suma contra os gentios*, o Aquinate se propõe "apresentar as verdades da fé de tal forma que o erro caia por si"[6].

Há ainda dois outros fenômenos que caracterizam a ebulição intelectual do século XIII: as *universidades* e – vinculada a elas – a introdução do pensamento *aristotélico* no Ocidente.

No início do século XIII, e parcialmente já no anterior, tinha-se iniciado em torno dos melhores colégios superiores diocesanos uma espécie de "reação em cadeia": para lá afluíam os melhores estudantes, e, em conseqüência, lá se formavam e se estabeleciam os melhores mestres. Em pouco tempo, estudantes e professores resolveram erigir uma corporação de ofício própria, que os libertasse da ingerência dos poderes civis e eclesiásticos. Nascia a *universitas*, a "totalidade" dos professores e dos estudantes de determinada cidade. Como pretendiam constituir, por assim dizer, uma sociedade dentro da sociedade, dedicada unicamente à busca do saber, as universidades logo encontraram resistências – aqui, por parte de um soberano zeloso dos seus direitos e taxas, ali, por parte de um bispo cauteloso. Via de regra, solici-

---

6. *Contra gentiles* 1, 2.

tavam ao Papado a *isenção*, fórmula jurídica que as vinculava diretamente à Santa Sé, desvinculando-as das tutelas locais. Paris recebe o seu estatuto do próprio papa em 1215.

Não por acaso a palavra *universitas*, a agremiação dos professores e alunos, acumula semanticamente, desde os começos da instituição, também o matiz de *universitas litterarum*, "universalidade do conhecimento": podiam-se estudar ali não só todas as ciências da época, mas estudá-las "filosoficamente", tendo em conta o *universum*: "o todo das coisas divinas e humanas em universal", segundo o ideal de Platão[7]. A Universidade de Paris, então "capital da Cristandade", considerava-se mesmo herdeira da famosa Academia de Atenas.

Na época de Tomás, era ela que dominava o panorama intelectual do Ocidente. É lá que se encontram os professores mais importantes, os colegas mais agressivos, as oposições mais radicais, os desafios mais provocantes e os estudantes mais turbulentos, vindos de todos os cantos da Cristandade. As quatro "nações" – picardos, ingleses, alemães e franceses – em que se agrupavam mestres e alunos de Paris retratam bem a variedade das suas origens. Por isso mesmo, todas as novidades e todas as questões que lá se discutiam encontravam ressonância universal.

Foi no ambiente privilegiado dessa universidade que Tomás desenvolveu o melhor da sua obra e da sua docência e enfrentou as mais duras batalhas intelectuais.

A doutrina de Aristóteles invadiu o ambiente intelectual de meados do século XII com a força de um terre-

----------
7. Platão, *República*, 486 a.

moto. Os primeiros séculos medievais somente haviam conhecido uma pequena parte dos escritos desse filósofo grego, traduzidos para o latim pelo romano Boécio (*c.* 480-525), das suas obras sobre Lógica; em todos os outros campos, a filosofia, a teologia e a ciência da Alta Idade Média haviam-se norteado principalmente pelas obras de Santo Agostinho, na sua maior parte inspiradas pela tradição neoplatônica. Naquele mundo bárbaro e freqüentemente assolado por guerras, não era fácil achar quem soubesse grego ou dispusesse das obras de Aristóteles, ou ainda simplesmente quem se interessasse pelo assunto.

Aliás, antes mesmo da queda de Roma, o pensamento aristotélico era visto pelos cristãos como algo estranho e alheio à reta doutrina: parecia demasiado "materialista" em comparação com o espiritualismo de Platão, em aparência mais próximo do cristianismo. Foram somente os hereges nestorianos que cultivaram as teorias aristotélicas, e quando o Concílio de Éfeso condenou a cristologia de Nestório, em 431, os seus seguidores – agrupados principalmente em torno da escola de Edessa, na Síria – refugiaram-se na Pérsia, levando consigo as obras de Aristóteles e outros textos de matemática, medicina e outras ciências gregas.

Quando os árabes conquistaram todo o Oriente Médio e o Império Persa, os sábios aristotélicos foram chamados à corte do califa de Bagdá. Pouco depois, por volta do ano 800, o árabe já se havia tornado, graças a eles, uma língua científica internacional, responsável em boa parte pelo brilho da civilização árabe. É no âmbito desta civilização que surgem os primeiros grandes comentadores de Aristóteles: Avicena, nascido em 980

na Pérsia; Averróis, nascido em 1126 em Córdova; e Maimônides, um judeu nascido em 1135, também em Córdova.

Em Toledo, reconquistada pelos cristãos, funda-se no século XII, por iniciativa do bispo Raimundo, uma escola de tradutores. As traduções, diga-se de passagem, eram feitas de um modo um tanto estranho: um dos tradutores, Abendehud, conta-nos que ia traduzindo os textos "palavra por palavra" do árabe para o espanhol, enquanto um colega que estava sentado ao seu lado os passava do espanhol para o latim... Tomás, mais tarde, disporá de melhores traduções do Estagirita.

O que primeiramente penetra no Ocidente não é, portanto, Aristóteles, mas uma mistura de Aristóteles com os seus comentadores árabes, o que era diferente do Aristóteles original... Mas o fato é que, pela primeira vez, a Idade Média depara com uma grandiosa interpretação completa e sistemática do mundo, totalmente à margem da Revelação cristã.

As primeiras reações que desperta são fáceis de prever justamente devido a essa equivocidade: há os que se entusiasmam e, por assim dizer, se embriagam com a novidade, e também aqueles que a vêem como algo suspeito e perigoso. A posição da autoridade eclesiástica da época a respeito do filósofo grego é também ambivalente: pressente-se que tudo aquilo tem um valor imenso, mas, ao mesmo tempo, receia-se que a forma sob a qual se apresenta seja inconveniente.

A dinâmica espiritual do século XIII é, pois, dominada por duas forças: um *evangelismo* radical do movimento da pobreza que renova e aprofunda a piedade e "redescobre" a Sagrada Escritura e um *mundanismo* ins-

pirado em Aristóteles que confere à razão natural e ao mundo material uma importância e uma independência de que até então nunca tinham gozado.

É evidente que nesses impulsos há matéria para conflitos dos mais explosivos e formam-se em Paris dois "partidos": o dos que se aferram à tradição teológica e menosprezam a investigação racional do "mundo" e o dos que, fascinados com as possibilidades da razão, consideram a teologia algo "não interessante". Em qualquer caso, trata-se de um reducionismo, de um atentado contra "a abertura e a universalidade"... É precisamente nisto que reside a grandeza de Santo Tomás: tendo-se defrontado com estas "visões do mundo", que já então se apresentavam fortemente antagônicas, não opta por *uma* delas, mas aceita-as *ambas*, ultrapassando-as ao deslindar o conteúdo de verdade de cada uma delas. Naturalmente, com isto, Tomás sofrerá inúmeras incompreensões: cada um dos lados em conflito considera-o um oponente em potencial! É precisamente em defesa dessa abertura e universalidade que Tomás enfrenta sozinho suas tremendas lutas na segunda regência em Paris...

### 4. A quaestio disputata, *essência da universidade*

É da primeira regência de Tomás em Paris que procedem as *Quaestiones disputatae de veritate*. Essas questões foram disputadas em Paris de 1256 a 1259: as questões de 1 a 7 (sobre a verdade; o conhecimento de Deus; as idéias divinas; o *verbum*; a providência divina; a predestinação e o "livro da vida") são do ano letivo 1256-1257; as de 8 a 20 (sabedoria angélica; comunicação angélica; a mente como imagem da Trindade; o ensino; a profecia

como sabedoria; o êxtase; a fé; a razão superior e a inferior; a sindérese; a consciência; o conhecimento de Adão no Paraíso; o conhecimento da alma depois da morte e o conhecimento de Cristo nesta vida), de 1257-1258, e as de 21 a 29 (a bondade; o desejo do bem e a vontade; a vontade de Deus; o livre-arbítrio; o apetite dos sentidos; as paixões humanas; a graça; a justificação do pecador e a graça da alma de Cristo), de 1258-1259.

A *quaestio disputata*, como bem salienta Weisheipl[8], integra a própria essência da educação escolástica: "Não era suficiente escutar a exposição dos grandes livros do pensamento ocidental por um mestre; era essencial que as grandes idéias se examinassem criticamente na disputa." E a *disputatio*, na concepção de um filósofo da universidade como Pieper, transcende o âmbito organizacional do *studium* medieval e chega até a constituir a própria essência da universidade em geral[9].

Para que o leitor possa bem avaliar o significado de uma *quaestio disputata* em Santo Tomás, apresentaremos o *modus operandi* dessas *quaestiones*, procurando também indicar a *ratio* pedagógica que as informa.

Uma *quaestio disputata* está dedicada a um tema – como por exemplo a verdade ou o *verbum* – e divide-se em artigos, que correspondem a capítulos ou aspectos desse tema. Naturalmente, por detrás da "técnica pedagógica" está um espírito: a *quaestio disputata*, como analisaremos em tópico ulterior, traduz a própria idéia de inteligibilidade – devida ao *Verbum* (o *Logos* divino, o

----
8. *Op. cit.*, p. 235.
9. Pieper, Josef, *Abertura para o todo: a chance da universidade*, São Paulo, Apel, 1989, p. 44.

Filho) – ao mesmo tempo que a de incompreensibilidade, a de pensamento "negativo", também fundada no *Verbum*...

Procurando veicular, operacionalizar em método a vocação de diálogo polifônico – que constitui a razão de ser da *universitas* –, primeiro enuncia-se a tese de cada artigo (já sob a forma de polêmica: "*Utrum...*"[10]) e a *quaestio* começa por um *videtur quod non...* ("Parece que não..."), começa por dar voz ao adversário pelas *obiectiones*, objeções à tese que o mestre pretende sustentar.

Já aí se mostra o caráter paradigmático e atemporal (e atual...) da *quaestio disputata*, a essência da universidade, assim discutida por Pieper: "Houve na universidade medieval a instituição regular da *disputatio*, que, por princípio, não recusava nenhum argumento e nenhum contendor, prática que obrigava, assim, à consideração temática sob um ângulo universal. Um homem como Santo Tomás de Aquino parece ter considerado que precisamente o espírito da *disputatio* é o espírito da universidade."[11] E prossegue: "O importante é que, por trás da forma externa de disputa verbal regulamentada, a disputa – com toda a agudeza de um confronto real – dá-se no elemento do diálogo. Este ponto decisivo é hoje, para a universidade, mil vezes mais importante do que pode ter sido alguma vez para a universidade medieval."

Nos textos de Tomás, após as objeções, levantam-se contra-objeções (*sed contra*, rápidas e pontuais sentenças colhidas em favor da tese do artigo; ou algumas vezes *in*

----

10. *Utrum* é o "se" latino que indica uma entre duas possíveis opções (daí *neutrum*, "nem um nem outro").

11. Pieper, *Abertura*..., *cit.*, pp. 44-5.

*contrarium*, que defendem uma terceira posição que não é a da tese nem a das *obiectiones*). Após ouvir estas vozes, o mestre expõe tematicamente sua tese no corpo do artigo, a *responsio* (solução). Em seguida, a *responsio ad obiecta*, a resposta a cada uma das objeções do início.

Weisheipl procura descrever esse quotidiano da universidade medieval: "Parece que no primeiro dia da disputa, quem respondia (*respondens*) era um bacharel. No caso de Tomás, o bacharel-mor era Guilherme de Alton, dominicano inglês que sucedeu a Tomás em 1259-1260. (...) A função do bacharel em todas as disputas era responder às objeções, provindas do público (e na ordem em que eram apresentadas), sobre o tema proposto pelo mestre. Possivelmente, era tarefa dele também apresentar argumentos *sed contra*, mas disso não podemos estar certos. Na medida em que cada objeção era proposta e refutada pelo bacharel, um escrivão tomava nota dos argumentos e das réplicas. A disputa continuava deste modo, percorrendo todos os pontos indicados pelo mestre. Algumas sessões eram longas e intrincadas; outras, relativamente curtas (provavelmente, o horário permitido para o debate era de três horas). No dia seguinte, depois de considerar cada um dos argumentos pró e contra, o mestre dava sua *determinatio* ou solução a toda a questão: esta solução seguia a ordem do dia anterior, isto é, a dos artigos (se é que havia vários). Freqüentemente, o mestre seguia as 'respostas' dadas por seu bacharel. A versão da discussão, que se entregava ao livreiro da universidade, não se confundia com o debate oral, porque a versão final era editada e documentada totalmente pelo mestre, por vezes em data muito posterior."[12]

..........
12. Weisheipl, *op. cit.*, pp. 158-9.

Torna-se dispensável dizer que não se entende por *quaestio disputata* nada que tenha que ver com sutilezas enfadonhas e estéreis. Por outro lado, o que afirmamos acima sobre o diálogo e a impossibilidade de dar resposta cabal, de esgotar um assunto filosófico não significa, evidentemente, que na *quaestio disputata* não se deva tomar uma posição e defendê-la: não se trata, de modo algum, de agnosticismo. Podemos conhecer a verdade, mas não podemos esgotá-la. Posto que o homem pode conhecer a verdade (e na medida em que o pode fazer), a discussão filosófica chega a uma *responsio*, a uma certa *determinatio*.

Finalmente, dentre as características da *quaestio disputata* de Santo Tomás de Aquino, destaquemos a de dar voz ao adversário com toda a honestidade, formulando sem distorções, exageros ou ironia (o que, em geral, nem sempre ocorre nas polêmicas e debates de hoje), as posições contrárias às que se defendem. Nesse sentido, Pieper faz notar que em Santo Tomás a objetividade chega a tal ponto que o leitor menos avisado pode tomar como do Aquinate aquilo que ele recolhe dos adversários a modo de objeção. A propósito[13], é o caso do tão celebrado Carl Prantl, que interpretou como se fosse a posição de Tomás objeções brilhantemente por ele apresentadas às suas próprias teses.

Dizíamos então que a *quaestio disputata* é um método decorrente de uma visão de mundo, que encontra em Tomás seu mais lúcido expoente. A esses fundamentos do pensamento, dedicamos nosso próximo tópico.

..........
13. Cf. Pieper, Josef, *Wahrheit der Dinge*, Munique, Kösel, 1951, pp. 113 ss.

## 5. A Criação pelo Verbo: fundamento do conhecimento e da inesgotabilidade do conhecimento

Na própria base do pensamento de Tomás (base também para o método da *disputatio*) encontra-se sua peculiar concepção de Criação. No que se refere a nossos temas – *verdade* e *conhecimento* – destacam-se dois pontos, particularmente importantes: as coisas são cognoscíveis porque são criaturas e as coisas são inesgotáveis para o conhecimento humano também porque são criaturas! Isto é, o mesmo Deus que as criou pelo Verbo, pelo *Logos*, pelo Pensamento é o criador do intelecto humano, "feito para conformar-se às coisas" (*De veritate* 1, 9). Assim, o próprio ser das coisas traz em si sua inteligibilidade, proveniente de Deus e oferecida à inteligência humana. Este tema foi incomparavelmente tratado no curto ensaio de Pieper, *Unaustrinkbares Licht*[14], que constitui a melhor introdução à questão *De verbo* e por isso transcrevemos aqui (pp. 21-42) algumas passagens especialmente significativas. Após expor uma particular dificuldade metodológica de interpretação de um texto antigo (a de que o que é evidente – e essencial – para o autor antigo – mas não para nós... –, precisamente por ser evidente, não é expresso), Pieper se detém a exami-

..........
14. Seguimos a edição brasileira "O elemento negativo na filosofia de Tomás de Aquino", *Revista de Estudos Árabes*, São Paulo, CEAr-DLO, FFLCH, USP, nos 5-6, jan./dez. 1995. Josef Pieper, catedrático emérito de Antropologia Filosófica na Universidade de Münster, recentemente falecido (6-11-97), foi um dos principais intérpretes de Tomás. A tradução (do orig.: *Das negative Element in der Weltansicht des Thomas von Aquin*, 2. Aufl., Munique, Kösel, 1963) é de Gabriele Greggersen, mestre e doutora em Filosofia da Educação na FEUSP. Revisão técnica de Luiz Jean Lauand.

nar a evidência (oculta) básica para Tomás: a criação, a condição de *criaturalidade* de tudo o que não é *Creator*.

## *A clave oculta da "Criação"*

Tomemos o caso da filosofia de Tomás de Aquino. Nela, há um pensamento fundamental, a partir do qual se determinam praticamente todos os elementos estruturadores de sua visão de mundo: o conceito de *Criação*. Ou, mais precisamente, o conceito de que não há nada que não seja *creatura*, a não ser o próprio *Creator*. E: que a "criaturalidade" (*kreaturlichkeit*) determina toda a estrutura interna da criatura.

É impossível compreender, por exemplo, o "aristotelismo" de Tomás de Aquino ("aristotelismo": este é um termo extremamente questionável, que só pode ser empregado com restrições!); não se compreende nada do verdadeiro e mais profundo sentido deste voltar-se de Tomás para Aristóteles, se não o entendermos a partir desse conceito fundamental, levado às suas últimas conseqüências, segundo o qual todas as coisas são criatura – não somente a alma e o espírito, mas todas as coisas pertencentes à realidade do mundo visível.

Por outro lado, parece bastante plausível (e nem sequer digno de menção especial), ou, pelo menos, nada surpreendente, que no pensamento de um teólogo medieval o conceito de Criação represente também o centro de sua visão filosófica. O que, provavelmente, poderia causar espanto, seria podermos estar, no caso, diante de um pressuposto *não-expresso*, de uma opinião *não-*explicitamente formulada (por ser evidente para o autor), que só pudesse ser lida, por assim dizer, "nas entrelinhas". Pois não se supõe, antes, ter Tomás desenvolvido uma detalhada e expressa doutrina da Criação?

Certamente isto é verdadeiro e amplamente sabido. Entretanto não deixa de ser verdade também o fato (muito pouco conhecido) de que o conceito de Criação determina e perpassa a estrutura interna de praticamente *todos* os conceitos fundamentais da doutrina filosófica do ser em Tomás de Aquino. E tal fato *não* é (para nós) evidente; mal o encontramos expressamente formulado; pertence ao não-dito da doutrina do ser de Tomás de Aquino.

Este elemento basilar pôde permanecer tão despercebido que mesmo a explicitação – se assim o podemos dizer – "escolar" do tomismo nem sequer chega a tocar no assunto. Certamente esses epígonos escolares de Tomás são em grande parte condicionados pela filosofia iluminista[15]: o que se revela antes de tudo, precisamente por essa omissão, que fatalmente acabaria por levar (e levou de fato) a sucessivos equívocos de interpretação.

Por exemplo, na interpretação do sentido de sentenças como: "todo ser é bom", ou "todo ser é verdadeiro" – haverá equívocos, creio eu, precisamente nos assim chamados conceitos "transcendentais" (no sentido antigo), se não reconhecermos que tais afirmações e conceitos não se referem em absoluto ao ser neutro, no sentido, digamos, de uma mera "presença", um *ens ut sic*; não se referem a um mundo de "objetos" sem rosto, mas remetem formalmente ao ser *enquanto* criatura.

Que as coisas são boas pelo simples fato de serem, e que esta bondade é idêntica ao ser das coisas (e não,

...........
15. Isto foi claramente mostrado por Karl Eschweiler em seu livro: *Die zwei Wege der neueren Theologie*, Augsburg, 1926, pp. 81 ss., pp. 283 e 296. Ainda que, de resto, algumas teses desse livro sejam discutíveis.

por assim dizer, alguma propriedade a ser-lhes meramente acrescentada) significa ainda que a palavra "verdadeiro" é também um autêntico sinônimo para "ente". Portanto, o ente *enquanto* ente é que é verdadeiro.

Não se trata, pois, de, por assim dizer, "primeiro" dar-se o ser, para, "depois", "além disso", o ser verdadeiro.

Tais reflexões – que, sem dúvida, fazem parte do patrimônio fundamental da doutrina clássica ocidental do ser, e que encontraram, precisamente em Tomás, uma formulação genial –, se não partirem do ser das coisas, formalmente entendidas como criatura, simplesmente perdem todo o seu sal. Tornam-se insossas, estéreis, tautológicas: precisamente por essa razão é que, de fato, o esvaziamento foi o destino de todas aquelas fórmulas – a ponto de Kant tê-las legítima e definitivamente afastado do vocabulário filosófico em um famoso parágrafo de sua *Crítica da razão pura*[16].

Com isto atingimos nosso tema: a doutrina da verdade de Tomás de Aquino só pode ser determinada em sua significação própria e mais profunda, se, formalmente, colocarmos em jogo o conceito de Criação. E é precisamente ao enlace do conceito de verdade com o "elemento negativo" de incognoscibilidade e de mistério, que pretendemos dedicar-nos aqui. Tal relação torna-se visível precisamente se tomarmos por base a idéia de que tudo o que pode ser objeto de conhecimento humano, ou é criatura, ou é Criador.

----------

16. Trata-se do parágrafo 12, que se refere àquela sentença "assim conhecida entre os escolásticos", *omne ens est unum-verum-bonum*.

## Verdade como ser-pensado

Naturalmente, seria aqui impossível uma exposição da doutrina da verdade de Tomás de Aquino em toda a sua extensão. E, além do mais, ela não é requerida para que fique claro o tema que estamos enfocando.

Nossa exposição limita-se, basicamente, ao conceito de verdade quanto às coisas do mundo, à *veritas rerum*, à verdade "ontológica" – em contraposição ao que se costuma definir como verdade "lógica" ou epistemológica. Todavia, uma total dissociação desses dois conceitos de verdade, como contrapostos, também não seria inteiramente acertada; em Tomás, tais conceitos estão imediata e profundamente relacionados.

Por exemplo, Tomás concordaria em termos, quanto àquela objeção comum aos tempos modernos, continuamente reafirmada de Bacon a Kant: não se pode chamar de verdadeira a realidade, mas, no sentido rigoroso e estrito, apenas o pensado.

Retrucaria ele que, sim, é plenamente oportuno considerar que somente o pensado pode chamar-se, em sentido estrito, "verdadeiro"; mas: as coisas reais *são*, de fato, algo pensado!

O serem pensadas é profundamente essencial às coisas, prosseguiria Tomás; elas são reais *por* serem pensadas. É preciso, naturalmente, ser mais exato: elas são reais pelo fato de serem *criadoramente* pensadas, isto é, por "*serem*-pensadas".

As coisas têm a sua essência por "serem-pensadas": isto deve ser entendido de modo extremamente literal, e não em algum sentido meramente "figurado". E, assim, porque as próprias coisas são "pensamentos" e possuem, portanto, um "caráter verbal" (como diz Guar-

dini[17]), por esta mesma razão é que elas podem, no mais preciso sentido do uso corrente, ser chamadas "*verdadeiras*" – do mesmo modo que o pensamento e o pensado.

Ao que parece, Tomás nem ao menos conseguiu dissociar estas duas idéias: a de que as coisas possuem um "quê", uma qüididade, um determinado conteúdo essencial e a de que esta qüididade das coisas é fruto de um pensamento projetador, pensante e criador.

Tal associação é inteiramente estranha ao racionalismo moderno. E por que não se poderia falar de "essência" das plantas ou de "essência" do homem, sem a obrigação de considerar, juntamente com isso, que essas essências são pensadas? A partir do modo de pensar moderno não é possível compreender por que *somente* considerando-as como "pensadas" tais essências poderiam existir.

Incrivelmente, porém, nos últimos tempos, a tese de Tomás tem encontrado uma defesa – tão inesperada quanto veemente – por parte de nada menos do que os princípios básicos do existencialismo contemporâneo. A partir de Sartre, a partir de sua radical negação do conceito de Criação (é ele quem afirma: "o existencialismo não *é* senão um esforço para extrair *todas* as conseqüências de uma posição atéia coerente"[18]) – a partir daí, torna-se, de repente, novamente compreensível que e como a doutrina da Criação representa de fato a razão oculta, porém fundamental da metafísica clássica.

...........
17. Guardini, Romano, *Welt und Person*, Würzburg, 1940, p. 110.
18. Sartre, Jean-Paul, *L'existentialisme est un humanisme*, Paris, 1946, p. 94.

Se quiséssemos dar aos pensamentos de Sartre e de Tomás uma forma silogística, tornar-se-ia patente o fato de ambos partirem exatamente da mesma "premissa", a saber: "Há uma essência das coisas, na medida em que esta é pensada. É porque existe o homem e sua inteligência capaz de projetar, planejar (*design*), capaz, por exemplo, de 'conceber' um abridor de cartas, como de fato concebeu – é por esta razão, e *só por ela*, que existe uma 'essência' de abridor de cartas." E assim, continua Sartre, já que *não há* uma inteligência criadora, que pudesse – aos seres humanos e a todas as coisas naturais – assim conceber, projetar, planejar, dando-lhes previamente um conteúdo de significado, então *não há* essência alguma nas coisas não-fabricadas, nas coisas não-artificiais. Citarei literalmente: "Não há essência do homem, porque não há Deus para concebê-la (*il n'y a pas de nature humaine, puisqu'il n'y a pas de Dieu pour la concevoir*)."[19]

Tomás, por sua vez, afirma: porque (e na medida em que) Deus concebeu as coisas, por isto (e nessa medida) é que elas possuem uma essência: "Precisamente este fato, o de que a criatura possua uma substância determinada e definida, mostra que ela provém de alguma origem. Sua forma essencial... aponta para a Palavra (*Verbum*) d'Aquele que a fez, tal como a estrutura de uma casa remete à concepção de seu arquiteto."[20]

O que há de comum entre Sartre e Tomás é, como se vê, o pressuposto de que não se possa falar em es-

...........
19. Ibidem, p. 22.
20. *Summa theologica* I, 93, 7. Encontramos noção semelhante na mesma obra (I, 45, 7): "Na medida em que ela (criatura) possua uma forma e uma qüididade, ela reproduz (*repraesentat*) a Palavra, na mesma medida em que a forma da obra de arte provém do projeto do artista."

sência das coisas, a não ser que esta seja expressamente entendida enquanto criatura.

Mas, precisamente ao caráter de "ser-pensado" das coisas – que se deve ao Criador – é que Tomás se refere, quando fala da verdade, como inerente a toda realidade.

## As coisas são inteligíveis porque são criaturas

A sentença fundamental da doutrina de Tomás a respeito da verdade das coisas encontra-se nas *Quaestiones disputatae de veritate* (I, 2) e diz o seguinte: *res naturalis inter duos intellectus constituta (est)* – a realidade natural está situada entre dois cognoscentes, a saber, o *intellectus divinus* e o *intellectus humanus*.

A partir desta "determinação espacial" da realidade (situada entre a intelecção absolutamente criadora do conhecimento de Deus, que pensa-o-ser, e a intelecção imitativa do homem, que se dirige, se orienta para o ser), estabelece-se a estrutura da realidade total: como estrutura articulada entre "Projetador" e "realização do projeto". Aqui Tomás emprega o conceito de *mensura* (medida) em seu sentido originário, *não*-quantitativo – e presumivelmente pitagórico – de determinação inteligível. Assim, o pensamento criador de Deus "dá a medida" e "não é medido" (*mensurans non mensuratum*); a realidade natural recebe a medida e dá a medida (*mensuratum et mensurans*); o conhecimento humano "recebe a medida" e não dá a medida (*mensuratum non mensurans*). O conhecimento humano não dá a medida ao menos no que se refere às coisas naturais, se bem que, sim, dá a medida no que se refere às *res artificiales* (este é o ponto em que, para Tomás, a diferenciação entre coisas criadas e coisas artificiais torna-se basilar).

De acordo com esta dupla referência das coisas é que Tomás desenvolve sua doutrina. Há, assim, um dúplice conceito de "verdade das coisas": o primeiro afirma o ser-pensado por Deus; o segundo, a inteligibilidade para o espírito humano.

Portanto, a sentença "as coisas são verdadeiras" significa, em primeiro lugar: as coisas são criadoramente pensadas por Deus; e, em segundo lugar: as coisas são, por si mesmas, acessíveis e apreensíveis para o conhecimento humano.

Há, naturalmente, entre o primeiro e o segundo conceito de verdade uma relação de *prioritas naturae*, de hierarquia do ser. Esta prioridade tem dois sentidos. *Primeiro*: não é possível apreender o núcleo da expressão "verdade das coisas" – ele simplesmente nos escapa – se nos recusarmos a pensar as coisas expressamente como criaturas, projetadas pela intelecção de Deus, que pensa-o-ser[21]. Tal relação de prioridade, porém, significa em *segundo* lugar ainda: o ser-pensado das coisas por Deus *fundamenta* a sua inteligibilidade para o homem.

A relação entre estas duas referências não é como, digamos, a que se dá entre irmão mais velho e irmão mais novo, mas sim como a de pai para filho: o primeiro é quem dá à existência o segundo. Que significa isto? Significa que as coisas são inteligíveis para nós *porque* foram pensadas por Deus. As coisas *enquanto* pensadas por Deus não são dotadas apenas de *sua* essência (como que "exclusivamente para si mesmas"), mas, *enquanto* pensadas por Deus, detêm também um ser "para nós".

---
21. Emergidas do "olho de Deus" (como este assunto foi denominado segundo a doutrina do ser do Egito antigo).

As coisas têm a sua inteligibilidade, a sua luz interna, a sua luminosidade, o seu caráter manifestativo, porque Deus as pensou, por esta razão são essencialmente pensamento. A claridade e a luminosidade que jorram do pensar criador de Deus para o interior das coisas, junto com seu ser ("junto com seu ser", não!: *como* o seu próprio ser!) – esta luz interna, e só ela – é o que torna as coisas existentes apreensíveis ao intelecto humano.

Em um comentário à Escritura[22], Tomás afirma: "Uma coisa tem tanto de realidade quanto tem de luz" e, em uma obra tardia, no comentário ao *Liber de causis* (I, 6), há uma sentença insólita, que formula o mesmo pensamento como que num ditado místico: *Ipsa actualitas rei est quoddam lumen ipsius*, "o próprio ser-em-ato das coisas é sua própria luz" – ser-em-ato das coisas, entendido *enquanto* ser criado! É esta luz, precisamente, o que torna as coisas visíveis ao nosso olho. Em uma palavra: as coisas são inteligíveis justamente por serem criadas!

Neste ponto pode-se afirmar, em relação à fundamentação do conhecimento, algo parecido ao que disse Sartre contra a filosofia do século XVIII, com relação ao conceito "essência das coisas"[23]: não é possível prescindir do ser-pensado das coisas por Deus e, no entanto, querer continuar admitindo a possibilidade de inteligibilidade das coisas!

..........
22. *Comentário a* 1 Tm 6, 4.
23. *L'existentialisme...*, *cit.*, pp. 20 ss.; cf. também pp. 73 ss.

## As coisas são insondáveis porque são criaturas

Segundo a opinião de Tomás, portanto, pode-se falar de verdade, no âmbito da realidade natural criada, em dois sentidos.

Em primeiro lugar, pode-se estar falando da verdade das *coisas*, significando primariamente que as coisas, enquanto *criaturas*, correspondem ao conhecimento criador projetante de Deus: nesta correspondência consiste formalmente a verdade das coisas.

Em segundo lugar, pode-se falar da verdade orientada para o *conhecimento* (do homem), que é verdadeiro por meio da correspondência que "recebe medida" da realidade – "pré"-conferida e objetiva – das coisas.

A estrutura de todo ser-criatura, situado essencialmente entre a intelecção do ser-pensado pelo conhecimento de Deus e a intelecção imitativa do homem – um pensamento inexaurível!

Entre estas duas correspondências (a do pensamento para com a realidade, de um lado, e a da realidade para com o Pensamento, de outro), ambas significando, ainda que em sentido diverso, "verdade" enquanto adequação – entre estas duas correspondências existe, porém, uma diferença fundamental: a primeira pode tornar-se objeto de conhecimento humano, enquanto a segunda não; a primeira correspondência é inteligível ao homem, enquanto a segunda não.

O homem pode perfeitamente conhecer não apenas as coisas, mas também a relação de correspondência existente entre as coisas e o seu próprio conceito das coisas. Isto é, o homem tem o poder de, para além de uma ingênua constatação das coisas, reconhecê-las com juízo e reflexão. Em outras palavras, o conhecimento humano

não tem apenas o poder de ser verdadeiro, mas ainda o de reconhecimento da verdade (I, 16, 2).

A correspondência, que perfaz, de modo primário, a essência da verdade das coisas – a correspondência entre a realidade natural e o conhecimento arquetípico de Deus –, *esta correspondência não nos é possível conhecer formalmente!*

Temos certamente a potência de conhecimento das coisas, contudo não nos é possível conhecer formalmente a sua *verdade*; conhecemos a imagem imitativa (*Nachbild*), mas não a sua correspondência para com o arquétipo (*Urbild*): a relação existente entre o ser-pensado e o seu projeto. Tal correspondência – em que, repetimos, consiste de modo primário a verdade formal – não nos é dado conhecer. É este, portanto, o ponto no qual se mostra a vinculação existente entre a verdade e a incognoscibilidade das coisas. Contudo, este pensamento carece de maior precisão.

Quanto ao uso corrente, *incognoscibilidade* admite múltiplos sentidos, no mínimo *dois*. Este conceito pode significar: há algo que é por si mesmo acessível ao conhecimento, mas *determinado* intelecto não consegue apreendê-lo, porque seu poder cognoscitivo não é suficientemente penetrante. É neste sentido que se fala de objetos que não sejam apreensíveis "a olho nu". Refere-se isto antes a uma falibilidade do olho do que a uma peculiaridade concreta do objeto: as estrelas, de que não nos apercebemos, são, "por si mesmas", perfeitamente visíveis! Incognoscibilidade, assim entendida, quer dizer: a potência de conhecimento não é suficiente para realizar, para ativar o potencial de cognoscibilidade, que certamente existe objetivamente.

Mas *incognoscibilidade* pode também significar algo diferente, a saber: que uma tal cognoscibilidade não se dá em si; que nem sequer há algo a *ser* conhecido; que não apenas o poder de apreensão e penetração da parte de um determinado *sujeito* cognoscente seja insuficiente, mas, sim, que não exista, por parte do *objeto*, nenhuma cognoscibilidade.

Incognoscibilidade, neste sentido, incognoscibilidade de uma realidade em si mesma – isto é para Tomás inteiramente inconcebível. Dado que todo ente é criatura, ou seja, pensado-por-Deus, por isto mesmo todo ente é, em si mesmo, luz, claridade, abertura – e isto *devido precisamente por ser*! Incognoscibilidade, portanto, jamais significará para Tomás: que exista algo que fosse inacessível ou opaco em si mesmo, mas apenas: superabundância de luz, que uma dada potência de conhecimento finita não possa exauri-la; isto ultrapassaria o seu poder de captação e escaparia ao seu alcance apreensivo.

É neste último sentido, portanto, que se está falando aqui em incognoscibilidade. Esta faz parte integrante do conceito de verdade das coisas (ou seja, que sua cognoscibilidade não possa ser exaurida por uma potência cognoscitiva finita). Isto é conseqüência da criaturalidade, isto é, a própria causa (infinita) de sua cognoscibilidade tem o efeito necessário da in-cognoscibilidade (para o finito). Contemplemos isto mais de perto.

"As coisas são verdadeiras" significa primariamente: as coisas são pensadas por Deus. Esta sentença seria fundamentalmente desvirtuada, se a quiséssemos tomar como informação unicamente a respeito de *Deus*, como mera constatação de um agir divino que se dirige às coisas. Não! Está-se afirmando algo sobre a estrutura das

*coisas*. Está-se expressando, de modo diferente, o pensamento de Agostinho[24], de que as coisas são, porque Deus as vê (enquanto *nós* vemos as coisas, porque elas são). Afirma-se que o ser e a essência das coisas *consistem* no seu caráter-de-ser-pensado pelo Criador. Verdade, como já se disse, é um nome *do ser*, é um sinônimo de real; *ens et verum convertuntur*; dizer "algo real" é o mesmo que dizer "ser-pensado por Deus".

É da essência de todos os entes (enquanto criatura), o serem "formados-segundo" (*nachgeformt*), de acordo com um arquétipo que reside no conhecimento absolutamente criacional de Deus. *Creatura in Deo est creatrix essentia*, a criatura é, em Deus, essência criadora; assim está escrito no *Comentário a João* (I, 2) de Tomás e na *Summa theologica*: "Todo o real possui a verdade de sua essência, na medida em que re-produz o saber de Deus" (I, 14, 12 ad 3).

Como já dissemos, é evidente que Tomás – ao tratar da verdade das coisas (ou mesmo da *essência* das coisas) – não *podia*, de modo algum, ignorar ou "deixar de lado" esta relação de correspondência entre as coisas e suas imagens arquetípicas divinas. Isto se manifesta, por exemplo, pelo fato de ele a ter conhecido a partir da leitura de textos estranhos, nos quais nós seríamos incapazes de descobrir qualquer vestígio disto (trata-se aqui de um daqueles "saltos" argumentativos ou "desníveis" no fluxo do pensamento, nos quais se revela, como que por entre uma "fenda" na estrutura, o não-dito de sua doutrina).

No segundo artigo da primeira *Quaestio disputata de veritate*, Santo Tomás formula o conceito primário de ver-

----------
24. *Confissões* 13, 38; cf. também *De Trinitate* 6, 10.

dade das coisas: "O real é chamado verdadeiro na medida em que realiza aquilo para o que foi ordenado pelo espírito cognoscente de Deus." Em outras palavras: o verdadeiro é o real, na medida em que imita a imagem arquetípica do conhecimento divino. E prossegue Tomás: Isto se torna evidente – *sicut patet* –, por uma famosa definição de Avicena – definição, entretanto, na qual, para o *nosso* entender, não se diz nada sobre o assunto!

Mas, o que diz então essa definição de verdade de Avicena? Trata-se de uma citação quase clássica na Idade Média: "A verdade de uma coisa é a característica própria de seu ser, que lhe foi dada como propriedade constante."[25]

E com *esta* sentença, assim diz Tomás, evidencia-se a tese de que a verdade das coisas reside em serem pensadas por Deus! Nunca nos ocorreria, a *nós*, perceber aqui qualquer relação. Esta manifesta "brecha" na argumentação certamente só poderá ser entendida no sentido de que Tomás simplesmente não pode deixar de associar a idéia de que as coisas possuem um "quê" – uma qüididade de conteúdo determinado – à idéia de que esta essência das coisas seja o fruto de uma intelecção planejante criadora.

Retomemos agora o caminho para a nossa própria questão. A relação de correspondência existente entre a imagem arquetípica em Deus e a imagem criada que a segue – e nisto consiste formal e primariamente a verdade das coisas – não poderá jamais, como dizíamos, ser diretamente apreendida pelo nosso olho; não podemos alcançar um ponto de vista a partir do qual nos seja pos-

..........
25. O próprio Tomás cita a sentença em: *Summa theologica* I, 16, 1, *Contra gentiles* I, 60, nas *Quaestiones disputatae de veritate* I, 2 etc.

sível comparar a imagem arquetípica com a sua imagem imitativa; somos simplesmente incapazes de assistir, por assim dizer, como espectadores à emanação das coisas "do olho de Deus".

Há, porém, uma conseqüência que decorre *desse fato*: o nosso intelecto, quando inquire a respeito da essência das coisas, mesmo as mais ínfimas e "mais simples", ingressa num caminho, por princípio, interminável. A razão disto, portanto, é a criaturalidade das coisas; a luminosidade interna do ser tem sua origem arquetípica na infinita abundância de luz da intelecção divina. Esta, portanto, é a realidade subjacente ao conceito de verdade do ser, como o formulou Tomás. Mas sua profundidade torna-se visível somente quando esta conexão – evidente para Tomás – com o conceito de criação é reconhecida.

É neste conceito de verdade, assim entendido, que reside o legítimo contexto e origem do elemento de incognoscibilidade, do elemento "negativo".

Limitamo-nos a falar apenas da *philosophia negativa* – embora Tomás tenha formulado também os princípios de uma *theologia negativa*. Certamente este traço também não aparece com clareza nas interpretações usuais; freqüentemente é até ocultado. Será raro encontrar menção do fato de a discussão sobre Deus da *Summa theologica*[26] começar com a sentença: "*Não* podemos saber o que Deus é, mas sim o que Ele não é." Não pude encontrar um só compêndio de filosofia tomista no qual se

...........
26. *Quia de Deo scire non possumus quid sit sed quid non sit, non possumus considerare de Deo quomodo sit, sed potius quomodo non sit – Summa theologica* I, 3 prologus.

tenha dado espaço àquele pensamento, expresso por Tomás em seu comentário ao *De Trinitate* de Boécio[27]: o de que há três graus do conhecimento humano de Deus. Deles, o mais fraco é o que reconhece Deus na obra da Criação; o segundo é o que O reconhece refletido nos seres espirituais e o estágio superior reconhece-O como o Desconhecido: *tamquam ignotum*! E tampouco encontra-se aquela sentença das *Quaestiones disputatae*: "Este é o máximo grau de conhecimento humano de Deus: saber que não O conhecemos", *quod (homo) sciat se Deum nescire*[28].

E, quanto ao elemento negativo da *philosophia* de Tomás, encontramos aquela sentença sobre o filósofo, cuja aplicação ao conhecimento não é capaz sequer de esgotar a essência de uma única mosca. Sentença que, embora esteja escrita em tom quase coloquial, num comentário ao *Symbolum apostolicum*[29], guarda uma relação muito íntima com diversas outras afirmações semelhantes. Algumas delas são espantosamente "negativas", como, por exemplo, a seguinte: *Rerum essentiae sunt nobis ignotae*; "as essências das coisas nos são desconhecidas"[30]. E esta formulação não é, de modo algum, tão incomum e extraordinária quanto poderia parecer à primeira vista. Seria facilmente possível equipará-la (a partir da *Summa theologica*, da *Summa contra gentiles*, dos *Comentários* a Aristóteles, das *Quaestiones disputatae*) a uma dúzia de frases semelhantes: *Principia essentialia*

..........
27. I, 2 ad 1.
28. *Quaest. disp. de potentia Dei* 7, 5 ad 14.
29. Cap. I.
30. *Quaest. disp. de veritate* 10, 1.

*rerum sunt nobis ignota*[31]; *formae substantiales per se ipsas sunt ignotae*[32]; *differentiae essentiales sunt nobis ignotae*[33]. Todas elas afirmam que os "princípios da essência", as "formas substanciais", as "diferenças essenciais" das coisas não são conhecidas.

Segundo Tomás, esta seria também a razão pela qual não temos a capacidade de atribuir um nome essencial às coisas; precisamos antes extraí-los a partir do que é externo e derivado (fenômeno para o qual Tomás, muitas vezes, cita o exemplo daquelas disparatadas etimologias medievais – pelas quais o termo *"lapis"*, por exemplo, derivaria de *"laedere pedem"*, ferir o pé).

Não somente o próprio Deus, mas também as coisas em si possuem um "nome eterno" que, ao homem, não é dado pronunciar. Isto tem um sentido bem preciso e não, de modo algum, um sentido, por assim dizer, "poético".

Por que será, pergunta-se Tomás, certa vez, que nos é impossível conhecer plenamente a Deus, a partir da Criação? Sua resposta tem duas partes, sendo que a segunda é a que mais nos interessa. Primeira parte da resposta: a Criação necessariamente reflete a Deus de maneira apenas imperfeita. Segunda parte: dada nossa "ignorância" e o embotamento de nosso intelecto (*imbecillitas intellectus nostri*), não somos capazes de ler nem mesmo aquelas informações que as coisas realmente contêm a respeito de Deus.

Para se entender o peso desta afirmação, é preciso considerar que, de acordo com Tomás, o modo peculiar

..........
31. In *De anima* 1, 1, 15.
32. *Quaest. disp. de spiritualibus criaturis*, 11 ad 3.
33. *Quaest. disp. de veritate* 4, 1 ad 8.

da imitação da perfeição divina em cada coisa é precisamente o que perfaz a *essência* peculiar de seu ser: "Cada criatura possui a sua espécie própria enquanto, de algum modo, participa da imagem da essência divina. E, portanto, Deus, ao conhecer o seu próprio Ser *como* sendo assim imitável por esta determinada criatura (*ut sic imitabilem a tali creatura*), Ele conhece a Sua essência como a razão de ser e a idéia contida nesta criatura" (I, 15, 2). Este pensamento, que aponta para uma problemática, por sua vez, inteiramente nova e complexa, está muito precisamente relacionado ao nosso assunto. Não se está afirmando nada menos que isto: a essência das coisas em sua profundidade nos é permanentemente inacessível, em virtude de nossa incapacidade de apreender inteiramente a imitação da imagem arquetípica divina *enquanto* imagem e semelhança de Deus[34].

Uma resposta assim, dupliforme, tem certamente uma estrutura dialética (que reproduz a estrutura da própria *criatura*) a qual tem a sua origem, *per definitionem*, simultaneamente, em Deus e no nada. Tomás não se limita a afirmar somente que a realidade da existência de algo é a sua própria luz. Vai além: *creatura est tenebra inquantum est ex nihilo*, "a criatura é treva, na medida em que provém do nada" – esta sentença não está expressa em Heidegger, mas nas *Quaestiones disputatae de veritate* (18, 2 ad 5) de Tomás. Aliás, a resposta àquela questão: "por que não é dado ao homem conhecer Deus

..........
34. Num exemplo rústico, diríamos que o cavalo tem uma essência, a "eqüinidade", da qual conhecemos muitas propriedades e aspectos; sabemos também que o cavalo se diferencia essencialmente de outros animais, mas o que é, em si, a "eqüinidade" é-nos inacessível. Daí o caráter fragmentário, progressivo e assintótico de nossos conhecimentos. (Nota de LJL)

inteiramente a partir das coisas criadas?", possui esta mesma estrutura de "resistência passiva".

O que está dito aqui exatamente? Diz-se que, por meio de sua essência, as coisas revelam Deus de modo apenas imperfeito. Por quê? Porque as coisas são criatura e à criatura é impossível exprimir ou proferir o Criador perfeitamente. Contudo, assim prossegue a sua resposta, a superabundância de luz – até mesmo desta imperfeita manifestação – já excede todo entendimento humano. Por quê? Porque também o homem é criatura, mas principalmente porque as coisas remetem em sua essência ao projeto divino, o que, por sua vez, significa: porque as coisas são criaturas.

## *A estrutura de esperança do conhecimento criatural*

Falamos já do "elemento negativo" da filosofia de Tomás. E mostramos que (e por que) esta formulação é realmente suscetível a malentendidos e que requer uma compreensão mais precisa e quase que uma correção.

Em todo caso, o fator "negativo" seguramente não consiste na suposição de que o conhecimento humano não atinja o ser das coisas. *Intellectus... penetrat usque ad rei essentiam*, "a inteligência penetra até a essência das coisas": esta sentença[35] permanece válida em Santo Tomás – apesar da outra afirmação de que o esforço cognoscente dos filósofos não é capaz de apreender a essência sequer de uma mosca. Estes dois fatores são correlatos. O fato de que o intelecto atinge as coisas ma-

...........
35. *Summa theologica* I-II, 31, 5.

nifesta-se em que ele se precipita em insondáveis profundezas de luz! Porque o espírito atinge o ser das coisas, experimenta sua inesgotabilidade! Nicolau de Cusa[36] exprimiu essa realidade em sua interpretação do "sei que nada sei" socrático: somente àquele que, vendo, tocou a luz com os olhos, está reservado experimentar que a claridade do sol vai além do poder de apreensão da visão.

Não se pode, de modo algum, falar de agnosticismo em Tomás; e os neo-escolásticos têm toda a razão em enfatizar este aspecto. Acredito, contudo, não ser possível tornar explícita a verdadeira razão para esta realidade, se não colocamos em jogo, formalmente, o conceito de Criação, isto é, se não se falar de estrutura intrínseca da coisa, enquanto criatura.

Esta estrutura significa – dado seu caráter de ser-pensado pelo Criador – que as coisas possuem tanto a luminosidade (caráter manifestativo de seu ser) como também, ao mesmo tempo, sua inesgotabilidade e seu caráter "inexaurível": sua cognoscibilidade, bem como sua não-cognoscibilidade.

Sem remontar a este fundamento, será impossível, ao que me parece, mostrar por que o "elemento negativo" da filosofia de Tomás de Aquino nada tem de agnosticismo. E todo aquele que tenta dar conta disto, sem recorrer a tal conceito, como mostra o exemplo das sistêmicas experiências neo-escolásticas, incorrerá necessariamente no perigo de interpretar Tomás como racionalista, isto é, de incompreendê-lo ainda mais.

..........
36. *Apologia doctae ignorantiae* 2, 20 ss.

Talvez pudéssemos afirmar que, na doutrina de Tomás, a estrutura de esperança da existência humana se exprime como a de um ser cognoscente de estrutura essencialmente não-fixável: em seu conhecer não se dá uma plena apreensão, um cabal "ter" conhecimento de algo; mas também não um completo "não-ter". O que, sim, se dá é um *não-ter-ainda*!

O cognoscente é visto como *viator*, alguém que está a caminho. Isto significa, por um lado, que os seus passos têm sentido: não são, por princípio, vãos, mas aproximam-se de um objetivo. Isto, porém, não pode ser pensado sem o outro elemento: enquanto durar para o homem, na condição de ser existente, o "estar a caminho", permanecerá igualmente infindável o seu caminho de conhecimento. E esta estrutura de esperança do que indaga pelo ser das coisas, do conhecimento filosófico, funda-se, afirmemo-lo uma vez mais, no fato de o mundo ser *criatura*; o mundo e o próprio ser humano cognoscente!

Mas, dado que a esperança está mais próxima do *sim* do que do *não*, deve-se, portanto, desse mesmo modo, encarar também o elemento negativo da filosofia de Tomás, que nos propusemos explicitar. Ou seja, devemos encarar a negação em relação ao pano de fundo de uma afirmação mais abrangente. É certo que o elemento de inescrutabilidade do ser das coisas está compreendido no conceito de verdade do ser; o sentido disto, entretanto, é tão estranho a qualquer idéia de objetiva inacessibilidade, impenetrabilidade ou escuridão das coisas, que pelo contrário até autoriza a dar voz a este aparente paradoxo: as coisas são incognoscíveis ao homem em suas últimas profundezas, por serem excessivamente cognoscíveis.

Assim, o próprio Tomás também recorre àquela célebre sentença aristotélica[37] a respeito dos olhos da ave noturna, incapazes de perceber precisamente aquilo que é luminoso (da mesma forma comportar-se-ia o intelecto humano em relação àquelas coisas que se manifestam com máxima evidência). Tomás exprimiu a asserção contida nesta frase, com a qual, aliás, concorda inteiramente, pelas seguintes admiráveis palavras[38]: *Solem etsi non videat oculus nycticoracis, videt tamen eum oculus aquilae*, "ainda que o olho da ave noturna não veja o sol, o olho da águia, sim, o vê".

## 6. O filosofar cristão

Tomás, como aliás é típico do pensamento medieval até a sua época, não é puramente filosófico, mas sim, numa interpenetração profunda e espontânea, filosófico-teológico. Só tardiamente surgirá um pensamento filosófico que se pretenda alheio à Teologia; esse afã de *Voraussetzungslosigkeit*, de uma asséptica independência da Teologia, é simplesmente impensável para pensadores como Tomás. A distinção não implica separação: filosofia e teologia são diferentes, mas inseparáveis: em Tomás, a filosofia, mais do que *ancilla* é *sponsa theologiae*... Para o problema da filosofia cristã, reproduzimos a seguir (pp. 43-8) trechos de uma conferência de Pieper em que se discute (do ponto de vista contemporâneo) não só a legitimidade de uma filosofia cristã, mas – numa inversão que pode parecer surpreendente – também a

----------
37. *Metafísica* 2, 1; 993 b.
38. In *Metaph.* 2, 1, 286.

problematicidade de uma filosofia *não*-cristã. Trata-se de "O caráter problemático de uma filosofia não-cristã"[39].

"Uma filosofia cristã é um círculo quadrado", uma contradição em termos. Esta agressiva sentença de Martin Heidegger, evidentemente determinada mais por um impulso passional do que por um juízo ponderado, provavelmente não encontrará assentimento nem mesmo entre aqueles que admitem tratar-se de assunto extremamente problemático. O mais recomendável é evitar totalmente a equívoca expressão "filosofia cristã" e falar, em vez disso, do "ato filosófico" e da "pessoa que filosofa".

Sob este ponto de vista, atrevo-me a afirmar – pura e simplesmente invertendo a sentença de Heidegger – que qualquer pessoa que, pela fé, admita como verdadeira a mensagem cristã, deixaria de praticar seriamente o filosofar no exato instante em que ignorasse deliberadamente os dados provenientes do âmbito supra-racional. (...)

Mas, aqui, se trata do caráter problemático, do dilema, quase inevitável, que um filosofar expressamente não-cristão enfrenta. Evidentemente, não nos referiremos aqui às concepções de ser, provenientes do mundo "não-tocado" pelo cristianismo, como por exemplo as do budismo ou do hinduísmo. Nossa tese refere-se unicamente à interpretação racionalista-secular – e, portanto, assumida e decididamente não-cristã – do mundo que

...........
39. Publicado como conferência inédita no volume de homenagem aos 90 anos de Pieper: *Oriente & Ocidente: filosofia e arte*, São Paulo, DLO, FFLCH, USP, 1994, trad. de Gabriele Greggersen e Luiz Jean Lauand.

pretende considerar-se "filosofia" no mesmo sentido em que esse conceito era entendido pelos fundadores da tradição ocidental de pensamento, como, por exemplo, Platão e Aristóteles.

Nesse conceito tradicional de filosofia, o sentido antes de mais nada literal da palavra grega *philosophia* é tomado, sobretudo por Platão, de modo muito mais *originário* do que ocorre usualmente. Platão toma estritamente ao pé da letra um dito de Pitágoras segundo o qual só Deus seria sábio (*sophos*), enquanto o homem, na melhor das hipóteses, é somente alguém que busca amorosamente a sabedoria (um *philo-sophos*). A afirmação de Sócrates, em O banquete, de que nenhum dos deuses filosofa, não passa afinal de uma outra forma de exprimir o mesmo pensamento. E não é somente um Platão – a quem Kant chama "o pai de todos os sonhadores filosóficos" – que faz essa afirmação; também um realista como Aristóteles vem a dizer o mesmo. Aristóteles está convencido de que a pergunta sobre "Que é isto? Algo real?" – formulada, por ele, de modo resumido e compacto, em apenas três sílabas: *ti to on?* – não é apenas uma questão que se coloca "*desde sempre, hoje, e para sempre*"; ela estaria almejando, para além disto, como diz Aristóteles, uma resposta, conhecida unicamente por Deus.

As questões verdadeiramente filosóficas (como por exemplo: "O que é o conhecer?", "O que ocorre, do ponto de vista da totalidade, quando morre um ser humano?") impelem-nos a um confronto com o todo da realidade e da existência. Quem as formula vê-se, com efeito, obrigado a falar "de Deus e do mundo", e isto é, precisamente, o que marca a diferença entre a filosofia e a

ciência. O médico que investiga a causa de uma doença já não está lidando com o mundo como um todo; não tem necessidade de falar "de Deus e do mundo"; e, aliás, nem ao menos está autorizado a fazê-lo. Se, por outro lado, ocorre-lhe examinar o sentido – o que "em si" e em "última instância" significa a doença –, então não poderia estar à altura desse objeto sem, ao mesmo tempo, refletir sobre a natureza humana em relação à realidade como um todo.

Também no *Banquete* de Platão, cujo tema é o *Eros*, ocorre o seguinte: depois de terem falado o sociólogo, o psicólogo, o biólogo, alguém se levanta e diz que não se pode apreender o verdadeiro sentido do *Eros* sem considerar a natureza da alma e o que lhe sobreveio, nos primórdios, em confronto com os deuses. Passa então a contar o mito da perfeição originária do homem, falando a respeito da sua culpa e da sua punição. Em resumo, narra a história do paraíso perdido, interpretando *Eros* como o anelo pela santa forma primitiva. Ainda em Platão: no diálogo *Menon*, quando se torna evidente que já não é possível avançar no caminho da argumentação racional, Sócrates afirma que, a partir deste momento, se torna necessário apoiar-se naqueles "que são sábios nas coisas divinas". Mais uma vez, portanto, volta-se para um dado proveniente de uma fonte sobre-humana, cuja interpretação pode, de modo não impróprio, ser denominada *Teologia*.

Mesmo a reflexão crítica e fria da metafísica aristotélica não exclui de modo algum tais pensamentos. Um dos resultados mais surpreendentes da fundamental análise histórica de Werner Jaeger é a seguinte constatação: também a doutrina aristotélica do ser estaria, em última

análise, determinada pelo *credo ut intelligam*, pelo pressuposto anterior de uma fé que transcende o pensamento e é seu pressuposto.

Enquanto, pois, não se entenda por filosofia algo inteiramente diverso do que significava o conceito em sua primeira definição no Ocidente, permanecerá implícita e inerente à filosofia a exigência de um dado anterior, supra-racional. É natural que se coloque, precisamente neste ponto, a questão da possibilidade de que uma interpretação puramente racionalista da existência – neste sentido também absoluta e decididamente não-cristã – possa, legitimamente, ser chamada de *filosofia*. Com efeito, tudo aquilo que, na concepção de mundo platônica, é chamado "sabedoria dos antigos", "conhecimento das coisas divinas", "tradição santa, oriunda de uma fonte divina por intermédio de um desconhecido Prometeu" – tudo isto encontra-se preservado (ainda que depurado, elevado e, ao mesmo tempo, infinitamente ultrapassado) na mensagem anunciada pelo *Logos* divino, que o cristão crê e venera como verdade intangível.

Talvez possam objetar-me que seria absurdo afirmar que, na nossa civilização ocidental, não haja nenhuma filosofia que possa ser, ao mesmo tempo, indubitavelmente não-cristã e continuar a chamar-se legitimamente "filosofia". Sobre isto, gostaria de fazer duas considerações:

*Em primeiro lugar*, existem indubitavelmente formas modernas de "filosofia" que não têm nenhuma pretensão de ser filosofia naquele sentido originário; na realidade, trata-se, no caso, de ciência, ou *scientific philosophy*, cujo interesse e compreensão estão reservados unicamente a especialistas e técnicos, como, por exemplo, a lógica matemática ou a análise lingüística.

*Em segundo lugar*, uma filosofia que se pretendesse "não-cristã" de um modo inteiramente conseqüente, na qual simplesmente não fosse mais possível detectar nenhum elemento da teologia, é, no mundo ocidental, um fenômeno extremamente raro. Assim, Descartes responde à questão central da dúvida metódica – "Como podemos ter certeza de não estar apenas sonhando?" – apelando para a veracidade de Deus, que não poderia, de forma alguma, enganar-nos. Ou seja, Descartes apóia-se explicitamente na própria tradição da fé, que, no entanto, pretendia excluir por princípio. E quando Immanuel Kant, no seu ensaio sobre a religião, cita a Bíblia mais de setenta vezes, é evidente que não permanece – conforme havia anunciado programaticamente no título da sua obra – "dentro dos limites da razão pura". Evidentemente, não podemos só por isso falar numa "filosofia cristã"; contudo, é igualmente evidente que não se pode considerar esse tratado como totalmente "não-cristão".

Contemplemos, finalmente, o caso de Jean-Paul Sartre, cuja filosofia existencialista pretende ser a forma mais radical de filosofia não-cristã: teria sido absolutamente incompreensível para um niilista pré-cristão, como por exemplo Górgias, o sofista antigo. É preciso ser cristão para apreender o sentido da seguinte sentença: "Não há natureza humana, porque não há Deus para concebê-la."

E noutra obra, *Über das Ende der Zeit*, tratando do tema da fundamentação do conhecimento, Pieper oferece um contundente questionamento: "Que é o conhecimento em si e em última análise? A reflexão filosófica sobre esta questão, sua discussão tem, é verdade, um fundamento experimental incontestável (a experiência das sensações, do pensamento etc.). Mas, se eu a levo mais

adiante, necessariamente chegará um momento em que deva considerar a realidade objetiva de um lado e a faculdade humana de conhecer de outro; ser-me-á necessário, em certo momento, colocar a questão assim formulada por Heidegger: 'De onde a enunciação representativa toma a orientação de se dirigir para o objeto, e de se orientar retamente?' (*Vom Wesen der Wahrheit*, Frankfurt, 1943, p. 13); de onde o sujeito cognoscente tem 'a orientação para o que é'? (ibidem, p. 21) e onde se encontra o fundamento interior dessa orientação do conhecimento para o ser? Sem dúvida, esta questão se situa no centro, na raiz de toda teoria filosófica do ser: e é uma das formas sob as que aparece, a um certo momento, o problema da natureza do conhecimento (...) Ora, é evidente que esta questão que diz respeito aos fundamentos do conhecimento ('de onde o conhecimento tira sua orientação para o ente?') não pode receber resposta à margem de uma afirmação teológica."[40]

## 7. O método de Tomás: fenômeno e linguagem

Tomás dirige sua busca filosófico-teológica ao *ser* em abertura máxima para a totalidade. Tal como Platão, ele, como filósofo, não está preocupado em saber se o rei de Atenas é feliz ou não, mas em saber o que, afinal de contas, a felicidade *é*. O que, em si e em última instância, é isto? O que é tal ente sob todo ponto de vista concebível?

..........
40. Pieper, Josef, *Über das Ende der Zeit. Eine geschichtsphilosophie Meditation*. 3ª ed. revista, Munique, Kösel, 1980, pp. 14-5.

Mas como atingir o ser? Nada mais distante de sua concepção filosófica do que um discurso apriorístico: Tomás parte da experiência, do fenômeno, do ser tal como se manifesta.

Daí que dê especial relevo metodológico às formas do agir humano e à linguagem enquanto portadores de notícias sobre o ser. Destaquemos brevemente um aspecto de seu modo de filosofar: a atenção dada à linguagem comum. Tomás tem um enorme respeito pela linguagem do povo. *Multitudinis usus, quem in rebus nominandis sequendum*, o uso comum do povo que deve ser seguido... – assim começa ele a *Suma contra os gentios*. A linguagem comum é por ele considerada depositária de sabedoria, quando devidamente trabalhada, garimpada.

Este é um dos tantos pontos que perfazem a sintonia da Filosofia de Tomás com o bom senso do povo. Aproveitando-nos de uma metáfora de que o próprio Tomás freqüentemente se vale – a comparação entre o sábio e o arquiteto –, diríamos que o verdadeiro filosofar está para a sabedoria do homem da rua assim como o saber do bom arquiteto para a adequada construção da casa. O cidadão comum não estudou arquitetura, mas sabe que não lhe serve uma casa em que, por exemplo, a porta da rua se abre diretamente para um banheiro, e em que este se comunique sem divisórias com a cozinha; em que a adega esteja a céu aberto no terraço, e todos os disparates que possam passar pela "criativa" mente de um arquiteto desvairado. É preciso dizer que, como não faltam arquitetos destes, também não faltam na história filósofos "criativos".

Já a filosofia de Tomás assemelha-se ao trabalho do sábio arquiteto, que aplica a sua competência profissio-

nal e o seu senso artístico para realizar aquilo que, afinal de contas, coincide com o bom senso do homem comum: cozinha é cozinha; banheiro é banheiro! Tudo de acordo com a realidade humana.

Tomás procura, pois, a realidade do homem, a experiência sobre a realidade do homem. A sua concepção apóia-se no fato (bastante empírico) de que há na vida ocasiões especiais em que a realidade perde seu rosto rotineiro e nos apresenta uma face nova: de repente descobrimos o que é ou o que significa para nós algo ou alguém. Daí que afirme, com Aristóteles e Platão, que a admiração é o princípio do filosofar.

Mas essas experiências especialmente densas que o homem tem consigo mesmo e com o mundo não têm brilho duradouro na consciência reflexiva: logo se desfazem, escapam-nos. Subjaz a toda a antropologia de Tomás aquela constatação, axiomática para os antigos: o homem é um ser que esquece! No entanto, essas experiências não chegam a ser totalmente aniquiladas; escondem-se, condensam-se, transformam-se, depositam-se... principalmente na linguagem. E o filosofar é, em boa medida, uma tentativa de lembrar, de resgatar os grandes *insights* de sabedoria que se encontram encerrados na linguagem comum.

Por isso, Tomás sempre está atento à sabedoria escondida na linguagem do povo, buscando nela a transparência. Um exemplo entre tantos: já na primeira questão da *Suma teológica*, ao procurar caracterizar o que é a sabedoria, Tomás explica que a sabedoria não deve ser entendida somente como conhecimento que advém do frio estudo, mas como um saber que se experimenta e saboreia. Sempre muito atento aos fenômenos da lin-

guagem, à fala do povo, como fonte de profundas descobertas filosóficas, encanta-se com o fato – para ele experiência pessoal vivida – de que em latim *sapere* signifique tanto saber como saborear[41]. Esta coincidência de significados na linguagem do povo – Tomás bem o "sabe" – não é casual: se há quem saiba porque estudou, verdadeiramente sábio, porém, é aquele que sabe porque saboreou...

Mas a linguagem tal como o conhecimento não é capaz de abarcar de uma só vez a multifacética complexidade do real; sobretudo quando se trata das realidades mais profundas. Daí Tomás afirmar que cada língua acentua um particular aspecto da realidade: *"Diversae linguae habent diversum modum loquendi"* (I, 39, 3 ad 2).

Um exemplo, o da realidade humana da gratidão, referido às línguas modernas, poderá ajudar-nos a compreender a fecundidade metodológica dessa sentença. A gratidão é uma realidade humana complexa; daí decorre o fato de que sua expressão verbal seja, em cada língua, fragmentária, acentuando-se este ou aquele aspecto: "A gratidão, ensina Tomás, compõe-se de diversos graus: o primeiro consiste em reconhecer o benefício recebido; o segundo, em louvar e dar graças; o terceiro, em retribuir etc." (II-II, 107, 2). Este ensinamento, que por sinal está totalmente de acordo com o bom senso do homem comum, é corroborado pelos diversos modos que as diversas línguas têm para agradecer: não por acaso, *to thank* (ou *danken*) são originariamente o mesmo que *to think* (*denken*), pois agradecer é pensar, considerar, re-conhecer, de onde decorre também o *reconnaissance* francês;

...........
41. Dizemos ainda hoje "sabe a chocolate", tem sabor de chocolate.

ou o caráter não-devido do "favor", gratuito, *gracias, grazie*, que me deixa vinculado (*ob-ligatus*), obrigado, "muito obrigado" a retribuir. Tomás, agudo observador dos conteúdos subjacentes ao falar do povo, faz notar a existência de ingratidão[42] quando se pensa (ou se diz): *Ministerium est!* "Não fez mais do que a sua obrigação!" (II-II, 106, 3 ad 4).

### *8. O Verbo, o falar e a palavra*[43]

Para Tomás, o falar de Deus guarda semelhanças com o falar humano (ou vice-versa) e vale-se do mesmo instrumental teórico para tratar do falar humano e do divino.

Tomás distingue, por exemplo, *sonus* de *vox*: *vox* não é um som qualquer, mas o som animado, que só se dá na medida em que se dê alma – voz, boca e hálito – "nenhum ente sem alma tem voz" (in *De anima* 2, 18, 467). E no âmbito da *vox* situa-se a palavra (*verbum*). A palavra é uma realização especial do signo (*signum*), que, por sua vez, é "aquilo pelo que alguém chega a conhecer algo de outro" (III, 60, 4). O signo leva, pois, o sujeito a um conhecimento novo – a conhecer algo diferente do próprio signo. Naturalmente, há uma infinita variedade de signos: desde a fumaça, signo que indica o lugar e a intensidade do fogo, à bandeira branca da rendição.

..........
42. A falta de reconhecimento, de consideração, pelo que ultrapassa o estritamente devido.
43. Os conceitos apresentados neste tópico recolhem idéias apresentadas no excelente capítulo de Josef Pieper "Was heisst Gott Spricht?", in *Über die Schwierigkeit heute zu Glauben*, Munique, Kösel, 1974, que deve ser consultado para uma exposição mais ampla do assunto.

A palavra também é um signo: *vox, quae non est significativa, verbum dici non potest* (I, 34, 1), o som animado só é palavra se for significativo. Próprio da palavra é a *significatio*; não, porém, uma significação qualquer, mas aquela que pressupõe sempre um conceito; a palavra só se dá onde há conhecimento intelectual. Daí que Tomás afirme: "Sendo três as naturezas intelectuais – a humana, a angélica e a divina –, três são as palavras" (*De differentia* III, 1).

*Locutio est proprium opus rationis* (I, 91, 3 ad 3), "falar – diz Tomás – é operação própria da inteligência". Ora, entre a realidade designada pela linguagem e o som da palavra proferida há um terceiro elemento, essencial na linguagem, que é o *conceptus*, o conceito, a palavra interior (*verbum interius*), que se forma no espírito de quem fala e que se exterioriza pela linguagem, que constitui seu signo audível (o conceito, por sua vez, tem sua origem na realidade). Mas, se a palavra sonora é um signo convencional (a água pode chamar-se água, *water*, *eau* etc.), o conceito, pelo contrário, é um signo necessário da coisa designada: nossos conceitos se formam por adequação à realidade.

Pois a realidade, cada coisa real, tem um conteúdo inteligível, um significado, "um quê", uma verdade que por um lado faz com que a coisa seja aquilo que é, e, por outro, a torna cognoscível para a inteligência humana. É precisamente isto o que se designa por *ratio*.

Assim, indagar "O que é isto?" ("O que é uma árvore?", "O que é o homem?") significa, afinal de contas, perguntar pelo ser, pelo "quê" (*quidditas*, *whatness*, qüididade), pela *ratio*, pela estruturação interna de um ente que faz com que ele seja aquilo que é (daí a sugestiva

forma interrogativa do francês: *Qu'est-ce que...*, "que é este quê?", "que quê é isto?").

E esta *ratio* que estrutura, que plasma um ente, é a mesma que se oferece à inteligência humana para formar o conceito, que será tanto mais adequado quanto maior for a objetividade com que se abrir à realidade contida no objeto.

Dentre as muitas e variadas formas de interpretação da expressão "Deus fala"[44], há uma especialmente importante nas relações entre o falar divino e o humano: não é por acaso que São João emprega o vocábulo grego *Logos* (*Verbum*, razão, palavra) para designar a segunda Pessoa da Santíssima Trindade que "se fez carne" em Jesus Cristo: o *Verbum* não só é imagem do Pai, mas também princípio da Criação (cf. Ap 3, 14).

E a Criação – retomando a análise de Pieper no tópico 4 – deve ser entendida precisamente como projeto, *design* feito por Deus através do Verbo. Numa comparação imprecisa[45] com o ato criador divino, considero o isqueiro que tenho diante de mim. Este objeto é produto de uma inteligência, há uma racionalidade[46] que o estrutura por dentro. É precisamente essa *ratio* que, por

..........
44. Deus fala gerando eternamente o Filho (o *Logos*, o *Verbum*); fala também na inspiração ou na iluminação mística do homem, hagiógrafo ou profeta; fala ainda pela luz da fé que nos faz reconhecer na Sagrada Escritura e na Tradição a palavra do Senhor, *verbum Domini*. Fala de Deus, em outro sentido, é a Encarnação do Verbo, com que a Palavra de Deus aos homens encontra sua máxima realização (cf. Heb 1, 1). Também esta nota procede de Pieper.

45. Imprecisa, pois, num caso, trata-se de realidade natural projetada pela Inteligência divina, e, no outro, de um objeto artificial projetado pelo homem.

46. Inteligentemente o *designer* articulou a pedra, a mola, o gás etc.

um lado, estrutura por dentro qualquer ente, que, por outro lado, permite, como dizíamos, acesso intelectual humano a esse ente[47]. No caso do isqueiro, a *ratio* que o constitui enquanto isqueiro é o que me permite conhecê-lo e, uma vez conhecido, consertá-lo, trocar uma peça etc.

Guardadas as devidas distâncias[48], é nesse sentido que a Revelação Cristã fala da "Criação pelo Verbo"; e é por isso também que a Teologia – naquela feliz formulação do teólogo alemão Romano Guardini – afirma o "caráter verbal" (*Wortcharakter*) de todas as coisas criadas. Ou, em sentença quase poética – "as criaturas são palavras" – de Tomás: "Assim como a palavra audível manifesta a palavra interior[49], assim também a criatura manifesta a concepção divina (...); as criaturas são como palavras que manifestam o Verbo de Deus" (in *Sent.* I, d. 27, 2.2 ad 3).

## 9. Ser e participação em Tomás

Para bem entender o pensamento e a linguagem de Tomás – também no que diz respeito às questões ligadas a nosso tema do *verbum* – é necessário falar de sua doutrina da participação[50]. Também para este caso, vale a sugestiva observação de Weisheipl: "Tomás, como todo o

...........
47. Não por acaso Tomás considera que inteligência tem que ver com *intus-legere* ("ler dentro"): a *ratio* do conceito na mente é a *ratio* "lida" no íntimo da realidade.
48. Infinitas, no caso do ato criador de Deus.
49. O conceito, a idéia.
50. Doutrina essencialíssima e que não é aristotélica: daí a problematicidade de reduzir Tomás a um aristotélico...

mundo, teve uma evolução intelectual e espiritual. O fato assombroso, porém, é que, desde muito jovem, Tomás apreendeu certos princípios filosóficos fundamentais que nunca abandonou."[51]

Essa doutrina encontra-se no núcleo mais profundo do pensamento do Aquinate e é a base de sua concepção tanto do ser como – no plano estritamente teológico – da graça. Indicaremos resumidamente suas linhas principais.

Como sempre, voltemo-nos para a linguagem. Comecemos reparando no fato de que, na linguagem comum, "participar" significa – e deriva de – "tomar parte" (*partem capere*). Ora, há diversos sentidos e modos desse "tomar parte"[52]. Um primeiro é o de "participar" de modo quantitativo, caso em que o todo "participado" é materialmente subdividido e deixa de existir: se quatro pessoas participam de uma pizza, ela se desfaz no momento em que cada um toma a sua parte.

Num segundo sentido, "participar" indica "ter em comum" algo imaterial, uma realidade que não se desfaz nem se altera quando participada; é assim que se "participa" a mudança de endereço "a amigos e clientes", ou ainda que se "dá *parte* à polícia".

O terceiro sentido, mais profundo e decisivo, é o que é expresso pela palavra grega *metékhein*, que indica um "ter com", um "co-ter", ou simplesmente um "ter" em oposição a "ser"; um "ter" pela dependência (participação) com outro que "é". Como veremos em mais detalhes, Tomás, ao tratar da Criação, utiliza este conceito: a

----
51. *Op. cit.*, p. 16.
52. Cf. Ocáriz, F., *Hijos de Dios en Cristo*, Pamplona, Eunsa, 1972, pp. 42 ss.

criatura *tem* o ser, por participar do ser de Deus, que *é* ser. E a graça nada mais é do que *ter* – por participação na filiação divina que *é* em Cristo – a vida divina que *é* na Santíssima Trindade.

Há – como indica Weisheipl[53] – três argumentos subjacentes à doutrina da participação: 1) Sempre que há algo comum a duas ou mais coisas, deve haver uma causa comum. 2) Sempre que algum atributo é compartilhado por muitas coisas segundo diferentes graus de participação, ele pertence propriamente àquela que o tem de modo mais perfeito. 3) Tudo que é compartilhado "procedente de outro" reduz-se causalmente àquele que é "per se".

Nesse sentido, adiantemos desde já as metáforas de que Tomás se vale para exemplificar: ele compara o ato de ser – conferido em participação às criaturas – à luz e ao fogo: um ferro em brasa *tem* calor porque participa do fogo, que "é calor"[54]; um objeto iluminado "tem luz" por participar da luz que *é* na fonte luminosa. Tendo em conta essa doutrina, já entendemos melhor a sentença de Guimarães Rosa: "O sol não é os raios dele, é o fogo da bola."[55]

Participação envolve, pois, graus e procedência. Tomás parte do fenômeno evidente de que há realidades que admitem graus (como diz a antiga canção de Chico Buarque: "tem mais samba no encontro que na espera...; tem mais samba o perdão que a despedida"). E pode

...........
53. *Op. cit.*, pp. 240-1.
54. Evidentemente, não no sentido da Física atual, mas o exemplo é compreensível.
55. *Noites do sertão*, 6.ª ed., Rio de Janeiro, José Olympio, 1979, p. 71.

acontecer que a partir de um (in)certo ponto, a palavra já não suporte o esticamento semântico: se chamamos vinho a um excelente Bordeaux, hesitamos em aplicar este nome ao equívoco "Chateau de Carapicuíba" ou "Baron de Quitaúna".

As coisas se complicam – e é o caso contemplado por Tomás – quando uma das realidades designadas pela palavra é fonte e raiz da outra: em sua concepção de participação, a rigor, não poderíamos predicar "quente" do sol, se a cada momento dizemos que o dia ou a casa estão quentes (se o dia ou a casa *têm* calor é porque o sol *é* quente). Assim, deixa de ser incompreensível para o leitor contemporâneo que, no artigo 6 da questão disputada "Sobre o verbo", Tomás afirme que não se possa dizer que o sol é quente (*sol non potest dici calidus*). Ele mesmo o explica, anos depois, na *Summa contra gentiles* (I, 29, 2), que acabamos dizendo quente para o sol e para as coisas que recebem seu calor, porque a linguagem é assim mesmo:

"Como os efeitos não têm a plenitude de suas causas, não lhes compete (quando se trata da 'verdade da coisa') o mesmo nome e definição delas. No entanto (quando se trata da 'verdade da predicação'), é necessário encontrar entre uns e outros alguma semelhança, pois é da própria natureza da ação que *o agente produza algo semelhante a si* (Aristóteles), já que todo agente age segundo o ato que é. Daí que a forma (deficiente) do efeito encontra-se a outro título e segundo outro modo (plenamente) na causa. Daí que não seja unívoca a aplicação do mesmo nome para designar a mesma *ratio* na causa e no efeito. Assim, o sol causa o *calor* nos corpos inferiores agindo segundo o calor que ele é em ato: en-

tão é necessário que se afirme alguma semelhança entre o calor gerado pelo sol nas coisas e a virtude ativa do próprio sol, pela qual o calor é causado nelas: daí que se acabe dizendo que o sol é quente, se bem que não segundo o mesmo título pelo qual se afirma que as coisas são quentes. Desse modo, diz-se que o sol – de algum modo – é semelhante a todas as coisas sobre as quais exerce eficazmente seu influxo; mas, por outro lado, é-lhes dessemelhante porque o modo como as coisas possuem o calor é diferente do modo como ele se encontra no sol. Assim também Deus, que distribui todas as suas perfeições entre as coisas, é-lhes semelhante e, ao mesmo tempo, dessemelhante."

Todas essas considerações parecem extremamente naturais quando nos damos conta de que ocorrem em instâncias familiares e quotidianas de nossa própria língua: um grupo de amigos vai fazer um piquenique em lugar ermo e compra alguns pacotes de gelo (desses que se vendem em postos de gasolina nas estradas) para a cerveja e os refrigerantes. As bebidas foram dispostas em diversos graus de contato com o gelo: algumas garrafas são circundadas por muito gelo; outras, por menos. De tal modo que cada um pode escolher: desde a cerveja "estupidamente gelada" até o refrigerante só "um pouquinho gelado"... Ora, é evidente que o grau de "gelado" é uma qualidade *tida*, que depende do contato, da participação da fonte: o gelo, que, ele mesmo, não pode ser qualificado de "gelado"...

Estes fatos de participação são-nos, no fundo, evidentes, pois com toda a naturalidade dizemos que "gelado", gramaticalmente, é um *particípio*...

Antes de tratarmos da participação do ser, participação constitutiva da criatura, apontemos um último exemplo. Participar é receber de outrem algo; mas o que é recebido é recebido não totalmente: assim participar implica um receber parcial de algo (*aliquid*) de outro (*ab alio*). Um axioma de que Tomás se vale diz: "Tudo que é recebido é recebido segundo a capacidade do recipiente" (*per modum recipientis recipitur*). E assim: "*Omne quod est participatum in aliquo, est in eo per modum participantis: quia nihil potest recipere ultra mensuram suam*" (I *Sent.* d. 8, q. 1 a. 2 sc2), algo que é participado é recebido segundo a capacidade do participante, pois não se pode receber algo que ultrapasse a sua medida (*mensura*). Numa sala de aula, por exemplo, cada aluno participa da aula segundo sua capacidade de apreensão: alguns aprenderão mais; outros, menos...

O mesmo se passa com o ato mais fundamental e radical: o ato de ser. Tomás, ainda muito jovem, realiza, com base na distinção aristotélica entre potência e ato, uma descoberta revolucionária: a do ato de ser (*esse, actus essendi*). É pelo ato de ser que Tomás supera todo tipo de essencialismo e é "o mais existencialista de todos os filósofos"[56].

Potência e ato são noções básicas e intuitivas, tão fundamentais que não se deixam definir. Precisamente uma das grandes contribuições de Aristóteles para a história da filosofia foi a de ter ensinado que há diversos modos de ser; que o ser não é unívoco (nem equívoco), mas análogo. Potência e ato são dois modos de ser: a potência é um modo fraco; o ato, forte.

---

56. Maritain, J., "L'Humanisme de Saint Thomas d'Aquin", in *Mediaeval Studies*, 3 (1941).

O ato é o que mais propriamente é. Ato é o que é real, fático, já realizado (aspecto acentuado pela nossa palavra "atualmente"). É nesse sentido aristotélico de realidade que a língua inglesa diz "*actually*" para indicar que algo é realmente, de fato[57]. Já potência é o que pode vir a ser real (em ato), mas de fato não o é; uma semente pode (está em potência de) vir a ser (em ato) árvore; já uma pedra, não.

Na perspectiva da tradição platônico-agostiniana – a corrente dominante em Paris à época de Tomás –, não ficava clara a distinção entre João da Silva e um homem simplesmente pensado, ideal. Tomás, pelo contrário, chama a atenção – com um bom senso notável – para o fato de que um *é*, mas o outro não; o *ser* não é uma atividade a mais que deriva da natureza de cada coisa. O *ser* – no sentido de ser-real[58] – está fora e acima da série de características que compõem a essência. O fato de uma coisa ser, isto é, *exercer* o *ser em ato*, ter ato de ser, é algo único e absolutamente decisivo: "O ser é aquilo que há de mais íntimo em cada coisa, e o que mais profundamente está inserido em todos os entes" (I, 8, 1).

E o que significa ser? Ser é, acima de tudo, atividade, ato. Todas as coisas, todos os *entes*, são, antes de mais nada, aqueles que "exercem o ato" de ser, fato que já a própria linguagem comum recolhe: se o *presidente* é aquele que exerce a atividade de presidir, o *gerente* a de gerir, o *caminhante* a de caminhar, o *ente* exerce a de ser.

...........
57. E quando falamos de *exato*, estamos nos referindo a alguma coisa feita a partir da realidade, a partir do ato (*ex actu*).
58. O real dá-se, está-aí. Note-se a sugestiva forma inglesa *there is* ou as alemãs *Dasein, es gibt* etc.

Mas justamente por constituir a primeira atividade, a mais fundamental – e "a mais maravilhosa", dirá Gilson –, o ser escapa a qualquer definição: "O ato de ser não pode ser definido."[59] Não podemos transformá-lo num conceito, como o fazemos com a essência de qualquer coisa, porque é anterior a qualquer idéia. O ser é, e sempre será, um mistério que o homem não pode esgotar.

Ao contrário de todo pensamento essencialista, Tomás não parte das essências, mas das coisas, dos entes, da realidade.

O binômio fundamental da metafísica de Tomás é: ato de ser/essência (*esse, actus essendi/essentia*). Todo ente é e é algo: é homem, é cão, é pedra. Nessa composição, se o responsável pelo *é* do ente é o ato de ser, seu complemento necessário, a *essência*, corresponde ao "quê" que o ente é.

Para entendermos a linguagem de Tomás, lembremos que a essência admite "sinônimos". Bem entendido: "sinônimo" não significa identidade absoluta, mas sim que cada "sinônimo" aponta para um determinado aspecto diferente da mesma e única realidade: tal como quando falamos em "casa", "lar", "domicílio" ou "residência". Em si, a realidade a que se referem estas palavras é a mesma e única edificação na Rua Tal, número tal; mas ninguém diz "domicílio, doce domicílio", nem a Prefeitura cobra impostos sobre meu *lar* etc.[60]

Do mesmo modo que *casa, lar, domicílio* etc. enfatizam aspectos diferentes, assim também falamos em *es-*

..........
59. In *Metaph.* 9, 5.
60. Ainda que, naturalmente, haja casos em que é legítima a substituição de uma dessas palavras por outra, ou indiferente o uso desta ou daquela: afinal, são sinônimas!

*sência* como contraponto do ato de ser; em *natureza*, quando queremos acentuar o fato de que essa essência é princípio de operações[61]; ou em *qüididade* (*quidditas*), para enfatizar o fato de que a essência é o que responde à pergunta: "O que é isto?"

Ao afirmar a composição *essência/ato de ser*, Tomás não considera o ser como algo justaposto, acrescentado a uma essência ideal, como algo separado a que se agrega o ser; o *ato de ser* é que é o ponto de partida, o elemento mais fundamental de todos os entes. E a essência é a medida[62] da recepção do ato de ser.

Uma comparação pode ajudar-nos a entender isto: nos *sons* realmente emitidos por um flautista, podemos distinguir, por um lado, o som, o *ato de soar* (na comparação: o ato de ser) e, por outro lado, por assim dizer, o *tom*, o "toar" (a essência), a particular nota musical que caracteriza aquele som: soar e toar como dó, ré, mi, si bemol etc. Na verdade, o soar e o *toar* estão em intrínseca união: cada som emitido pelo instrumento vem unido a uma determinada freqüência que o define como tal nota, e, inversamente, cada nota realmente emitida *soa*.

Ora, também a essência, longe de ser uma realidade isolada à qual se justaporia o existir, é entendida por Tomás como intrinsecamente unida ao ente real e concreto: como *de-finição, de-limitação, de-terminação*, isto é, estabelecendo os limites, o fim, o término da recepção do ato de ser por este ente concreto. Assim como o dó,

---

61. O homem pensa ou a árvore dá fruto porque têm essências, naturezas das quais procedem tais operações.

62. Como ficou dito anteriormente, encontramos freqüentemente em Tomás a palavra medida, *mensura*, num sentido mais formal do que quantitativo.

o si bemol e o sol se caracterizam como tais por receberem o seu soar em tais e tais "medidas", assim também este ente tem uma essência (é pedra, árvore, cão ou homem) por receber o *actus essendi* em tal e tal forma, em tal *medida*.

"O ser é a atualidade de toda forma ou natureza: só se podem dar, em ato, bondade ou humanidade enquanto se dá o ser. Daí que necessariamente o ser esteja para a essência como o ato para a potência" (I, 3, 4).

Sem termo de comparação com a flauta (na qual não existe o "puro ato de soar"), no caso de Deus – precisamente por não haver delimitação na sua posse do ser – não se pode propriamente falar em essência, mas em puro ato de Ser. Ele é ato puro, de cujo ser participam todos os entes.

## 10. Tomás do Deus Criador[63]

Esta afirmação do ato de ser é como que uma prova da existência de Deus, a não ser que neguemos que as coisas *são*. A atividade de todos os entes decorre da sua natureza: a mangueira germina, cresce, floresce e dá mangas porque é mangueira. Está na sua essência fazê-lo. Todas as mangueiras o fazem. Mas o ser, apesar de constituir a principal atividade exercida pelos entes – todos os entes –, não decorre da sua natureza; é "anterior" a ela, só é compreensível se as coisas o exercem como algo *recebido*; "assim, o ser que está presente

..........
63. Também neste tópico seguimos de perto o *Thomas von Aquin: Leben und Werk*, de Josef Pieper, Munique, DTV, 1981. O epíteto "do Deus Criador" é, segundo Chesterton e Pieper, o mais adequado para Tomás.

nas coisas criadas pode somente remontar-se ao ser divino"[64].

Tal como o fogo ou a luz criam uma dependência contínua nas coisas que deles participam, sendo por eles aquecidas ou iluminadas, assim também a criação não é entendida por Tomás simplesmente como um *começo*, mas como uma *situação*: a presença fundante do Criador no ente criado. Ou seja, se somos, é porque Deus nos mantém continuamente no ser. Dependemos dele da forma mais profunda e absoluta, e tudo nos vem deste primeiro ato "fundacional". Mesmo quem se volta contra Deus está sendo por Ele mantido no ser amparado em cada instante e em cada ato que realiza.

Essa intuição de Tomás permite afastar qualquer panteísmo, pois a criação, sendo *ex nihilo*, a partir do nada, estabelece um infinito abismo diferencial entre o ser de Deus e o ser das criaturas, ser recebido por participação. Fica excluída qualquer possibilidade de um Universo divino, e fica excluída portanto qualquer visão do ser humano como simples "gota de água" nesse "oceano de divindade", sem liberdade e sem responsabilidade.

Daí decorre também que todo e qualquer ente espelhe a Deus, pela essência e pelo ato de ser: "Todas as coisas, na medida em que são, reproduzem de algum modo a essência divina; mas não a reproduzem todas da mesma maneira, mas de modos diferentes e em diversos graus. Assim, o protótipo e o original de cada criatura é o próprio Deus, na medida em que este é reproduzido de determinada maneira por determinada criatura."[65]

...........
64. *De potentia* 3, 5 ad 1.
65. *Quodl.* 4, 1.

"Todas as coisas, na medida em que são, assemelham-se a Deus, que é o ser primeiro e principal."[66] "A criatura é trevas na medida em que provém do nada; mas, na medida em que provém de Deus, participa de uma certa semelhança com Ele e conduz à semelhança com Ele."[67]

Esta afirmação encerra em si importantes conseqüências para o pensamento e para a vida. Ao contrário da corrente "espiritualista" de sua época, que via na matéria a fonte da limitação, e portanto recomenda a "negação do mundo" como atitude necessária para se atingir a Deus, Tomás verá nesse mesmo mundo – nas coisas criadas – o caminho para se chegar até Ele. "O ser é um reflexo da divina bondade; assim, quando alguém deseja qualquer coisa, deseja no fundo assemelhar-se a Deus e, implicitamente, deseja o próprio Deus."[68] "Quando a nossa mente se ocupa das coisas temporais buscando nelas o seu fim, rebaixa-se a elas; mas quando se ocupa delas em ordem à bem-aventurança, longe de rebaixar-se a elas, eleva-as a Deus."[69]

Tomás é portanto decididamente também "materialista". No entanto, essa atitude não se opõe nele à fé; pelo contrário, ajuda a compreendê-la melhor, e vem reforçar um aspecto central que desde sempre esteve afirmado pelo cristianismo: o mundo material é criatura de Deus, não algo oposto a Ele.

............
66. *Contra gentiles*, 1, 80.
67. *De veritate* 18, 2 ad 5.
68. *De veritate* 22, 2 ad 2.
69. *Summa theologica* 83, 6 ad 3.

## *11. A alma como forma*

Tomás apresenta uma impressionante unidade de visão quando contempla o mundo material. Para analisar a realidade material, ele parte das experiências dos fenômenos da unidade de cada ente e das mudanças substanciais nas quais ocorre uma mudança de sujeito: uma coisa deixa de ser o que é e passa a ser outra: o papel que se trans-forma em cinza, por exemplo. Ora, a cinza não proveio do nada (mas evidentemente do papel) e o papel não se reduziu ao nada (deixou de ser papel e passou a ser cinza). Há, portanto, nesses casos de mudança de substância, algo que permanece e algo que muda (o que está a indicar que a substância é composta). Aquilo que permanece é a pura potencialidade de ser um ente físico (*matéria-prima*), *atualizada* em cada caso por um fator determinante dessa potência que faz com que o papel seja papel e cinza seja cinza: a *forma substancial*.

A matéria é esse modo fraco de ser que é a potência; a forma é que é o componente decisivo na constituição de um ente: é pela forma que um ente é o que é. A pedra é pedra porque tem forma de pedra; o homem é homem porque tem forma de homem.

Assim, para Tomás, todo ente físico é composto de uma intrínseca união de matéria (a potência de ser ente físico) e forma (o ato que "atualiza" a matéria). E é tal sua unidade de consideração do cosmos, que emprega o mesmo binômio matéria/forma para indicar tanto a composição substancial de uma pedra quanto a de um homem.

Alma, para Tomás, é simplesmente uma forma, a forma dos viventes. Uma forma muito especial (daí que

também receba um nome especial[70]), mas uma forma. Desse modo, pode-se falar em alma de um vegetal, em alma de uma formiga ou de um cão e em alma humana (no caso, uma alma espiritual).

A alma (como, aliás, todas as formas substanciais) é um princípio de composição substancial dos viventes. Ou melhor, um co-princípio (em intrínseca união com o outro princípio: a matéria). É pela alma que se constitui e se integra o vivente enquanto tal, e ela é também a fonte primeira de seu agir.

Contra todo dualismo que tende a separar exageradamente no homem a alma espiritual e a matéria, Tomás afirma a intrínseca união e mútua ordenação de ambos os princípios.

A seguir, daremos um exemplo – o caso do objeto próprio da potência espiritual da alma que é a inteligência – que nos ajudará a compreender o alcance desse "materialismo" de Tomás.

Não operamos diretamente pela alma, mas por meio de suas potências[71]. Ora, cada potência da alma é proporcionada a seu objeto: a potência auditiva não capta cores, a potência visual não atua sobre aromas.

Dizer que a inteligência é uma faculdade espiritual é dizer que seu campo de relacionamento é a totalidade

..........
70. Como dizia jocosamente um aluno: com a palavra alma (em relação às demais formas) dá-se algo semelhante ao que ocorre com certas denominações de sanduíche: "os sanduíches com queijo são prefixados por *cheese*: *cheese*-burger, *cheese*-dog etc. Mas o 'misto quente' é tão especial que ninguém o denomina *cheese*-presunto".

71. "Potência" aqui é entendida como faculdade, potência operativa e não a potência entitativa de que temos falado. Neste sentido são potências: os sentidos, a capacidade visual, o intelecto etc.

do ser: todas as coisas visíveis e invisíveis são inteligíveis; "calçam" bem, combinam com a inteligência. Contudo, a relação da inteligência humana com seus objetos não é uniforme. Dentre os diversos entes e diferentes modos de ser, uns são mais direta e imediatamente acessíveis à inteligência.

É o que Tomás chama de objeto próprio de uma potência: aquela dimensão da realidade que se ajusta, por assim dizer, sob medida, à potência (ou, melhor dito, vice-versa). Não que a potência não possa incidir sobre outros objetos, mas o *objectum proprium* é sempre a base de qualquer captação: se pela visão captamos, por exemplo, número e movimento (digamos, *sete* pessoas *correndo*), é porque vemos a cor, objeto próprio da visão.

Próprio da inteligência humana – potência de uma forma ordenada à matéria – é a abstração: seu *objeto próprio* são as *essências das coisas sensíveis*.

"O intelecto humano, porém – diz Tomás, contrapondo a inteligência do homem à do anjo –, que está acoplado ao corpo, tem por objeto próprio a natureza das coisas existentes corporalmente na matéria. E, mediante a natureza das coisas visíveis, ascende a algum conhecimento das invisíveis" (I, 84, 7). E nesta afirmação, como dizíamos, espelha-se a própria estrutura ontológica do homem na vida presente.

Esta atitude de reta afirmação da realidade material é tão central em Tomás que constituiria assunto sem fim. Limitemo-nos a apontar um par de temas conexos.

Esse posicionamento considera, por exemplo, que mesmo as realidades mais espirituais são alcançadas através do sensível. "Ora – prossegue Tomás –, tudo o que nesta vida conhecemos, é conhecido por comparação

com as coisas sensíveis naturais." Esta sentença, além do mais, sugere-nos que o sentido extensivo e metafórico está presente na linguagem de modo muito mais amplo e intenso do que à primeira vista poderíamos supor.

Consideremos também a liturgia. O que é a liturgia senão a aplicação até as últimas conseqüências da tese: *anima forma corporis* (a alma é forma do corpo)? A realidade mais espiritual vem traduzida em gestos, cores e cantos. E a graça sacramental é eficazmente veiculada pela materialidade do vinho e do pão, "fruto da terra e do trabalho do homem". Fora desse reconhecimento tanto da realidade natural do homem quanto da realidade sobrenatural da graça, dão-se duas possibilidades: ou a liturgia desaparece, quando se considera o homem uma espécie de espírito puro unido acidentalmente à matéria (para que serviriam sacramentos, gestos, imagens etc., se a religião é "espiritual"?); ou se absolutizam os ritos, e ela se torna um mero "*happening*" comunitário...

## 12. Nota sobre a unidade do ser humano

Falávamos do ser do homem, do que o homem é, da profunda dependência dos sentidos que tem o conhecimento intelectual. Sobre essa unidade do homem deu-se a grande oposição a Tomás em Paris em sua segunda regência. Seus adversários afirmavam a existência de uma alma espiritual humana à parte, situada acima da realidade corpórea, sendo a dimensão sensível e a fisiológica do homem regidas por outros princípios, por uma "alma sensitiva" e outra "vegetativa"; só a "alma espiritual" seria objeto da teologia, e o resto não teria interesse algum. Já o universalismo de Tomás recusava-se a estreitar o âmbi-

to da teologia, reduzindo-a ao que é puramente espiritual, como se o corpo não tivesse sido criado por Deus, como se o Verbo não se tivesse feito carne.

A posição contrária refletia a tendência de *reduzir* a Criação a um dos seus aspectos, o espiritual: nesta perspectiva torna-se muito difícil entender qual o papel do corpo no que diz respeito à Salvação. Quando muito será um obstáculo, mera ocasião de pecado. E já se vê que não estamos longe da tremenda negação maniquéia do corpo e da alegria de viver.

Tomás, pelo contrário, aceita tão completamente o corpo como integrante essencial da realidade do ser humano tal como criado por Deus, que chega a afirmar que "a alma unida ao corpo é mais semelhante a Deus do que a alma separada dele, porque possui com mais perfeição a sua própria natureza. Cada coisa é semelhante a Deus na medida em que é perfeita, mesmo que a perfeição de Deus e a da criatura sejam diferentes entre si" (*De potentia* 5, 10 ad 5). E "a alma necessita do corpo para conseguir o seu fim, na medida em que é pelo corpo que adquire a perfeição no conhecimento e na virtude" (*Contra gentiles* 3, 144).

Tomás afirma, sem dúvida, que a felicidade definitiva do homem reside na posse de Deus pela contemplação, pelo olhar de amor – "vendo o Teu rosto, seja eu feliz contemplando Tua glória", havia escrito no hino *Adoro te devote* –; mas prossegue dizendo que esta felicidade não é algo "transferido" para depois da morte, e sim algo que irrompe, que já se inicia nesta vida, pela fruição dos bens do mundo, até mesmo de um copo de água fresca num dia de calor: "Assim como o bem criado é uma certa semelhança e participação do Bem In-

criado, assim também a consecução de um bem criado é uma certa semelhança e participação da bem-aventurança final" (*De malo* 5, 1 ad 5)[72].

## 13. Outras notas sobre a quaestio disputata "Sobre o verbo"

Dedicamos este último tópico a destacar algumas outras passagens mais importantes na questão disputada "Sobre o verbo" e a esclarecer algumas questões "técnicas" de mais relevo para o estudioso de hoje.

Inicialmente observemos que no caso dos textos sobre o *verbum*, uma grande dificuldade na tradução do texto decorre do fato de que, em latim, *verbum* significa não só palavra, a palavra exterior vocalmente proferida, mas também o *verbum interius*, *verbum mentis*, a "palavra" interior, o conceito, a idéia, que corresponde à palavra exterior. *Verbum* significa ainda o Filho, a segunda Pessoa

----------

72. É nesse enquadramento que se compreendem certos aspectos da filosofia e da teologia de Tomás, notáveis pelo senso comum, que poderiam talvez parecer episódicos ou secundários, mas que lançam luz sobre seu posicionamento. Alguns exemplos:

– entre os remédios contra a tristeza – que é muito perniciosa, pois "dentre todas as paixões da alma é a que mais dano causa ao corpo" (I-II, 37, 4) –, inclui os banhos e o sono (I-II, 38), que combatem a tristeza porque "restabelecem a natureza corporal", como Deus manda.

– Tomás defende e preconiza o brincar (*ludus*) – "O brincar é necessário para a vida humana" (II-II, 168, 3 ad 3) – tanto no *Comentário à ética* como na *Summa*.

– Tomás nunca fala do sexo como de algo vergonhoso ou pecaminoso; pelo contrário, afirma que a força sexual é não só um bem, mas um *bonum superior*. Neste campo, como em todos os outros, o pecado reside no afastamento do reto uso da natureza previsto pelas leis de Deus – na coisificação do sexo, como ocorre no adultério etc.

da Santíssima Trindade. E, finalmente, na gramática, a palavra que, tal como no português, "designa ação, estado, qualidade ou existência de pessoa, animal ou coisa".

Uma tal acumulação semântica não se dá em português e, assim, das 463 ocorrências de *verbum* (e seus derivados) na *quaestio* "De Verbo" de Tomás, somente numas poucas ele se refere estritamente à palavra sonora. Quando não se trata do Verbo divino (nesse caso grafaremos com *V* maiúsculo), a maior parte das incidências de *verbum* diz respeito ao conceito ou àquilo que há de comum entre a palavra sonora e o conceito.

Ora, dado o relevo que a linguagem ocupa no pensamento e na metodologia de Tomás, o leitor contemporâneo perderia muito de sua argumentação, se não estivesse prevenido para este fato e sua importância. Assim, em nossa tradução, em atenção à acumulação semântica latina, mantivemos "*verbo*", que o leitor deve interpretar como "palavra", "conceito" ou "Verbo (divino)": devemos nos lembrar de que, para Tomás, estas idéias estão natural e espontaneamente identificadas em *verbum*[73].

Outro ponto importante para a boa compreensão do pensamento de Tomás sobre o *Verbum* é a tese, diversas vezes reafirmada por Tomás, de que a Criação é obra *de toda* a Santíssima Trindade, e que constitui uma união de ser, verdade e bem que espelha a Unidade das três Pessoas divinas: Pai, Filho e Espírito Santo. "Deus Pai opera a Criação pelo seu Verbo, que é o Filho, e pelo seu Amor, que é o Espírito Santo."[74] O ato de "dar o ser"

---

73. Com a mesma naturalidade com que, para adjetivos e advérbios, nossa língua identifica "verbo" e "palavra": dizemos "verbal", "verbalmente" e não "palavral", "palavralmente".

74. *Summa theologica* I, 45, 6.

está unido ao Pensamento divino, ao Verbo que, juntamente com o ser, dá inteligibilidade e "verdade" à criatura: ao criá-la, dota-a daquela *essência*, que pode ser objeto de análise racional.

Assim, todo ente tem, insistamos, uma essência, uma natureza, um modo de ser pensado, planejado por Deus; está organizado ou estruturado segundo um "projeto" divino. Cada coisa criada é o que é, possui uma natureza, precisamente por ter sido criativamente criada pelo Verbo, por proceder de um *design* divino do *Logos*.

Já no artigo 1 da questão disputada "Sobre o verbo", Tomás começa explicando o porquê da acumulação semântica em *verbum* e a prioridade do verbo interior (ainda que o verbo vocalmente proferido seja-nos mais notório). Neste artigo, referindo-se ao verbo interior, Tomás distingue o "verbo do coração", aqui entendido como o conceito (independente de qualquer referência à palavra sonora), e o "verbo interior", relacionado à palavra que vai ser vocalmente proferida. Tal como em "ente", "bom" e outros nomes que aplicamos às criaturas e a Deus (e são, para nós, mais imediatamente perceptíveis na criatura, mas propriamente se dão em Deus), também o verbo da mente é mais propriamente verbo por ser causa.

Também este tema – o da causalidade e da causalidade exemplar divina – não é alheio à nossa experiência quotidiana. Chega a ser mesmo um dos temas centrais de um dos nossos mais promissores poetas sertanejos: José Gilberto Gaspar. Na singeleza clássica de seu poema "Diálogo das rosas"[75], Gaspar retoma a metafísica da

...........
75. Gaspar, José Gilberto, *Nos braços do sol*, São Paulo, Edix, 1997, p. 67.

causalidade formal exemplar, isto é, a criação como projeto intelectual de Deus. Lembremos que o *mirandum* da coisa (o potencial de admiração, que segundo Tomás é o princípio do filosofar e do ato poético) decorre de sua causa formal exemplar, Deus: *"Deus est causa formalis creaturarum."*[76] Ora, afirmar que Deus é causa formal é afirmar que a Criação é ato inteligente pelo qual a coisa recebe – do *Verbo*[77] – uma verdade, uma *ratio*, uma inteligibilidade em seu ser: "'verdadeiro' acrescenta ao ente uma relação com a forma exemplar"[78], que a coisa, por assim dizer, "repassa" ao intelecto e ao engenho humano: o artificial remete ao natural – *"Ars enim in sua operatione imitatur naturam"* (*Contra gentiles* III, 10, 10; in *Phys*. II, 4, 6).

Assim, no "Diálogo das rosas", uma rosa artificial discute com a rosa natural e vangloria-se de sua "imortalidade". A natural, após demonstrar que, na verdade, a outra nunca teve vida, evoca a dupla causalidade exemplar:

> – Tu és uma *cópia* minha
> É por mim que tu existes... (...)
> Não tenho inveja, portanto
> Dos longos dias teus
> Foste feita pelo homem
> E eu, pelas mãos de Deus!

Em sua aguda simplicidade, Gaspar retoma a análise do tema do ateísmo contemporâneo: a negação de Deus

...........
76. *De veritate* I, 2, 3, 11 ou I, 3, 1, 3.
77. "Verbum est forma exemplaris", *Summa theologica* I, 3, 8 ad 2.
78. Verum (addit ad ens) relationem ad formam exemplarem (in *Sent*. I, d. 8, 1, 3).

é hoje, sobretudo, negação da criação e da causalidade exemplar (recorde-se a já citada sentença de Sartre: "Não há natureza humana, pois não há Deus para a *conceber* (*concevoir*)", isto é, para a projetar, pensar. No poeta, reencontramos até essa mesma palavra de que Sartre e Tomás se valem para referir-se à causalidade formal criadora: *conceber*[79]. Mesmo uma simples flor, reconhecendo-se criada (pela "milagrosa" inteligência de Deus), envaidece-se:

> Não por ser bela e cheirosa
> Mas por ser bem *concebida*[80].

O verbo, enquanto conceito, é operação do intelecto. Tenha-se em conta que Tomás, seguindo neste ponto a Aristóteles, distingue três operações do intelecto humano: a simples apreensão, o juízo e o raciocínio. A primeira operação do intelecto, a que produz o conceito é, como o próprio nome diz, uma simples apreensão de uma "forma" – digamos, de gato, diamante ou homem –, anterior a qualquer afirmação ou negação. Já o juízo, a segunda operação da mente, afirma ou nega, ou, no linguajar de Tomás, é ato do intelecto que compõe ou divide, junta ou separa ("o gato é pardo", "o diamante não é mole" etc.). E o raciocínio enlaça logicamente juízos para, silogisticamente, chegar a novos juízos. O raciocínio não se dá em Deus – que conhece tudo em um

----------

79. O ato criador de Deus é um ato inteligente – diz Tomás – tal como o do artífice que realiza a forma que sua mente concebeu (*quam mente concipit*), *Summa theologica* I, 15, 1.

80. "O ramo e a flor", in Gaspar, José Gilberto, *Nos braços do sol*, São Paulo, Edix, 1997, p. 70.

único ato – e é típico da debilidade do intelecto humano que precisa caminhar de potência a ato (por exemplo: demonstrar um teorema em Matemática é extrair, tornar ato, pelo raciocínio, uma proposição que estava potencialmente contida nas premissas).

Para a leitura do opúsculo "Sobre a diferença entre a palavra divina e a humana", tenha-se em conta que é um comentário à sentença: "No princípio era o Verbo" (Jo 1, 1). E, como tal, é extremamente sugestivo para o leitor contemporâneo: a discussão do falar de Deus e do falar humano é sempre atual, bem como o são as fundamentais questões filosófico-teológicas levantadas por Tomás. Nesse sentido, já o título do opúsculo pressupõe um falar divino: Deus fala! É interessante observar que hoje muitos agnósticos e ateus insistem em afirmar não apenas a não-existência de Deus, mas, especialmente, a não-existência de um falar de Deus[81].

São ainda necessários mais alguns esclarecimentos a propósito da linguagem de Tomás.

O intelecto, no homem, é uma das potências da alma. Potência aqui é sinônimo de faculdade (que está em "potência"[82] para a operação) e não como potência "ontológica", contraponto do ato. Para bem compreendermos o que diz Tomás, observemos também que *espécies*,

...........
81. Ou, afirmam eles, a impossibilidade de reconhecer como tal um falar divino: "Não há sinais no mundo", diz Sartre, e o homem sempre está na mesma situação daquela doida que recebia telefonemas de Deus: "E o que lhe provava, afinal, que era Deus?" (*O existencialismo é um humanismo*). De modo semelhante fala Russell (*Por que não sou cristão*, São Paulo, Exp. do Livro, 1972, pp. 172 ss.)

82. É evidente que, se, por exemplo, fecho os olhos, continuo, na ordem do ser, dotado em ato de minha potência visual; na ordem da operação, porém, ela está em mera potência.

para ele, são formas intermediárias presentes no processo de conhecimento[83]. Por exemplo, a forma de homem, isto é, a estruturação interna de Fulano que faz com que ele seja um homem, é intelectualmente apreendida pela abstração[84] feita pelo sujeito cognoscente. Para que isto ocorra, há uma primeira presença dessa forma abstrata no intelecto, chamada *espécie impressa*, sobre a qual o próprio intelecto age para formar o conceito (também chamado *espécie expressa*), *no qual* vai conhecer a própria realidade da "humanidade" de Fulano. O caráter de palavra (de *verbum*), como Tomás mostrará, aplica-se à espécie expressa, ou seja, ao conceito.

A "espécie da coisa" de que fala Tomás é a forma da coisa, tomada como objeto de conhecimento. Ora, há conhecimento sensível (que versa sempre sobre formas concretas) e há conhecimento intelectual; e, assim, há espécies sensíveis (como a cor afetando a pupila) e espécies intelectuais (como a "humanidade" de Fulano, para o intelecto).

Em *De differentia* I, 2, Tomás convida a pensar a que tipo de realidade se dirigem as palavras. A que se refere a palavra "pedra"? Certamente não se refere à própria substância do intelecto, nem à espécie impressa, nem ao próprio ato de entender, mas à estruturação formal que faz com que este ente seja tal: pedra. Daí que o conceito[85] possa chamar-se com propriedade *verbum*,

---

[83]. E o conhecimento é a posse – sem união com a matéria – de formas objetivas: o que em linguagem técnica se chama "intencionalidade".

[84]. No centro dos ensinamentos de Tomás sobre o conhecimento humano está a abstração: "nada está no intelecto que não tenha passado pelos sentidos" e "o objeto próprio do conhecimento humano é a essência abstrata das coisas sensíveis".

[85]. O conceito é, por assim dizer, o produto intelectual no qual a mente expressa a mesma estruturação que faz com que a pedra seja pedra.

palavra, palavra interior, pois é concebido (e, assim, intelectualmente proferido, expresso) pelo sujeito. Não por acaso o conceito é espécie *expressa*: se a palavra exterior é proferida acusticamente, o conceito o é interiormente.

Em I, 3, Tomás lembra que uma das operações realizadas pelo intelecto é a da produção do conceito, operação chamada por Tomás de "indivisível", por oposição a uma outra operação intelectual, a saber, a de emitir juízos, classicamente denominada: "compor e dividir" (afirmar e negar).

Em I, 4, expressa-se o profundo realismo de Tomás: não conhecemos conceitos, mas a própria verdade das coisas (contemplada no conceito, é certo, mas como meio de união à própria realidade). A estruturação interna objetiva, a *ratio* pela qual a pedra é pedra e não outra coisa, é fonte e raiz do conceito, a *ratio* na mente do sujeito cognoscente. Nosso conhecimento intelectual apóia-se no sensível: a interiorização das formas sensíveis e concretas (espécie expressa sensível ou, como diz Tomás, "*phantasma*"), digamos, do cachorro Lulu (sua cor concreta, dimensões etc.). O intelecto "ilumina" esse *phantasma*, tornando inteligível a essência de cachorro que nele estava escondida: produz assim a espécie impressa intelectual, sobre a qual o intelecto vai agir para produzir o conceito: espécie expressa intelectual, *na qual* a própria realidade "cachorro" será contemplada.

Há três diferenças entre o falar de Deus e o do homem. A primeira diferença (cap. IV) diz respeito à imperfeição do falar humano. Ao falar em "perfeita contemplação da verdade", Tomás quer dizer não que a posse da verdade seja plena para o homem na vida presente; refe-

re-se, isto sim, a uma imperfeita contemplação da verdade que *se perfaz* na medida do limitado alcance do conhecimento humano. Aliás, o próprio caráter de processo (*cogitação*), que se dá no raciocínio, é, como fica bem claro no texto, sinal de imperfeição: o homem não conhece direta e intuitivamente a realidade, mas atinge a maior parte de seus conhecimentos pelo raciocínio, em que o intelecto é "lançado de um lado para o outro (...): cogitação, isto é, o pensamento que discorre e indaga" (IV, 3). Processo, raciocínio, cogitação são sinais de imperfeição que não se dão no conhecimento divino.

Já ao discutir a segunda diferença entre o falar de Deus e o do homem, Tomás expressa uma genial consideração sobre a importância metodológica da análise da linguagem para o filosofar. A linguagem é receptáculo das grandes intuições de sabedoria do homem: ao contrário de Deus, que tudo expressa em seu Verbo; "nós não podemos expressar em uma única palavra tudo o que há em nossa alma e, por isso, exprimimos fragmentária e setorialmente tudo o que conhecemos" (V, 1). Essa complexidade do real *para nós* e o caráter fragmentário de nossas palavras e conceitos estão na base do interesse do filósofo em desentranhar o sentido originário dos modos de dizer e de formulações consagradas pela linguagem, segundo a tese de que cada língua acentua um particular aspecto da realidade.

E quanto à terceira diferença, tenha-se em conta a unidade, em Deus, de Sua essência e dos atributos (justiça, onipotência etc.) que podemos Lhe predicar.

# *A verdade e a evidência – estudo introdutório*

MARIO BRUNO SPROVIERO

*"Remaneret igitur humanum genus, si sola rationis via ad Deum cognoscendum pateret, in maximis ignorantiae tenebris"*

"A humanidade permaneceria nas máximas trevas da ignorância, se só dispusesse da razão para conhecer Deus"

(*Contra gentiles* I, 4)

## Parte I – A questão da verdade

### 1. Introdução

A verdade deveria ser o fundamento e aspiração da existência humana. No entanto, quantas contestações, negações, falsificações, sofismas, adulterações, controvérsias, contradições. A postura do homem comum de hoje – que segue de modo mais ou menos consciente um relativismo absoluto – não é de modo algum alheia às grandes elaborações filosóficas. É neste sentido, como foi dito em estudo anterior, que ressalta a extrema atualidade de Tomás: a atualidade do corretivo!

Particularmente hoje a crise da verdade assume proporções inéditas: em nosso niilismo pós-nietzschiano assumido, desarticulou-se a verdade, o ser e a unidade em favor da não-verdade, do não-ser e do não-uno.

Tudo isto é já prefigurado na figura de Pilatos: para ele, a verdade simplesmente não é interessante... Pilatos depois de ouvir a declaração de Cristo de que havia nascido e vindo ao mundo para dar testemunho da verdade,

sem nenhum interesse por qualquer resposta, sai da cena enfastiado.

O ceticismo, em suas formas variáveis, é uma negação da verdade, geralmente acompanhada de angústia: o fato novo de nosso tempo é a exaltação dessa negação. Em todo caso, sempre o ceticismo procede de um ato da vontade e não da inteligência. Isto é claro desde o patriarca dos céticos, o sofista e retórico Górgias (c. 483-376 a.C.). Górgias, em sua obra *Da natureza ou não-ser*, formula as suas famosas teses: 1. Nada existe. 2. Se existisse, seria incognoscível. 3. Se cognoscível, incomunicável. Ou na paráfrase contemporânea: não existe a verdade; se existisse, não seria cognoscível; se cognoscível, incomunicável. A negação de todo fundamento – a elegante complacência na ausência de fundamentação até para o seu próprio ceticismo – desenraíza o homem da verdade a partir afinal de um negativo de "profissão de fé"...

O clima intelectual hodierno, porém, neste mundo de globalização, lembra mais a posição de Protágoras (c. 490-c. 421 a.C.), expressa na famosa sentença: "o homem é a medida de todas as coisas". E assim cada um tem sua própria verdade como tem sua própria religião, moral, filosofia etc. O que importa é não pretender que sua verdade seja também verdade para os outros.

Esta negação da verdade acentua-se ainda mais no atual pensamento pós-moderno hermenêutico, que reduz a filosofia à literatura e maliciosamente elude a questão do ser e parece desconhecer que a existência enquanto tal é causa única de toda a inteligibilidade e de todo ato lingüístico.

Ante essas diversas formas de uma vontade que quer a "libertação" na supressão da verdade, é oportuno con-

siderar a verdade como ela é: *adaequatio intellectus et rei*, adequação do intelecto e da coisa.

Vale notar que esta concepção é a única compatível com a atividade científica, completamente inviável fora desse pressuposto (ainda que, naturalmente, um cientista possa pretender ignorar esse fato filosófico...). Assim, não é por acaso que, como veremos, a corrente hermenêutica concede como exceção que para a ciência é necessária a concepção de verdade como "adequação".

Antes de expormos as principais oposições à verdade como adequação, examinaremos sucintamente a concepção semântica da verdade de Tarski, que resgata – de um ponto de vista da moderna formalização – a clássica concepção da adequação.

## 2. A concepção semântica da verdade

O lógico matemático polonês Alfred Tarski (1902-1983), em seu já clássico *La concepción semántica de la verdad y los fundamentos de la semántica* (Buenos Aires, Nueva Visión, 1972), busca apresentar uma *definição satisfatória* de verdade que seja *materialmente adequada* e *formalmente correta*, descartando "toda imprecisão e ambigüidade da noção e conceito com que figura na literatura filosófica" (p. 9).

É importante notar que este destacado filósofo e cientista contemporâneo não encontra para essa formalização outro referencial que o de Aristóteles-Tomás: "a palavra 'verdade', como outras palavras da linguagem cotidiana, é certamente equívoca. E não me parece que os filósofos que trataram deste conceito tenham ajudado a diminuir sua ambigüidade. Nas obras de muitos filósofos encontramos muitas concepções diferentes da verdade e

da falsidade; devemos indicar qual delas constituirá a base de nossa discussão. Gostaríamos que nossa definição fizesse jus às intuições vinculadas com a *concepção aristotélica clássica da verdade*, intuições que encontram sua expressão nas conhecidas palavras da *Metafísica* de Aristóteles: '*Dizer que aquilo que é, não é ou que aquilo que não é, é, é falso; enquanto dizer que aquilo que é, é ou que aquilo que não é, não é, é o verdadeiro*'" (pp. 11-2).

Neste ponto, vale o que foi dito no estudo inicial: que a filosofia de Tomás coincide exatamente com o bom senso do homem comum (embora possa tropeçar ao pretender formulá-lo...).

Tarski adapta a sentença aristotélica à linguagem moderna mediante esta fórmula:

"*A verdade de uma oração consiste em seu acordo (ou correspondência) com a realidade*" (p. 12).

Aqui é preciso uma certa atenção. Há a tendência a interpretar esta correspondência como espelhamento, cópia, retrato, viés comum a toda a filosofia moderna desde Descartes. Tal interpretação nada tem que ver com a concepção clássica, que trabalha com a intencionalidade (entendida em sentido técnico) e não com o espelhamento. Nesse sentido, são bem concludentes as considerações de Vittorio Possenti[1], ao comentar que o filósofo americano Rorty, um dos próceres da hermenêutica, rejeita a concepção de verdade como espelho objetivo, apenas aplicável no âmbito das ciências positivas:

"Pode-se duvidar que tal afirmação, convocando o conceito de espelhamento, esteja à altura da natureza do

----------

1. *Il nichilismo teoretico e la "morte della Metafisica"*. Roma, Armando Editore, 1995.

problema. Não manifesta sobretudo um desvio em relação à essência da verdade e do conhecimento? No conhecer, não ocorre um processo de espelhamento, mas um processo de identificação intencional com o objeto, em cuja base está a abertura originária do pensamento ao ser, já intuída por Parmênides. Rorty e vários âmbitos da hermenêutica ignoram completamente o quanto diferem a gnoseologia cartesiana e pós-cartesiana da clássica. Na tradição do realismo, a mente não é considerada um espelho (metáfora passiva que não faz jus à atividade e liberdade do intelecto ao conhecer), mas flama espiritual totalmente aberta, não como faculdade do *indubitável*, mas do *universal*" (p. 113).

Não se deve contudo confundir atividade intelectual com construtivismo: a atividade pela qual a mente conhece o objeto identificando-se *intencionalmente* com o mesmo não é a *construção* de tal objeto.

Tarski, na busca de um critério de adequação material, começa tomando um exemplo de proposição: "a neve é branca", e pergunta em que condições esta sentença é verdadeira ou falsa, chegando à seguinte equivalência:

"*A sentença 'a neve é branca' é verdadeira se, e somente se, a neve é branca.*"

Não é escopo deste trabalho a questão da formalização e uso do conceito de verdade em linguagem formalizada, mas somente comprovar que é unicamente a concepção aristotélico-tomista que permite o acesso a uma dimensão semântica, superando a esterilidade do âmbito puramente sintático.

Por isso surpreende a desvalorização de Tarski das linguagens naturais: "O problema da definição da verda-

de adquire um significado preciso e pode resolver-se de forma rigorosa somente para aquelas linguagens cuja estrutura especificou-se exatamente. Para outras línguas, por exemplo, para todas as línguas naturais ou 'faladas', o significado do problema é mais ou menos vago, e sua solução só pode ter um caráter aproximado" (p. 21).

Ora, além de não haver nenhuma ambigüidade na definição de verdade como adequação, são apenas as línguas naturais que são propriamente tais, já que as linguagens formais, linguagens fechadas, sempre dependem das linguagens naturais como metalinguagem: conseguir uma linguagem formal "exata" que substitua completamente as linguagens naturais, é o mesmo que pretender criar vida artificial... Não deixa de ser um fato importante constatar a impossibilidade do homem de criar (com todos os meios lógicos e lingüísticos disponíveis) uma linguagem artificial tão "completa" quanto as existentes (o esperanto é combinação linear de línguas naturais e, mesmo assim, de uma acentuada inópia cultural).

A impossibilidade de uma língua artificial comensurável com as naturais torna ainda mais intrigante a simples e misteriosa questão: como foram criadas as línguas?

## 3. Concepções idealistas da verdade[2]

Certamente o chamado idealismo é bastante diversificado, mas a concepção mais importante é a de Kant, da qual muitas outras derivam.

..........
2. Baseamo-nos principalmente na obra de Roger Verneaux, *Epistemologia general*, Barcelona, Herder, 1967. Cf. principalmente o capítulo "La verdad", pp. 118-32.

Kant define, em sua *Lógica*, a verdade formal como a concordância do conhecimento consigo mesmo[3]; ou ainda, na *Crítica da razão pura*, como a concordância do conhecimento com seu objeto[4]. A verdade é concebida como uma relação imanente ao espírito, a concordância do conhecimento com o objeto representado. A verdade, neste caso, seria a *objetividade* do pensamento. A objetividade reduz-se à validez universal do juízo, entendida como o que se impõe à razão comum de todos os homens. Assim teríamos que a verdade é o acordo do juízo com as leis imanentes da razão, ou simplesmente o acordo do pensamento consigo mesmo. Essa concordância do pensamento consigo mesmo não seria a mera coerência do pensamento, mas a unidade entre o pensamento subjetivo e o objetivo.

É impossível porém para o idealismo permanecer estritamente na imanência. Assim G. Gentile, querendo levar tal pensamento às últimas conseqüências, coloca que:

1) uma verdade transcendente ao sujeito não é verdade ou realidade cognoscível (não há transcendência fora do sujeito);

2) nem tampouco é verdade uma "verdade" imanente ao sujeito, mas transcendente ao ato do sujeito cognoscente (não há transcendência no sujeito);

3) nem ainda é verdade uma "verdade" imanente ao próprio sujeito cognoscente, mas transcendente à atualidade deste conhecer como em uma concepção natura-

...........
3. Kant, *Logik, Einteilung*, VII (A 71): "Denn die formale Wahrheit besteht lediglich in der Zusammenstimmung der Erkenntnis mit sich selbst."

4. Kant, *Kritik der reinen Vernunft, Elementarlehre*. II Teil I Abt. II Buch. Haupstück B (236): "Man sieht bald, dass weil Übereinstimmung der Erkenntmis mit dem Objekt Wahrheit ist..."

lística do pensamento (não há transcendência ao próprio ato de conhecer).

Sendo assim, a única verdade que um imanentista absoluto poderia abraçar seria "a que nasce e se desenvolve com o sujeito, enquanto conhecimento em ato"[5].

Temos aqui uma divisão radical entre a concepção clássica, que concebe o conhecimento como *intencional*, isto é, referido a um objeto e, por outro lado, o conhecimento como coisa, a abstração do puro conhecimento somente referido a si.

Gentile tem a coerência de evidenciar todas as conseqüências do imanentismo: tal como uma pedra é simplesmente uma pedra e não se conhece a si mesma (o que seria uma transcendência), o conhecimento sem a *intentio* seria um bizarro "só-conhecimento". Estabelece-se assim um Rubicão: um conhecimento-coisa e a concepção clássica que afirma como elemento essencial do conhecimento a intencionalidade que traz o ser, a "objetividade do objeto" para o sujeito.

Como Gentile percebe que a transcendência (a intencionalidade que ele ignora) afinal pode dar-se no próprio conhecimento, procura eliminar o que considera o último resíduo de intelectualismo transcendente. Temos então uma espécie de conhecimento puro, reduzido a si mesmo, que não ultrapassa seu próprio ato de pensar: o pensamento pensante.

Na simples e claríssima colocação de Tarski de que "'a neve é branca' se a neve é branca", a intencionalidade do conhecimento, a relação entre o conhecimento e

...........
5. Gentile, Giovanni, *Sistema di Lógica come teoria del conoscere*, v. I, Florença, Sansone, 1943, p. 71.

a coisa[6] são evidentes. Não é por acaso que a crítica à teoria do juízo de Kant foi feita por Franz Brentano (1838-1917) a partir da redescoberta da "intencionalidade" dos escolásticos, depois desenvolvida por Edmund Husserl (1859-1938)[7].

Sem dúvida o idealismo acerta ao enfatizar a necessidade de coerência do pensamento consigo mesmo, que é condição de possibilidade do próprio pensamento; além disso a contradição refere-se à verdade no sentido que, de dois juízos contraditórios, um deles é verdadeiro e o outro necessariamente falso: a contradição destrói o pensamento[8]. A coerência interna, porém, não é a

...........
6. É preciso insistir que esta relação não implica nenhuma representação ou cópia da coisa. Referem-se (com intencionalidade) à água um homem simples do campo que desconhece sua fórmula química, um cego que diz ter sede, ou um químico, que conhece suas propriedades (apesar de estes sujeitos terem representações, concepções e conhecimentos diversos).

7. É fundamental entender que o conhecimento é ação imanente, que permanece no sujeito. A intencionalidade (do latim *in-tentio*, tender a...) é apontar, ter um objeto. Sem intencionalidade, o conhecimento não teria objeto, deixaria de ser conhecimento.

8. Uma interessante invalidação do idealismo procede das modernas pesquisas de sistemas formais. Nos sistemas formais estudados pela lógica matemática colocou-se o problema da consistência (coerência) dos axiomas e regras de inferência de um sistema formal, isto é, de sua não-contrariedade. Se um sistema formal tem uma contradição, então ele é trivial, isto é, tudo é contraditório, tudo se afirma e tudo se nega. Pode-se generalizar esta definição para sistemas que não tenham a negação: um sistema axiomático é sintaticamente consistente quando nem toda expressão é teorema, ou seja, quando não é trivial. Ora, o grande resultado alcançado pelo teorema de Gödel (1931), relativo às limitações do formalismo, são os seguintes: impossibilidade de provar a consistência de um sistema formal por meio do próprio sistema, incompletude semântica da lógica de ordem superior à primeira etc. A completude diz respeito à existência de um conjunto de axiomas suficientes para demonstrar ou refutar todas as proposições do mesmo. Claro que não se pode passar de sistemas formais às linguagens naturais, porém estas são qualitativamente

verdade, é apenas condição da mesma. Há pensamentos coerentes e falsos, pois não têm correspondência com a realidade. Uma mera proposição empírica como "o corvo é branco" é coerente com as regras do mundo animal, mas sua falsidade só pode ser constatada empiricamente. Para decidir a questão da verdade, há que referir-se à realidade. E Agazzi, sumarizando os resultados da limitação dos formalismos, diz: "O significado deste resultado é notável: de nenhum modo pode-se desvincular sem reservas a lógica do problema da verdade intuitiva."[9] De uma forma ou de outra, sub-repticiamente retorna a intencionalidade. Não podemos deixar de citar as conclusões de ninguém menos do que Kurt Gödel, defendendo a intencionalidade inclusive na matemática, campo onde tem predominado o formalismo:

"De maneira nenhuma se segue, no entanto, que os dados deste segundo gênero (os da matemática), porque não podem ser associados com ações de certas coisas sobre os nossos órgãos dos sentidos, sejam, como Kant afirmou, algo de puramente subjetivo. Ao contrário, também eles podem representar um aspecto da realidade objetiva, mas, em contraste com as sensações, a sua presença em nós pode ser devida a um outro gênero de relação entre nós e a realidade."[10]

O idealismo tende à verdade imanente, ao fechamento num sistema, ao conhecimento não-intencional. Aspira a uma verdade criada por seu espírito e para si,

..........

mais complexas. Como então conceber um sistema filosófico completo como pretende o idealismo?

9. *La lógica simbólica*, Barcelona, Herder, 1967, p. 316.

10. *O teorema de Gödel e a hipótese do contínuo*, Lisboa, Fundação Calouste Gulbenkian, 1979, p. 242.

não aceita uma verdade dada, não aceita o dado e não deveria aceitar a experiência[11]. Sua verdade não deveria então transcender seu próprio espírito, valendo só para este.

Já no realismo de Tomás, temos o intelecto aberto, cônscio de sua finitude e limitação, aceitando a verdade de fora.

O idealismo para ater-se a seu rígido imanentismo vê-se obrigado a deduzir desta sua única verdade a totalidade permanecendo num sistema fechado[12]. Como Procusto, acaba por reduzir a totalidade da existência a suas premissas limitadas e, no entanto, sub-repticiamente apropria-se do que o transcende. Tal como os sistemas formais, não pode fundamentar a partir de si mesmo sua consistência e completude. Na concepção de Hegel, o idealismo absoluto, a contradição passa a ser a própria vida da "realidade"...

A verdade é certamente única, como bem o mostra Santo Tomás, mas infinita e transcendente: todas as verdades dela dependem, mas não são dela dedutíveis a partir de um sistema fechado e finito, de modo que a única atitude do ser finito em relação à verdade, e que o confirma em sua dimensão espiritual, é a de abertura ao todo, abertura à revelação do infinito.

...........
11. Ser passível de experiência é próprio do ser finito que não é idêntico a seu próprio pensamento. As vertiginosas especulações dialéticas de Hegel na filosofia da natureza apóiam-se na ciência empírica de sua época. Seria impossível qualquer passagem da lógica para a filosofia da Natureza sem essa base empírica.

12. É por isso que a filosofia sistemática é própria do idealismo: o sistema tentando enclausurar a totalidade.

## 4. Concepção de verdade do pragmatismo

Geralmente o pragmatismo é identificado com certa concepção de verdade, a saber, que uma doutrina é verdadeira na medida em que "funciona". Seu mais característico representante é o americano William James (1842-1910), defensor de um empirismo radical e da experiência pura. A teoria pragmática da verdade de James não nega a teoria da correspondência. Há muitas origens para a concepção pragmática, inclusive a kantiana que afirma a supremacia da razão prática sobre a teórica. Estas teorias são mais critérios da verdade do que concepções sobre a mesma, além disso aplicam-se a certo tipo de verdades: as que têm relação direta com a vida prática. Para saber do bom êxito e da utilidade é necessário a experiência. Mas há verdades conhecidas imediatamente, como "a neve é branca", e que consistem na conformidade do juízo com a realidade. Assim, as verdades evidentes, os fatos da experiência, os primeiros princípios, as verdades matemáticas, as verdades abstratas, impõem-se ao espírito antes de mostrarem sua utilidade. No caso de verdades morais, tem o pragmatismo grande importância. Não podemos esquecer do próprio critério evangélico: *Toda árvore boa dá bons frutos; a árvore má, porém, dá maus frutos. Não pode a árvore boa dar frutos maus, nem a árvore má dar frutos bons* (Mt 7, 17).

Mas o ponto crítico é que o pragmatismo subordina a atividade teórica à prática, a contemplação à ação. Ora, se o homem procura livremente a felicidade, embora a ela tenda por necessidade[13], esta consiste num ato de contemplação, num ato do intelecto[14].

...........

13. Voluntas libere appetit felicitatem, licet necessario appetat illam. *De potentia* 10, 2 ad 5.

14. Essentia beatitudinis in actu intellectus consistit. *Summa theologica* I-II, 3, 4.

Para finalizar, apontamos para um aspecto do pragmatismo no próprio âmbito da filosofia: a escolha das verdades contidas nos vários sistemas filosóficos. É a posição eclética. Giovanni Papini (1881-1956), por exemplo, em sua fase pragmatista, publicou um livro[15] até elogiado por William James. Propõe uma seleção de critérios das verdades para a verdade, estabelecendo uma série de critérios para harmonizar, purificar, eliminar, somar os vários sistemas...

Ora, há evidentemente teorias incompatíveis sobre os mesmos assuntos. Além disso, qual o critério para escolher as verdades e valores dos vários sistemas? Apenas a filosofia cristã dispõe do critério: a verdade revelada. A partir deste critério não só a filosofia cristã deve assimilar, purificar as verdades dos sistemas, mas refutar, sintetizar, cristianizar. Nem sempre porém esse "trabalho" foi bem feito... A síntese de Santo Tomás preserva sempre a capacidade de assimilação proposta por Paulo: *"Probate autem omnia, bona tenete"* – examinar todas as coisas e reter o que é bom (1 Ts 5, 21).

O pragmatismo, partindo da verdade de que o conhecimento deva servir à vida e favorecer as finalidades práticas, inverte a relação, e faz com que a verdade deva ser reduzida a promover a prática da vida. Ora, a própria condução da vida e de suas finalidades depende fundamentalmente da verdade que o homem tenha de si mesmo.

---

15. *Pragmatismo*, Florença, Vallecchi, 1913.

## 5. A concepção voluntarista da verdade

Há uma disputa entre sistemas de filosofia que procuram dar a supremacia ao intelecto ou à vontade. O intelectualismo dá ao intelecto, ao pensamento, à razão, a potência decisiva: o homem como ser racional é a medida de todas as coisas; a ética intelectualista depende do saber, a virtude é conhecimento; não há ninguém que seja mau na vontade. Para o intelectualismo do idealismo alemão todo o ser é posto pelo pensar, pela razão; em Santo Tomás ser e pensar são absolutamente idênticos só em Deus, o ser criado em sua causa divina é conforme esta inteligibilidade suprema, embora não seja em si inteiramente inteligível. Já o voluntarismo faz da vontade a essência e o fundamento originário do ser.

Para fixarmos um referencial, temos, na teologia cristã, a sutil e complexa posição de Duns Escoto (1266-1308). Para salvar a liberdade de Deus e a do homem, acentua a contingência e a indeterminação da criação. Opõe-se não ao "intelectualismo" de Santo Tomás, mas ao determinismo grego e averroísta. Exalta a liberdade de Deus, cuja ação não pode estar sujeita a nenhum determinismo[16]. A vontade divina determina-se a si mesma, pois uma vontade sujeita a qualquer necessidade não é livre. A criação é livre, não há nenhuma lei necessária, não há lei eterna em Deus. Tudo é regido pela vontade libérrima de Deus, sem outro limite que o princípio da não-contradição[17]. Também a vontade do homem é ab-

..........
16. Na verdade, estar "sujeito" à inteligibilidade e à razão é o que fundamenta a liberdade e não o estar à mercê do capricho e do irracional.
17. Hoje que não há pudor quanto à não-contradição, esta restrição cairia. A vontade de Deus seria fundante de toda a inteligibilidade. Temos no absurdismo de Sartre e outros a versão ateísta desta concepção.

soluta. A vontade humana pode sempre abster-se de querer, inclusive, no próprio estado de bem-aventurança, poderia abster-se do Sumo bem. O homem pode querer o mal enquanto mal[18].

Estas posições foram retomadas na filosofia moderna. Descartes coloca a vontade como concausa do erro. Etienne Gilson (1884-1978) mostra muito bem o voluntarismo de Descartes: "Em suma, a essência do Deus de Descartes é determinada sobretudo pela sua função filosófica de criar, isto é, preservar o mundo mecanicista-científico concebido pelo próprio Descartes. Ora, é verdadeiro que um Criador é um Deus eminentemente cristão, mas um Deus cuja essência consiste em ser Criador não é um Deus cristão. A essência do verdadeiro Deus cristão não é criar, é Ser. 'Aquele que é' (Ex 3, 14) pode também criar se quiser, mas não é que é enquanto cria nem enquanto cria a si mesmo; pode criar enquanto é absolutamente."[19]

Na corrente voluntarista moderna, o velho Schelling (1775-1854) coloca o ser na vontade (*Urseyn ist Wollen*). Schopenhauer (1788-1860) reduz tudo à vontade; a representação do mundo depende da vontade e não de uma manifestação objetiva. E Nietzsche assumiu tudo isto, do modo o mais extremo possível: daí surge o valor da não-verdade, da ilusão, da mentira, que tende ao progresso da vontade de potência. Na quarta parte de "Assim falava Zaratustra", diz querer "ver a ciência sob a ótica do artista, a arte porém sob a ótica da vida"[20].

..........
18. Cf. Fraile, Guillermo, *Historia de la Filosofía II*, Madri, BAC, 1960, pp. 1103-4. O caso extremo seria querer para si o mal total enquanto mal; querer o mal para outro ainda poderia ser algum bem.

19. *Dio e la Filosofia*, Milão, Massimo, 1984, p. 86.

20. Die Wissenschaft unter der Optik des Künstlers zu sehen, die Kunst aber unter der des Lebens... cf. Nietzsche, F., *Werke*, Munique, Hanser, 1967, v. I, p. 11.

Uma ciência puramente criativa como deveria ser a arte, e tudo fundado na "vida", nunca explicada, mas assumida como vontade de potência, sem necessidade de nenhum fundamento racional e ético.

Estas teorias que subordinam a verdade à vontade: *veritas est adequatio intellectus ad voluntatem*, são mais "coerentes" quando atéias. É uma idéia romântica a unidade da liberdade e da verdade. O intelecto não é livre nem não-livre, isto é da essência da vontade; o intelecto é verdadeiro ou falso. A vontade não é limitada nem coarctada pelo intelecto, deste precisa justamente para ser e agir livremente. A oposição entre intelecto e vontade surge da vontade que quer abdicar de si mesma. O ponto decisivo é que a vontade só é livre se conhece a verdade, uma vontade que opere no erro e na ignorância não é livre. A vontade que não aceita regras, que quer "libertar-se" do intelecto, que em seu ato originário não aceita o Criador, termina por tornar-se escrava de si mesma.

No fundo, o ato originário da vontade finita é determinar-se entre querer ser o que se é ou querer ser outro do que se é, com todas as conseqüências. Querer subordinar a verdade à vontade é negar a verdade como claramente é assumido por Nietzsche e seus epígonos. A realidade resiste inabalável a todas essas delirantes inventivas e invectivas. A verdade é sempre conformar-se à realidade.

### 6. A verdade na hermenêutica

Essas concepções voluntaristas vão realizar-se na literatura, já que nada têm a dizer na ciência, a não ser negá-la. A moderna hermenêutica parte do pressuposto de

que o ser não é cognoscível objetivamente nem definível: é somente interpretável. Há um leque variável de posições: das mais radicais às moderadas. A questão crucial é se, além dos problemas de exegese e de interpretação da linguagem, não há o problema central da realidade na base da linguagem. Caso contrário, temos uma espécie de idealismo lingüístico. Também não se pode ficar numa teoria dos tipos de interpretações: interpretamos a linguagem, interpretamos esta interpretação e assim por diante. Assim, a hermenêutica moderada, consciente de si e de seus limites, não propõe a permanência em si, mas um desembarque na ontologia, concebida segundo P. Ricoeur como terra prometida, que se entrevê ao longe e em que não se pode entrar sozinho[21].

Mas a hermenêutica radical não aceita para o ato hermenêutico nenhum fundamento real, podendo o sujeito interpretante criar livremente vários jogos lingüísticos auto-referenciais: é preciso apenas acordo com as próprias regras do jogo lingüístico. Assim, nesta linha, é preciso desfazer-se das representações e da teoria da verdade como correspondência.

D. Davidson e R. Rorty[22] recolocam o ficcionalismo nietzscheano no âmbito da hermenêutica: "Em conseqüência, não resultaria mais interessante distinguir entre proposições verdadeiras que correspondem aos 'fatos' e as que não correspondem; e a filosofia (admitido que se possa falar) tornar-se-ia um 'discurso livre', não distinguível de outras práticas literárias. Perderão todo o inte-

...........
21. Possenti, *op. cit.*, pp. 109-11.
22. D. Davidson, "The Myth of the Subjective", in Krausz, Michael, ed. *Relativism: Interpretation and Confrontation*, Notre Dame, University of Notre Dame Press, 1989; R. Rorty, *La svolta linguistica*, Milão, Garzanti, 1994.

resse problemas como a relação entre mente e mundo, ou entre linguagem e mundo, e em geral o tema de representar. Se não há significados a analisar, se existe apenas uma massa retorcida de proposições entrelaçadas... então não há questões centrais ou fundantes em filosofia. Restaria apenas uma filosofia como um *curiosear*."[23]

Fica assim abolida a fronteira entre filosofia e literatura, mas não entre ciência e ficção científica. Nesta linha, seríamos levados a afirmar uma superioridade da ficção científica em relação à verdade científica.

Prossegue Possenti: "Neste aspecto está uma das valências da hermenêutica radical, conduzida pelo seu antirealismo e um coerente niilismo teórico que agora, dispensada a cerca especulativa heideggeriana, que terminava por desenvolver uma função de mascaramento, assume-se como tal. Nela a cisão entre a ordem ideal e real é completa, pela qual nada pode tornar verdadeiro algum enunciado ou teoria. Não é impossível entrever que tal cisão comporte a cisão entre a verdade e a realidade, em que se colocava o fim da filosofia."[24]

Chegamos assim à teorização do ficcionalismo, correspondente ao sentir global da relativização da verdade: cada um pode fabricar para si, a modo de uma criação literária, sua própria filosofia, sua própria verdade. Naturalmente, se essa concepção – com esse sentir geral vago, com esses grupos vanguardistas – vier a tornar-se operativa e dominante, teremos a conclusão niilista da humanidade sem Deus: "és pó, e em pó te hás de tornar", ou "és nada, e em nada ficarás".

..........
23. Possenti, *op. cit.*, p. 110.
24. Possenti, *op. cit.*, p. 111.

## 7. A verdade em Heidegger

Aparentemente este tópico deveria preceder o anterior, mas não cremos que a posição da hermenêutica radical tenha qualquer possibilidade de enraizar-se. Curioso que nomes como os de Davidson, Rorty etc. são totalmente desconhecidos fora dos ambientes de ultra-especialistas, enquanto o de Heidegger ainda tem alguma representatividade histórico-cultural.

Heidegger foi discípulo de E. Husserl (1859-1938), fundador da moderna corrente fenomenológica. Intuição, intencionalidade, noções desconsideradas ou mesmo atacadas pela filosofia moderna adquirem grande importância em Husserl. Na intuição há a presença da realidade do objeto enquanto conhecido, isto é, a adequação entre o objeto e seu conhecimento meramente pensado. Assim a verdade é, para Husserl, a adequação da intenção ao objeto: "Onde uma intenção representativa através do ideal de perfeita percepção conseguir a última completude, então realizou-se a autêntica *adaequatio rei et intellectus*: o objeto concreto é exatamente como intencionado, está *verdadeiramente 'presente'* ou *'dado'*, não há mais nenhuma intenção parcial implícita que falte para sua completude."[25]

Podemos perceber muitas coisas. A adequação de que fala Husserl dá-se na simples apreensão, na primeira operação da mente, e não no juízo. É portanto antepredicativa, anterior a qualquer afirmação ou negação. Será esta a posição adotada por Heidegger. Além disso,

...........
25. Husserl, Edmund, *Logische Untersuchungen*, Tübingen, Max Niemeyer Verlag, 1921, II/2, 36, p. 118.

percebe-se a exigência de uma perfeita revelação no primeiro momento do pensar, o que dá margem às críticas posteriores da teoria da representação[26].

Ora, o homem pensa através de três operações irredutíveis: a simples apreensão, o juízo e o raciocínio. Enquanto os hegelianos procuram reduzir as três operações ao raciocínio, o intuicionismo procura reduzir tudo à primeira apreensão. Simplesmente não dispomos de tal apreensão angélica. A citada afirmação de Santo Tomás, de que as essências das coisas nos são desconhecidas, indica que apreendemos estas essências apenas intencionalmente: apontamos objetivamente para tal essência e devemos continuar a pensar por meio de juízos e raciocínios. Querer que a verdade seja antepredicativa, é querer que o ser se revele "através do ideal de perfeita percepção até a última completude", como vimos atrás. Isto introduz um falso misticismo: o momento em que a essência *essencia*, isto é, mostra-se como é. Não deixa de ser, no entanto, como insiste Santo Tomás, este momento fundante da verdade. A verdade é a conformidade do pensamento com a realidade e dá-se formalmente, para o pensamento humano, no juízo onde há tal confronto.

Quanto a Heidegger, mantém-se nesse momento antepredicativo, com a característica de tentar separar radicalmente ser e conhecer.

Ora, justamente a verdade fundamenta-se na inteligibilidade do ser: o ser não se oculta ao intelecto, não lhe é impermeável, o ser é manifestativo e o conheci-

----

26. Neste caso, ao contemplar algum objeto, por exemplo, um cavalo, deveria revelar-se sua essência apenas na simples apreensão, sem necessidade do juízo e do raciocínio...

mento conforma-se ao ser. Parmênides identifica radicalmente ser e pensar: "o pensamento e aquilo de que é pensamento são o mesmo" (*Diels*, VIII, 34). Claro que esta identidade teve de ser apurada e distinta da mera identidade entitativa: é o que se chamou identidade intencional. Em sua obra sobre a essência da verdade, Heidegger, para combater a verdade como adequação, argumenta que essa identidade entitativa é impossível: "se digo que esta moeda é redonda, então a moeda é de metal e a sentença não é material"[27]. Parece incrível que Heidegger lance mão de tais argumentos. No entanto, Heidegger coloca-se totalmente na linha oposta a Parmênides, na linha que quer caracterizar o conhecimento como vontade de potência, na qual inclui a verdade como adequação[28]. Por isso, o ponto de partida de Heidegger é Nietzsche: "Parmênides disse que 'não se pensa o que não é', nós nos encontramos na outra extremidade e dizemos que 'o que pode ser pensado deve ser certamente uma ficção'."[29] Naturalmente para Nietzsche esta ficção é superior à realidade. Assim, já no *Ser e tempo*, ao tratar da verdade diz: "Consideraremos a 'verdade' nesta indagação como tema no sentido de uma teoria do conhecimento ou do juízo? Claramente não, pois 'verdade' significa o mesmo que 'coisa' (*Sache*), 'automanifestar-se' (*Sichselbstzeigendes*)."[30] Um automanifestar-se a

...........
27. Heidegger, M., *Vom Wesen der Wahrheit* 2. Aufl. in *Wegmarken*, Frankfurt am Main, V. Klostermann, 1967, p. 78.

28. Deve ficar claro que é justamente o falso conhecimento, a mentira querendo afirmar-se como verdade, a mentira repetida e martelada pela informação que é a essência desta vontade de potência nietzschiana.

29. Nietzsche, Friedrich, *Unwertung aller Werte*, DTV, 1969. *Der Wille zur "Wahrheit"*, Vorrede, p. 75.

30. Heidegger, M., *Sein und Zeit*, Tübingen, Max Niemeyer Verlag, 1972, p. 213. Cf. 31, 32 e 34.

quem? Além do mais não há em Heidegger nenhuma reflexão crítica sobre o conhecimento humano[31]. Assim desloca-se uma espécie "mística" de compreender (*verstehen*) nem mesmo a um momento antepredicativo, mas anteconceitual: num "estar-aberto-na-presença-de". Santo Tomás caracteriza bem essa progressão ao conhecimento no *De potentia* (9, 9, resp.):

"O próprio entender só se completa quando algo é concebido na mente que conhece e que se diz *verbo*; pois não dizemos entender, mas cogitar para entender, antes de ter-se estabelecido em nossa mente alguma concepção."

A contraparte desta separação entre ser e pensar é a intransparência, a opacidade, o ocultamento da realidade deste cogitar que recusa o entender. Assim o caracteriza com acribia V. Possenti: "Na substituição do compreender ao *intelligere* como ato regente e mais próprio do *Dasein*, é realizada uma verdadeira revolução ontológica e gnoseológica: 'esta não é algo teórico, mas concerne à compreensão e ao projeto: intuição e pensamento 'são dois derivados longínquos da 'compreensão'" (*Sein und Zeit*, 31)[32]. Mas o próprio Heidegger não prescinde da linguagem e do juízo ao enunciar suas "verdades": "A essência da verdade é a liberdade."[33] Em nada, porém, se deve desvalorizar este momento anteconceitual, o momento do intelecto agente, o momento que se caracteriza por estudo da realidade, momento que precede o saber...

..........
31. Possenti, *op. cit.*, p. 74, considera que este fato deriva da ojeriza de Heidegger ao neokantismo.
32. Possenti, *op. cit.*, p. 75.
33. Heidegger, *Vom Wesen...*, *cit.*, p. 81.

Ora, nessa "compreensão" há um desvio do conhecimento do ser para uma revelação do próprio *Dasein*. À compreensão segue-se a interpretação: "A interpretação não consiste em assumir o compreendido, mas na elaboração da possibilidade projetante na compreensão" (*Sein und Zeit*, 32). Assim arremata Possenti: "Tudo parece desenvolver-se como se, tomando o ser como obscuro e escassamente inteligível, o pensamento humano procurasse algum apoio, algum lúmen de sentido, na existência do *Dasein* e não do ente" (p. 75).

Façamos uma breve consideração sobre esta separação entre intelecto e verdade.

Se as coisas não são causadas pelo Intelecto divino, se há verdades não causadas pelo entendimento (em geral), mas apenas conhecidas por ele, então a verdade é anterior ao entendimento, e se for admitida a adequação, a verdade seria oferecimento e fundamento. Assim, Heidegger baseia-se na etimologia grega da palavra verdade, *alétheia*, cujo sentido é desocultamento, indicando que a coisa se mostra como é em consonância com a abertura do ser humano, abertura esta cujo fundamento é a liberdade. A conclusão do ensaio sobre a verdade termina na sentença que segundo Heidegger não é nenhuma afirmação (*Aussage*), que "a essência da verdade é a verdade da essência". E o ensaio conclui assim: "A resposta à pergunta pela essência da verdade é a saga de uma reviravolta na história do *Seyn*. Como a ela pertence o salvaguardar clarificante, surge *Seyn* originariamente à luz do retraimento ocultante. O nome desta clareira é *alétheia!*"

Pieper mostra muito bem, no ensaio recolhido em estudo anterior, como tanto a inteligibilidade e a inesgota-

bilidade do ser baseiam-se na criaturalidade: a inesgotabilidade provém da superabundância da inteligibilidade, inexaurível a qualquer potência cognoscitiva finita.

No entanto, em Heidegger, o aspecto insondável da verdade, já que o Criador está colocado entre parênteses, torna-se um mistério, o ocultante, o vértice do niilismo teórico de Heidegger.

O lado insondável da verdade atribuível à finitude da criatura, aqui em que o Criador está colocado entre parênteses, torna-se o mistério, o ocultante, o vértice do niilismo teórico de Heidegger.

Conclui Possenti: "Por falta da 'ponte' que teria permitido resolver teoricamente o problema da verdade e antes ainda captar a proporção originária entre pensamento e ser e a inteligibilidade deste último, o filósofo alemão optou, com um supremo ato voluntarístico condenado ao fracasso, pela substituição do próprio conceito de verdade: *a essência da verdade é a liberdade*. Nesta fórmula localiza-se um dos maiores atestados do niilismo teórico. Não mais referente ao ser, o novo conceito de 'verdade', enquanto existencial, fundado na abertura do *Dasein*..., procura opor o pensamento mediante o juízo pelo *An-denken*[34], o pensamento ultra-metafísico que rememora o ser, sem nunca conseguir torná-lo patente, mas apenas relembrando-o. Contudo tal pensamento memorativo e ultrametafísico só pode operar com as categorias da metafísica, porque não elaborou outras: donde a necessidade sistemática de retorcê-las, fazendo-as dizer *outra coisa*" (pp. 77-8).

..........

34. *Andenken*, em alemão corrente, significa: memória, recordação, lembrança... Em Heidegger, porém, adquire um sentido especial: *re-collection*, recolhimento, semelhante a *logos* como "recolher junto".

*Verdade e conhecimento*

Assim tudo é invertido – entender o ser a partir da liberdade que passa a ser o outro do ser: o nada; da íntima relação entre a verdade e a liberdade, afirmar que a essência da verdade é a liberdade torna esta o fundamento e o último termo da verdade. Ora, é justamente o inverso: é a verdade que fundamenta a liberdade, é a verdade que nos torna livres[35] (Jo 8, 31-32). A liberdade deve libertar-nos da servidão do pecado, para isso é fundamental conhecer a verdade. Para Nietzsche, como vimos, é a mentira que nos liberta, a própria verdade sendo uma espécie de erro.

Essa revolução no pensar, acusando a tradição ocidental cristã de niilista, é ela própria o termo da tradição anticristã do Ocidente, e por isto determinada como negativo do mesmo.

O abandono da verdade como adequação, fundamento imutável do pensamento, leva a todos os desvios, a todos os percursos que levam a nada[36].

Terminamos este tópico recolhendo a fala da deusa no fragmento VII e no início do fragmento VIII de Parmênides: "Jamais poderá ser o não-ser, portanto afasta de uma vez o pensamento deste caminho de busca. Não te deixes levar pela experiência múltipla do hábito; nem pelo olho obcecado; nem pelo ouvido saturado; nem pela tua língua. Mas deves resolver com a razão a prova crucial que minha palavra te revelou: o único

..........
35. López, Jesus García, *El valor de la verdad y otros estudios*, Madri, Gredos, 1965, pp. 44-7.
36. Os caminhos abertos na floresta para transporte de madeira, uma vez esgotada a madeira, terminam abruptamente no coração da floresta. Em alemão chamam-se *Holzwege*. É um tema explorado por Heidegger, justamente por andar neles.

caminho pode ser discorrido: o ser... Não te permitirei dizer nem pensar o não-ser, pois é indizível e impensável não-ser o ser..."

Parafraseando diríamos que não é possível nem pensar que a verdade surja da não-verdade nem pensar que a não-verdade seja verdade...

## 8. O conceito de verdade nas Escrituras

Não poderíamos deixar de discutir, ainda que brevemente, como a verdade como adequação concorda com o conceito de verdade das Escrituras. Sobretudo porque a maioria dos teólogos contemporâneos ignora completamente a tradição filosófica e aderiu às várias propostas da filosofia moderna e a partir delas procura "interpretar" o conceito de verdade na Bíblia. Por exemplo, diz E. Coreth: "Heidegger compreende a verdade como acontecimento histórico do ser no qual este – por si mesmo – se revela e se oculta a nós."[37]

Temos, assim, a presença constante do historicismo que foi estabelecido a partir do ateísmo. Não o historicismo como posição que valoriza a história, mas o que a relativiza radicalmente: a historização do ser e do pensar, da ciência e concepções do mundo, dos dogmas, do cristianismo é sua relativização e "superação". Nesses caminhos do modernismo, os teólogos tornaram-se meros intelectuais do cristianismo. Característico do historicismo é criticar uma determinada concepção do mundo sub-repticiamente a partir de sua própria concepção que

..........
37. Coreth, Emerich, *Questões fundamentais da hermenêutica*, São Paulo, EPU, 1973, p. 150.

ele não explicita nem necessita justificar: sua verdade não está em discussão.

Dois pontos são de vital importância: a questão da identificação do Deus bíblico com o *Ipsum Esse* (o próprio ser subsistente) e a questão da verdade. O afastamento da teologia do pensamento clássico grego leva a um desmoronamento da doutrina católica e até do próprio Concílio Vaticano II (1962-1965). O abandono de Santo Tomás já é total: os teólogos são cartesianos, kantianos, hegelianos, marxistas, heideggerianos, hermenêuticos etc.

Etienne Gilson, em *Constantes philosophiques de l'être*[38], dedica o último capítulo a uma discussão com os exegetas: "Javé e os gramáticos", pois sentia que toda sua obra, bem como a da tradição em que se formara, fora colocada em xeque:

"O nome que o próprio Deus atribui-se no *Êxodo* era naturalmente, aos olhos dos teólogos, um dado de importância capital. A maioria não tinha nenhuma hesitação quanto ao sentido do texto em questão (Ex 3, 13-15). De Eusébio de Cesaréia a Tomás de Aquino, estavam de acordo em ler que, segundo o próprio Deus, seu nome é *Eu sou*, ou *Qui est*; ou em linguagem mais abstrata: o ser. Toda a sua obra repousa portanto, antes de tudo, sobre este sentido literal" (p. 233).

O filólogo indaga pelo sentido do texto na mente de seu autor, no momento em que o escreveu, através da língua do autor, de seus hábitos estilísticos pessoais e do uso corrente em seu ambiente e tempo. Quanto a isso,

----
38. *Constanti filosofiche dell'essere*, Milão, Massimo, 1993. O original francês é de 1968.

os textos da Sagrada Escritura não são privilegiados em relação a qualquer texto profano. Assim critica Gilson com ironia: "O sentido de Ex 3, 13-14 é controvertido entre os filólogos que pensam que o Espírito Santo não possa inspirar a gramática e o dicionário do seu escriba de ocasião" (p. 191).

O ponto fundamental é que a Sagrada Escritura não é um tratado de filosofia, é essencialmente religiosa e não metafísica. De fato, nenhum dos judeus notou esta verdade. A filosofia é grega, e só posteriormente Fílon de Alexandria (*c.* 25 a.C.-50 d.C.) dela participou. Por isso, não é necessário toda a parafernália filosófica para estabelecer que o sentido literal de noções como ser e verdade implique a revelação divina de noções metafísicas. Além disso, no texto do Êxodo, Deus revela-se em um momento histórico e o nome de Javé sugere a impossibilidade de uma definição de Deus. Tudo isto é indiscutível. Deus não quis definir-se nem é definível. Santo Tomás coloca que nem os bem-aventurados o compreenderão: "De fato, quanto aos bem-aventurados, eles certamente atingem com a mente a essência divina, mas não a compreenderão" (in *De divinis nominibus* 22).

Certamente a Escritura é essencialmente histórica, não é obra especulativa, científica, teológica; no entanto, durante séculos tem sido tema de reflexão filosófica[39]. Então o que não se pode aceitar? "Que a noção fundamental de Deus, comum a Agostinho e a Tomás de Aquino e a outros padres, não tenha fundamento no sentido literal da Escritura. Se nesta não está dito que o nome de Deus

...........
39. A especulação é um dever humano, deve ser realizada pelo homem e não por Deus, segundo o primeiro e grande mandamento: "Amarás o Senhor teu Deus... de todo o teu entendimento" (Mt 22, 37).

é *Est*, então a harmonia entre verdade filosófica e palavra de Deus cessa simplesmente de existir" (p. 241).

Se essa concordância surge de um erro exegético, então o corte é completo.

Tirando o fato que nesta como em outras questões há sempre grandes controvérsias entre os exegetas, se se tratar realmente de um erro exegético, então cai toda a teologia especulativa. Geralmente ocorre que as especulações da tradição filosófico-teológica cristã são substituídas pelas especulações ancoradas em filosofias não cristãs.

Ora, a exegese apresentada como histórico-científica nunca tinha sido negada, simplesmente negava-se sua incompatibilidade com a reflexão filosófica. Além disso, o que sempre se subentende é que a exegese científica possa saber o que o escritor sagrado tinha na mente: "Não tenho ilusão de saber corretamente aquilo que o escritor sagrado tinha na mente ao escrever Ex 3, 14-15 e não estou seguro de que qualquer método científico permita sabê-lo com certeza" (pp. 244-5).

Com a questão da verdade ocorre o mesmo que com a questão do ser.

Não é propósito da Escritura a especulação (se a verdade é *adaequatio* ou *alétheia*), dizer-nos o que é a verdade, mas a revelação da verdade divina necessária e suficiente para a salvação. A verdade revelada tem como alicerce principal a fidelidade e a veracidade de Deus. Daí que é uma especulação parasita dizer que as Escrituras concebem a verdade como fidelidade e não como adequação: "Guia-me com tua verdade, ensina-me, pois tu és o meu Deus salvador" (Sl 25, 5).

O ponto em questão é se o conceito de adequação é incompatível com a Escritura.

Tomemos um exemplo elementar (2 Rs 19, 17): "É verdade, ó Iahweh, que os reis da Assíria destruíram todas as nações..." É evidente que – para além da verdade-fidelidade – é o conceito de *adaequatio* o que aqui cai como uma luva: só se pode dizer que "os reis da Assíria destruíram todas as nações" porque os reis da Assíria destruíram todas as nações.

Certamente a palavra hebraica *emet* (verdade) – como também a nossa palavra "verdade" (em seu uso corrente) – está ligada a muitos significados, como: solidez, estabilidade, fidelidade, autenticidade, justiça, mas nenhum é uma definição da verdade. Em todo caso, sempre se pode dizer – e, além do mais, em qualquer língua... – que o verdadeiro é aquilo que vale, que é confiável justamente porque é conforme à realidade, adequação do intelecto com a coisa...

Então, o sentido formal de verdade não é incompatível com as características da *emet* bíblica (de fidelidade, de aliança, de palavra de Deus e sua Lei, de verdade revelada, de plano de Deus, de mistério, boa doutrina) e nem com as características personalistas da verdade. Estaria, isto sim, contrária à citada definição de Coreth, em que o ser radicalmente distinto de Deus por si mesmo se revela e se oculta a nós, concepção contrária ao *Logos*. Claro que este ocultar-se do ser é seu aspecto essencial, seu aspecto de não-verdade, e para sermos coerentes com o niilismo, não deveria ser chamado essencial, mas in-essencial...

## Parte II – O fundamento da evidência e da certeza

### 1. Introdução

A questão da certeza é a questão capital da vida e da ciência da humanidade. Se não há nada de certo, não há verdade; não há bem nem mal: não há ciência, nem religião, nem filosofia, nem coesão social.

É comum nos manuais neo-escolásticos (ou "tomistas") apresentar o critério de verdade como sendo: a evidência (como veremos, o problema não é tão simples). Assim Alejandro, ao considerar o problema do critério, tece as seguintes considerações: "Parece claro, por certo instinto gnoseológico, que a evidência é tanto a última razão de toda a verdade como a última causa de toda a certeza, e é pela evidência que distinguimos inequivocamente a certeza e a verdade. Por isto, o problema da evidência é um dos mais fundamentais na investigação gnoseológica."[40]

Consideramos esta formulação como própria do semi-racionalismo. Uma interpretação talvez mais fiel a Santo Tomás (embora hoje praticamente desconsiderada pelos "tomistas") é a do filósofo do século passado, Gioacchino Ventura (1792-1861), a quem seguiremos de perto neste estudo[41].

Não se trata de desvalorizar a evidência individual como critério de verdade: para um indivíduo é o critério

...........
40. Alejandro S.I., José Maria de, *Gnoseología*, Madri, B.A.C., 1969, p. 149.

41. Consultaremos principalmente: *Saggio dell'origine delle idee e sui fondamenti della certezza*, In *Opere del P. Gioacchino Ventura*, vol. III, Napoles, Presso Gabriele Sarracino, 1856. E também Ventura, G., *Dei preamboli della filosofia*, in *La filosofia cristiana del P. Gioacchino Ventura*, vol. IX, Nápoles, Presso Gabriele Sarracino, 1862.

pelo qual ele percebe algo como verdadeiro. Porém, não se pode erigir a evidência individual como único critério – e menos ainda como critério fundamental – para as certezas do próprio indivíduo.

Um exemplo: o último teorema de Fermat: "Não existe n, número natural maior do que 2, tal que dados x, y e z naturais (que não o zero): $x^n + y^n = z^n$."

Fermat afirmou em 1630 ter encontrado uma prova admirável da proposição, mas não anotara tal prova na página em que fez a declaração porque a margem da folha não era suficiente. E o problema permaneceu aberto. Desde então, uma e outra vez, aparecia algum matemático convencido de que (finalmente) tinha encontrado uma demonstração, mas no exame de seus resultados verificava-se que não, que não se tratava de uma verdadeira demonstração. Só recentemente, em 1994, Andrew Wiles apresentou uma demonstração, reconhecida como verdadeira.

Toda vez que um matemático considerava erradamente ter demonstrado o teorema, isto é, que *para ele* havia evidência, isto era considerável e necessário, mas não suficiente. Era preciso que essa evidência fosse também compartilhada por seus pares, pessoas em condição de apreciar tal "evidência". Nos casos em que as provas não foram aceitas e demonstradas falsas, tratava-se de falsas evidências; apenas no caso em que a prova foi aceita em geral, trata-se, supomos, de uma verdadeira evidência.

O primeiro ponto que podemos então considerar é que há de fato evidências verdadeiras e certezas fundadas na verdade, mas também falsas evidências e falsas certezas. Além do mais, no exemplo citado, trata-se de

uma ciência exata, a Aritmética, a ciência do objeto mais simples possível: o número. Em assuntos mais complexos, a questão é também muito mais complexa. Daí que afirme Ventura:

"Mas é certo que há *certezas* e *evidências* falsas, como também verdadeiras. Não é necessário crer que todos aqueles que professam *obstinadamente* um erro sejam homens de má-fé. Além do mais, aquele que erra está *subjetivamente* certo que seu erro é uma verdade e também uma verdade objetivamente *evidente*, e por isso às vezes preferirá morrer a renunciar. Não houve erro sem seus mártires. Para assegurar-se da legitimidade dos títulos de sua certeza, da sinceridade da sua evidência, o Sr. de Bonald nos diz que 'o homem deve somente fazer uso das regras de raciocínio que ele possui naturalmente'. Mas todo homem que sustenta um erro por meio de raciocínios crê ter *feito bom uso destas regras de raciocínio que ele naturalmente possui*, ainda que o uso tenha sido errôneo. Como perceber o erro? 'Podemos enganar-nos indubitavelmente, responde o Sr. de Bonald, *deduzindo mal e usando mal as regras da lógica*; mas todos os raciocínios errôneos possíveis não destroem o princípio de que a *certeza reside na razão individual.*' Mas com isto se responde à questão? Sem dúvida, todos os maus raciocínios possíveis *não destroem o princípio da certeza subjetiva*, como também a evidência verdadeira ou falsa reside em nós. Mas não é isso o que se exige, mas sim saber por qual meio um homem que elaborou uma falsa certeza, uma pseudo-evidência, *deduzindo mal* ou *fazendo mau uso das regras da lógica*, possa advertir-se ou convencer-se de seu erro. Aqui está toda a questão em relação à certeza e à evidência e não

em outra parte. Ora, tendo em conta isso, a resposta do Sr. de Bonald reduz-se a esta trivialidade: 'Para estarem seguros de ter bem deduzido, deduzam bem. Para estarem seguros de ter feito bom uso das regras da lógica, façam bom uso das regras da lógica. Para estarem seguros da vossa certeza, a qual sem erro reside em vocês, consultem a vossa certeza. Para estarem seguros da verdade da vossa evidência remetam-se em tudo à vossa evidência.'"[42]

Após essa breve introdução, trataremos, por tópicos, a evidência individual, a evidência coletiva, a evidência do gênero humano e do fundamento último da evidência.

## 2. A evidência individual

Voltemos ao caso da evidência de quem demonstrou ou pensou ter demonstrado o teorema de Fermat. Haverá alguma diferença entre aquele que realmente demonstrou o teorema e os que se enganaram? Certamente. Diz Suárez com propriedade: "A verdade pode se impor ao intelecto; mas, falando de modo absoluto, a falsidade não. Por isso, não é possível que se incorra em juízo falso, a não ser em virtude de uma moção livre da vontade, já que, excluída a necessidade, o intelecto não pode ser determinado a julgar a não ser pela vontade, toda vez que não goza de liberdade" (*Disp.* 9, sec. II, n. 6).

Isto é verdade, mas deve-se convir que os casos em que o intelecto vê-se compelido ao assentimento pela evidência objetiva são muito raros, além dos casos em

..........
42. Ventura, *Saggio*..., *cit.*, pp. 719-20.

que se ilude. Prossegue Suárez no mesmo lugar: "Daqui se depreende também que a verdade seja muito mais imutável do que a falsidade."

Prescindindo das dificuldades e da possibilidade de falsas evidências, o ponto central da questão é este: mesmo tendo, como indivíduo, toda a evidência possível, e, em conseqüência da mesma, estar absolutamente certo da verdade, necessito, justamente como indivíduo finito, completar essa certeza pela confirmação dos outros. Assim o matemático, depois de sua convicção de que conseguiu o resultado, necessita submetê-lo a outros, e, após esse confronto, ter sua certeza fortalecida. O indivíduo finito não pode se considerar o fundamento desta certeza. Pode-se atribuir à razão particular certezas absolutas, mas não que seja o fundamento das mesmas. A evidência objetiva funda a certeza, mas esta necessita ulterior confirmação. Assim esclarece a questão o Pe. Ventura:

"A questão sobre a certeza, tanto nos antigos quanto nos modernos, foi disputada entre os *dogmáticos*, sustentando que o homem isolado tenha nas *suas próprias evidências o critério de toda certeza*, e os *acadêmicos*, afirmando que o homem isolado não pode assegurar-se de nada, nem de sua própria existência, e que toda a certeza deve vir-lhe de fora. O primeiro destes sistemas é o *particularismo* e a consagração de todos os erros; o segundo é o *cepticismo* e a morte de toda a verdade. O dogmático e o acadêmico estavam na falsidade, mas sob certo aspecto continham a verdade. O dogmático tinha razão contra o acadêmico, porque em inúmeros casos o homem isolado encontra nas suas próprias evidências um motivo fundado para a certeza. O acadêmico tinha razão contra o dogmático, porque em inúmeros

casos as evidências individuais são falazes. O problema a resolver então é o seguinte: encontrar um meio de conciliar as evidências individuais com as evidências comuns, o homem isolado com o homem social, a razão com a autoridade. A filosofia escolástica havia encontrado este meio. Estabelecendo com Santo Tomás que o intelecto, enquanto se limita a perceber, sempre é verdadeiro, como também os sentidos em sua esfera própria reconheciam a possibilidade de o homem isolado estar certo em incontáveis casos. Mas estabeleciam que, quando o intelecto julga, raciocina ou deduz, pode enganar-se e, para verificar que não se enganou, é preciso submeter seus juízos e deduções ao julgamento de todos, ou pelo menos ao maior número de cientistas ou homens virtuosos. Assim, os escolásticos tinham reconhecido a necessidade de referir-se ao senso comum dos outros, ou seja, às autoridades, a fim de evitar o erro."[43]

Um texto de Santo Tomás confirma a questão. Na *Suma contra os gentios*, ao explicar por que é *necessário* crer mesmo quando se trata de verdades divinas acessíveis à razão: "A própria debilidade de nosso entendimento para discernir, e pela confusão dos fantasmas, faz com que na maioria dos casos mescle-se nas investigações racionais o falso e, portanto, para muitos parecem duvidosas muitas verdades que estão efetivamente demonstradas, já que ignoram a força da demonstração, e principalmente vendo que os próprios sábios ensinam verdades contrárias. Também entre muitas verdades demonstradas, introduz-se, às vezes, algo falso que não se demonstra, mas que se aceita por razão provável ou so-

---

43. Ventura, *op. cit.*, pp. 714-5.

física, tido como demonstração. Por isto foi conveniente apresentar aos homens por via de fé uma certeza fixa e uma verdade pura das coisas divinas" (I, 4).

Se a razão particular de alguém não for capaz de compreender, por exemplo, a demonstração de Wiles, nem por isso deixará de aceitar o teorema, a não ser que coloque sua razão acima de tudo, o que acontece em muitos casos.

Em hipótese alguma deve-se desvalorizar a evidência particular e não incentivar sua busca. Ela é o *único* critério pelo qual o indivíduo pode dizer que conhece por si a verdade. Mesmo quando não tenha esta evidência, o indivíduo pode e deve aceitar verdades, quer pela evidência dos outros, quer por Revelação.

Quando o indivíduo tem a evidência das verdades que aceita, deve confrontá-las e submetê-las aos outros, como acontece nas verdades científicas.

Quanto a Santo Tomás, ele não elaborou uma teoria sistemática sobre a evidência e a certeza. Isto foi feito pela neo-escolástica semi-racionalista de modo cartesiano.

Santo Tomás nunca fala de evidência individual, mas dá valor à evidência universal: "O que todos afirmam unanimemente é impossível que seja totalmente falso. Pois a falsa opinião é uma certa debilidade do entendimento, como o falso juízo do sentido próprio provém da enfermidade do sentido. Mas os defeitos ocorrem acidentalmente, por ocorrer à margem das finalidades da natureza, e o que ocorre acidentalmente não pode acontecer sempre e em todos os indivíduos, como o juízo de todos sobre o paladar acerca dos sabores não pode ser falso. Assim, o juízo de todos acerca da verdade não pode ser errôneo. Ora, é sentença comum de todos os filóso-

fos que *do nada, nada se faz*. Logo isto deve ser verdadeiro" (*Contra gentiles* 2, 34).

Antes de terminar este tópico, temos que mencionar também que as falsas evidências podem provir de uma má vontade. Não há dúvida de que Nietzsche, ainda que de modo invertido, apontou para essa vontade de poder que instrumentaliza o conhecimento.

Nesse caso, o indivíduo acaba convencendo a si mesmo do falso e também tentará convencer a outros. E isto tem acontecido, principalmente nos dois ciclos da filosofia – antiga e moderna – em que todas as opiniões, todas as contradições, todas as adversidades, todos os vícios foram propostos.

Assim, por exemplo, até os princípios que a razão deveria ter como absolutamente evidentes são refutados, e isto certamente não o é por qualquer evidência, mas porque a vontade assim o quer. Ora, negar a própria evidência é o que a teologia considera pecado contra o Espírito Santo: a verdade mostra-se como verdade e a pessoa não a aceita. Daí temos uma real luta cultural, luta de idéias e ideologias que querem impor-se por qualquer meio.

O ateísmo, mesmo sem excluir motivos intelectuais, tem suas raízes na vontade. É nas razões de coração (da vontade) e não do entendimento que o salmista diz brotar o ateísmo: "Diz o insensato *em seu coração*: não há Deus" (Sl 52, 2).

Confessa-o claramente Nietzsche, através de seu Zaratustra ateu: "Para longe de Deus e deuses, arrebatou-se esta vontade" (II parte, "Nas ilhas bem-aventuradas").

E o princípio de não-contradição, que como todos os primeiros princípios deveria ser indubitável e evidente,

é contestado de todos os lados. Na interessante questão a propósito de se o intelecto pode errar, responde Santo Tomás (I, 85 ad 6) que sim, ao julgar e raciocinar, como vimos, mas não quanto aos princípios: "O intelecto não pode errar acerca das proposições que se conhecem imediatamente, uma vez conhecido o significado dos termos, como sucede com os primeiros princípios."

Como conclusão, então, diremos que o indivíduo deve esforçar-se na trilha do pensar, deve chegar por si às intuições e evidências, não deve renunciar à sua capacidade de pensar, mas não pode basear-se apenas em suas evidências e considerar as mesmas como fundamento do pensar.

### *3. A evidência coletiva*

Deve ficar claro que se tenho uma evidência e esta evidência também é participada por outros, isto é um indício superior ao caso em que esta evidência só é minha e outros não a condividem. Claro que pode haver exceções, e houve muitas na história da ciência, geralmente quando algo novo é introduzido; mas depois de certo tempo, haverá a aceitação. Daí que foram estabelecidos muitos critérios, nos meios científicos, considerando esta evidência coletiva. Um neopositivista como Moritz Schlick (1882-1936) não tem outro critério do que a comunidade científica; a concepção sociológica da verdade, lançada por Durkheim e aceita por Goblot, defende que a verdade é atestada não pela confrontação do espírito com o real, mas pelo acordo dos espíritos. Este é um critério que procede de Kant, da intersubjetividade. Substitui-se a razão interpessoal de Kant pela socie-

dade. Assim, a verdade é definida pela crença coletiva: o que eu penso é subjetivo, o que toda a sociedade pensa é a verdade. Isto é o consensualismo.

Na postura consensualista, tudo está invertido: temos dois princípios que se confundem facilmente e que, no entanto, distam como o céu da terra.

O primeiro, o autêntico, o que foi mostrado até agora, e que deve completar a evidência individual, é este: se algo é verdadeiro, então deve mostrar-se evidente ao maior número de sujeitos. Estes devem ter abertura e capacidade para a verdade. O princípio espúrio, o consensualismo, é: se a maioria, independente de qualquer evidência e competência, considerar verdade, então deve ser verdade. Então, não é por muitos considerarem verdade que é verdade, mas, ao contrário, se for verdade, muitos deveriam aceitar como tal. Aqui entra toda a luta ideológica, toda a vontade de poder: fazer passar por verdade o que não é. Assim, em vez da máxima de tua moral ser universal e valer para todos, o que se faz é impor sua máxima de modo que valha para todos. Por isso, a partir de um núcleo científico legítimo, há uma crosta ideológica querendo passar por científica, sempre maior. Além disso, nas democracias modernas, do princípio legítimo de que é a maioria que deve escolher seus governantes e participar das decisões que a concernem, surge o princípio de que é a maioria que determina o que é verdade. Ora, este princípio de evidência coletiva vale em muitos casos, mas no que é essencial à vida, no que é discutido em filosofia e religião, é insuficiente.

Daí que surge o princípio do consentimento universal, do que a humanidade desde suas origens considerou verdadeiro. A ele apelaram muitos filósofos. Vimos acima uma menção de Santo Tomás.

## 4. A evidência do consenso universal

Descartes, o verdadeiro fundador da filosofia moderna, estabeleceu como critério da verdade a percepção clara e distinta da coisa, considerado o único princípio em que deve fundamentar-se a verdade. Observou também a existência de falsas evidências que pareciam igualmente claras e distintas e que se nos impõem tanto quanto as coisas verdadeiras. Justamente a dúvida percorre estas evidências:

"Duvidaremos mesmo das demonstrações matemáticas e seus princípios, ainda que estes sejam muito evidentes, pois existem homens que se enganaram meditando a respeito dessas matérias e sobretudo porque ouvimos dizer que Deus, que nos criou, pode fazer quanto lhe agrade."[44]

Eis que Descartes, que havia partido da evidência individual, aponta, agora, para o critério do consenso universal. Isto tudo no Prefácio de seus *Princípios da filosofia*. Primeiro considera os que se dedicam à filosofia, isto é, os que partem de sua razão particular, como os mais inaptos para a própria filosofia, como a concebe Descartes (p. 30).

"Obstados, porém, de acreditar nelas, por conhecermos por experiência que os que fazem profissão de filósofos são, em geral, menos sábios e menos razoáveis do que os demais que jamais se dedicaram a esse estudo" (p. 36).

Descartes considera-se o primeiro a explicitar algo que, afinal, todo homem – de modo não refletido – tem:

..........
44. Descartes, René, *Princípios da filosofia*, Hemus, 1968, p. 51. Aqui temos o voluntarismo de Descartes.

"A outra razão que prova a clareza dos princípios é que foram conhecidos em todas as épocas e até aceitos como exatos e isentos de dúvidas pelos homens, excetuando apenas a existência de Deus, posta em dúvida por alguns que conferiram valor às percepções dos sentidos, já que Deus não pode ser visto nem tocado. Contudo, ainda que estas verdades que eu entendo como princípios tenham sido de conhecimento de todos os tempos e em todo o mundo, não houve, porém, até o presente, ninguém, ao que eu saiba, que os reconhecesse como princípios da Filosofia, quer dizer, como sendo aqueles de que se pode deduzir o conhecimento de todas as demais coisas que existam no mundo" (p. 36).

Esse texto é antológico. Descartes reconhece o critério do consenso universal. Não será porém Descartes enquanto filósofo que explicita este consenso, pois não faz parte deste consenso colocar a evidência individual como ponto de partida nem muito menos deduzir tudo a partir de alguns princípios, muito menos do *cogito*. "Eu penso logo sou" é evidente, porém não a pretensão de deduzir tudo deste princípio.

Antes de prosseguirmos, é preciso esclarecer uma objeção comum, a de que, antes de Copérnico, todos acreditavam que era o Sol que se move em torno da Terra. Ora, além de essa questão não ser de senso comum, mas própria dos sábios, é simplesmente uma verdade de aparências. O que o sentido comum atesta é o movimento aparente do Sol, marcador do tempo, e nada mais. A questão específica da constituição do sistema solar, própria dos sábios, uma vez esclarecida, ficou patente e tornou-se de consenso. Ela atesta o próprio critério: por ser verdade deve tornar-se universal, e não porque é

de consenso que é verdade. Se os entendidos tivessem achado os argumentos de Copérnico falsos, então, as provas e os cálculos de Copérnico seriam apenas deixados à opinião de Copérnico por mais evidentes que fossem a este, e seriam considerados como o sistema dos vórtices de Descartes, a excentricidade das idéias em Deus de Malebranche, as extravagantes elocubrações de Hegel sobre a mecânica absoluta, também evidentes para eles.

Deve-se insistir que o consenso universal não é a causa, mas o efeito da verdadeira evidência: uma proposição não é evidentemente verdadeira porque todos a admitem, mas todos a admitem, ou deveriam admiti-la, se é evidentemente verdadeira. É justamente submetendo-se ao consenso universal que a razão individual se submete à autoridade da razão.

Foi Hugues F. R. de Lamennais (1782-1854) quem popularizou o critério do consenso universal, só que na forma invertida, isto é, se há consenso então é verdade, e não, o que deveria ser, isto é, se é verdade deve haver consenso.

Lamennais caiu no excesso contrário. Já que o racionalismo atribuía tudo ao homem isolado e em nada considera o homem social na elaboração da filosofia, tudo fez para divinizar o homem social e aniquilar o homem individual.

Então, para Lamennais, se o homem não sai de si mesmo, nunca poderá estar certo de nada. A certeza é privilégio da humanidade, o homem individual não tem nenhum direito à certeza. O testemunho da razão particular é mentiroso. O sentimento íntimo nem pode testemunhar a própria existência, só pelo testemunho do

outro posso dizer com certeza: eu sou. Só as afirmações da humanidade inteira podem ter uma relação necessária com a verdade e formam o fundamento da certeza. Com isso a razão individual está anulada!

Hoje, o critério do consenso universal foi completamente abandonado. Da mesma maneira que o ciclo da filosofia grega, iniciado por Platão, baseado na evidência particular, terminou no ceticismo e na destruição de todas as verdades do gênero humano, assim também o ciclo da filosofia moderna já concluiu seu curso: tudo foi destruído, nenhuma verdade tradicional foi mantida, a própria verdade foi abolida: ateísmo, materialismo, relativismo, niilismo, ceticismo, revolucionismo total, hedonismo e agora, no pós-moderno, tudo tem igual valor, qualquer mentira vale qualquer verdade... O indivíduo não tem travas para pensar o que quiser e sempre pensa menos e conforme a sociedade global. Não podemos deixar de considerar um aspecto interessante. Josef Pieper, em seu livro sobre o fim do tempo, mostra que é vã qualquer filosofia da história que não leve em conta as Escrituras. Nestas está claramente exposta uma concepção que deve pelo menos ser considerada uma possibilidade: que no fim dos tempos[45] haverá um triunfo geral, ainda que efêmero, do mal e da mentira. A este espírito de mentira "foi-lhe dado poder sobre toda tribo, e povo, e língua, e nação; e adoraram-no todos os habitantes da terra" (Ap 13, 7-8). Podemos então afirmar a possibilidade de uma inversão completa. O consenso universal da humanidade, que desde suas origens atestava a verdade de Deus e sua criação, será completamente invertido. Essa

...........
45. Pieper, Josef, *Über das Ende der Zeit*, Munique, Kösel, 1950.

fase de relativismo universal, em que todos podem considerar qualquer sonho, devaneio, mentira como verdade, mas que, de fato, sempre "se pensa" mais uniforme e globalmente, através dos modernos meios de comunicação, poderá formar um consenso global: não será o consenso da verdade, isto é, a verdade causando o conteúdo, mas o consenso causando a "pseudoverdade".

Por isso, hoje o consenso está completamente falsificado.

### 5. O critério último da verdade

O critério último da verdade, sem nenhuma ambigüidade, deve ser colocado na veracidade de Deus. Santo Tomás diz que: "se o intelecto humano e o divino, permanecendo as coisas, o que é impossível, fossem eliminados, de nenhum modo permaneceria a noção de verdade" (*De veritate* a. 2). Pode-se acrescentar com Descartes, na mesma linha de raciocínio, que se Deus não fosse veraz, o que é impossível, de nenhum modo valeria qualquer evidência.

É patente que há uma rejeição total deste critério. A ideologia da filosofia dominante é a de não partir de pressuposto algum (muito menos teológico), ter seu princípio na dúvida total (ainda que com o eufemismo de sistemática), na evidência particular (ainda que se pretenda universal), criadora e investigadora da verdade (ainda que a verdade no fim não terá nenhum valor). Rejeita-se e não se considera filosofia aquela que parte da fé, que considera todos os critérios de evidência na sua justa medida e subordinados à veracidade divina, demonstrativa, e reflete sobre as verdades do gênero humano.

Ora, o que é espantoso é que o próprio fundador inquestionável da filosofia moderna, Descartes, a exemplo de Platão, ainda que sub-repticiamente e com grande ambigüidade, passa de um critério a outro; realizando uma experiência intelectual única, ainda que não a assumisse, e voltasse sempre ao ponto inicial.

Assim expõe em resumo, Descartes, o que crê ter conseguido:

"Assim sendo, considerando que aquele que pretende lançar a dúvida a tudo não pode, porém, duvidar que existe, enquanto esteja duvidando, e que aquele que deste modo raciocina, não tendo a possibilidade de duvidar de si mesmo, duvidando entretanto de todo o resto, não é aquilo a que damos o nome de corpo, e sem o que chamamos alma ou pensamento, considerei o ser, ou a existência desse pensamento como o princípio primeiro de que deduzi com muita clareza os outros: que existe um Deus, autor de tudo quanto há no mundo, e que, por ser a fonte da verdade, não criou o nosso entendimento de maneira tal que possa este enganar-se na apreciação que faz de todas as coisas e das quais tem noção muito evidente e muito precisa. Estes são os princípios de que me valho no que tange às coisas imateriais ou metafísicas, das quais deduzo com clareza os princípios das coisas corporais ou físicas: que existem corpos extensos em comprimento, largura e altura, que possuem diferentes formas e se movimentam de várias maneiras. Aqui estão, em resumo, os princípios dos quais deduzo a verdade das demais coisas" (pp. 35-6).

Todos aceitam que este seja o verdadeiro Descartes, ainda que não seja, de fato, o Descartes verdadeiro. Apresenta-se um círculo: Descartes parte do critério da evi-

dência na percepção clara e distinta, chega ao *cogito*, usando o argumento ontológico (considerado um paralogismo), prova a existência de Deus e, então, convalida o critério da percepção clara e distinta. E, de Descartes, a filosofia vai rejeitar completamente a segunda parte, permanecendo com o critério da percepção clara e distinta e o *cogito*.

Ora, a experiência profunda foi que Descartes percebe que seu ponto de partida estava errado, que tudo o que havia feito só valeria se o ponto de partida fosse outro, a saber, não a percepção clara e distinta, e o "eu penso", mas a fé em Deus e em sua veracidade.

Vejamos a seqüência.

Descartes havia estabelecido que a percepção clara e distinta era o critério primeiro, universal da verdade, e a primeira verdade da qual se pode partir com certeza absoluta é o *cogito*, ou melhor, que se é uma coisa pensante. Descartes ao entender a si mesmo, com um esforço genial que, segundo ele, nunca havia sido alcançado, descobriu que era uma coisa pensante: "Estou certo que eu sou uma coisa pensante."[46]

Mas o que fazia com que essa certeza fosse tão completa? Chega então, em segundo lugar, ao critério universal: era a percepção clara e distinta que ele tinha da verdade daquela proposição:

"Não sei então (depois de ter descoberto o *cogito*) também o que se requer para tornar-me certo de qualquer coisa? Neste primeiro conhecimento não há nada além do que uma percepção clara e distinta daquilo que conheço, que não seria indubitavelmente suficiente para

..........
46. Dum certus me esse rem cogitantem (*Med.* III, 35).

assegurar-me da verdade da coisa, se pudesse ocorrer que uma coisa que se concebesse tão clara e distintamente fosse falsa."[47]

Se fosse então possível uma coisa evidentíssima que ao mesmo tempo fosse falsa, então este critério não seria nem primeiro nem absoluto. Se fôssemos universalmente iludidos, como em certas concepções hindus do *mâyâ* ou na hipótese do gênio maligno, então este critério não poderia ser nem primeiro nem absoluto, como Descartes pretende nesse seu primeiro momento, e que passa a ser o fundamento da filosofia moderna. Então, estabeleceu como *regra geral* de qualquer verdade, de qualquer certeza e de qualquer ciência, esta proposição: "E portanto vejo agora que posso estabelecer, por regra geral: todas as coisas que nós concebemos muito claramente e muito distintamente são verdadeiras" (*loc. cit.*).

Deve-se dizer que Descartes não atribui o critério só à percepção clara, mas à percepção clara e distinta. Evidentemente há já aí todo o sofisma do idealismo. Descartes, da percepção clara e distinta que tem em seu pensamento e que lhe dá a certeza de ser uma coisa pensante, deveria ter concluído que a percepção clara e distinta é uma testemunha fiel de todas as modificações do seu ser, e não se pode concluir que o que ocorre nele possa ser regra geral também do que ocorra fora dele. Não há porém necessidade de nos determos na filosofia de Descartes, mas mostrar que ele passa ao outro ponto.

Assim, a nulidade do critério, ponto de partida de toda a filosofia moderna, foi reconhecida pelo próprio Descartes: "Posso persuadir-me de ter sido feito de tal mo-

----------
47. *Med.* III, 35.

*Verdade e conhecimento*

do pela natureza que me pudesse facilmente enganar, mesmo nas coisas que julgo perceber de maneira evidentíssima" (*Med.* V, 70).

Esse critério não teria nenhum fundamento para Descartes, se ignorasse Deus. Há um paralelo com Sartre que admite que as coisas seriam inteligíveis se tivessem sido criadas pela inteligência divina, mas como ele é ateu, conclui no absurdismo. Assim Descartes diz: "Depois que percebi verdadeiramente que Deus existe, juntamente entendi que todas as coisas dependem dele e que ele não é enganador" (*loc. cit.*).

O que para Descartes, então, fundamenta o critério da evidência individual é ter percebido que Deus existe e que é veraz. Deve-se salientar que o critério de Descartes não fica absolutizado por essa verdade primeira de Deus. Além da evidência subjetiva, há a objetiva, e Deus não nos fez nem infalíveis nem impecáveis. Assim o explica Ventura:

"Deus não nos fez infalíveis mais do que impecáveis. E como o Deus sumamente bom, ao dar-nos uma *faculdade tendente ao bem*, mas livre, nos seus *atos* particulares, de querer o mal, não se coloca em contradição com sua bondade; assim o Deus sumamente verídico, ao dar-nos uma *faculdade tendente ao verdadeiro*, mas capaz, nos seus atos particulares, de perceber o falso, não se coloca em contradição com a sua veracidade."[48]

Então, Descartes chega exatamente ao que seria o ponto de partida de Santo Tomás: "Assim vejo claramente que a certeza e a verdade de toda ciência dependem só do conhecimento do Deus verdadeiro, de sorte que,

...........
48. Ventura, *Dei preamboli della filosofia, cit.*, p. 55.

antes de o conhecer, nada poderia saber perfeitamente de coisa alguma."[49]

Ora, este é exatamente o ponto de partida da filosofia cristã, que parte da fé e de Deus, em contraposição com o da filosofia pagã antiga e a filosofia moderna, que parte da dúvida e do homem. E ninguém o formulou tão claramente como Descartes. Os cartesianos vão objetar que tal critério não é ponto de partida mas de chegada em Descartes, e talvez tenham razão quanto às intenções de Descartes e que isto corresponda ao verdadeiro Descartes. Mas o Descartes verdadeiro é o que diz claramente que antes de partir de Deus pela fé nada poderia conhecer, e que, se esse fundamento de partida não é assumido, todo o resto desmorona: não é por acaso que a conclusão da filosofia moderna é o ceticismo, o niilismo, o absurdismo e o relativismo absoluto: este apenas como lenitivo dos outros, a mentira consciente e compensatória contra um mundo de terríveis verdades.

Quanto a Santo Tomás, só a interpretação semi-racionalista poderia ter tentado, e o conseguiu, dar ao "tomismo" um fundamento cartesiano e moderno. Não se diz que se parte da dúvida total, mas sim de um exame radical de tudo, a evidência objetiva como o critério absoluto da verdade, a prova da existência de Deus como fundamento da certeza de que há um Deus, a necessidade da demonstração do realismo etc. Mas certamente esta não é a posição de Santo Tomás. Ele valorizou a razão como ninguém, porém afirma que se a humanidade só dispussesse da razão permaneceria na maior ignorância

..........

[49]. Atque ita plane video omnis scientiae certitudinem et veritatem ab una veri Dei cognitione pendere, adeo ut priusquam illum nossem, nihil de ulla alia se perfecte scire potuerim (*loc. cit.*).

das trevas (*Contra gentiles* I, 4); estabeleceu de modo irrefutável que, para quem tenha boa-fé, a existência de Deus pode ser provada, mas afirmou que mesmo nas verdades que a razão humana pode provar quanto às coisas divinas, isto é, quanto às coisas essenciais para o ser humano, é preciso aceitá-las pela fé. Assim, apesar da razão poder demonstrar a existência de Deus, este deve ser primeiramente aceito pela fé.

Podemos concluir que há muitos critérios para a verdade: a evidência subjetiva, a evidência objetiva, completadas pela evidência social, pela evidência dos especialistas, cientistas e sábios, pelas verdades do gênero humano, mas que – em qualquer caso – deve-se partir da fé e da veracidade divina. Infelizmente todos esses critérios podem ser falsificados.

No caso de Descartes, este acaba saltando sempre de um ponto a outro, quando fica na dúvida nada conclui, apenas quando sub-repticiamente parte da fé. A fé é o abandono da dúvida como ponto de partida e é o verdadeiro ponto de partida para o homem, cuja condição existencial diante de Deus é: antes crer para depois saber, e não antes saber para depois crer.

*Questão disputada "Sobre a verdade"*
*"Sobre a diferença entre a palavra divina e a humana"*
*Questão disputada "Sobre o verbo"*

# Nota introdutória à questão disputada "Sobre a verdade"

Somente nesta primeira questão do *De veritate*, Santo Tomás trata tematicamente da verdade (como na *Suma teológica* I, 16); as outras questões voltam-se para outros temas, mais ou menos relacionados com a verdade.

No artigo 1, há a dedução dos conceitos transcendentais, um dos quais é o verdadeiro. É apresentado ao considerar o ente em relação a outro, no caso, a alma que é "de certo modo todas as coisas". Já a correspondente relação do ser para com o apetite constitui o bem. Há entre verdade e bem esta grande diferença: o termo do apetite, que é o bem, é na coisa apetecida, ao passo que o termo do conhecimento, a verdade, é no próprio intelecto. Apresenta ainda, no artigo 1, a clássica definição da verdade como adequação que engloba tanto o pensamento finito como o infinito.

No artigo 2, mostra que a verdade encontra-se primariamente no intelecto, já que a faculdade cognoscitiva completa sua operação na alma. Considera também uma interessante diferença entre o intelecto especulativo e o prático. O intelecto especulativo é medido pelas coisas enquanto o prático é medida das coisas que por ele são feitas.

No artigo 3, temos a teoria do juízo, em que propriamente está a verdade. A verdade reside sobretudo no intelecto. O ser é transcendentalmente verdadeiro, mas a noção de verdadeiro acrescenta-lhe adequação ao intelecto. A verdade se atri-

bui de maneira especial ao intelecto componente e dividente (ao juízo afirmativo e negativo) porque só mediante esta operação encontra-se a verdade no intelecto como no sujeito que a conhece. Em outra operação da mente, a primeira, a simples apreensão, a verdade também se encontra no intelecto referida à realidade captada, mas não referida à verdade.

No artigo 4, distingue-se a unidade da verdade, sem excluir a pluralidade de verdades, mas esta pluralidade depende da única verdade divina, absoluta, infinita e transcendente. A dependência das verdades da verdade absoluta não é dedutível pelo intelecto humano finito. O idealismo, que considera esta verdade suprema imanente, é obrigado a considerar essa dependência necessária e proceder a dedução. Nesse mesmo artigo, na resposta à quinta objeção, há um ponto interessante a considerar: em muitas passagens diz-se que entendemos instantaneamente os primeiros princípios. Isto dar-se-ia por indução (cf. p. ex. *Post. anal.* 30, 251). Ora, nesta passagem do *De veritate*, Tomás, pelo contrário, assume uma posição agostiniana. Para dirimir a questão, devemos dizer que a teoria do conhecimento de Santo Tomás completa a de Aristóteles, conforme a Revelação. Deste modo, a inteligência humana é imagem fiel da Inteligência Divina e por isso deve formar de si e em si o seu *verbo*. Em resumo podemos dizer que o Verbo que ilumina todo homem que vem a este mundo é o Verbo que eleva nosso intelecto à altura do inteligível em ato, torna-o capaz de ver o universal, mas não é o Verbo que lhe comunica as idéias prontas. Por assim dizer, é o Verbo que dá condições ao intelecto humano para gerar em si mesmo as próprias idéias.

No artigo 5, afirma-se a unicidade da verdade primeira bem como da universalidade absoluta.

No artigo 6, fala-se também da mutabilidade da verdade diante da mutabilidade das coisas criadas, no entanto a relação de verdade permanece.

No artigo 7, mostra-se que em Deus a verdade não é adequação entre dois termos distintos, mas identidade de ser e pensar. Essa identidade absoluta é própria de Deus.

No artigo 8, precisa-se a distinção entre ser e verdade e a dependência de todas as verdades da primeira verdade.

No artigo 9, há um ponto muito importante, um dos fulcros da gnoseologia tomista. O artigo considera se a verdade é nos sentidos. A resposta é afirmativa, mas para isso Santo Tomás mostra que ela é no intelecto e nos sentidos de modo diferente. Santo Tomás realiza a mais perfeita descrição de como o intelecto conhece a verdade por meio de um ato de reflexão que a acompanha. Não se trata da divisão entre a atividade direta e espontânea da mente em contraste com a atividade reflexiva como num ato segundo, mas da própria reflexão que é essencial ao próprio ato de conhecer a verdade. Para Santo Tomás, a reflexão, num ato segundo, deve evidenciar que já o próprio juízo é uma reflexão em ato primeiro: só esta acompanha inseparavelmente o conhecimento da verdade. Claro que esta reflexão que se dá no próprio ato do juízo não é uma reflexão posterior, própria de um juízo reflexo (ato segundo), mas implícita no próprio ato. Assim, ao conhecer a verdade, no próprio ato, implicitamente conhece que a natureza do intelecto é conformar-se ao ser. Esta é uma reflexão completa sobre o próprio ato e no próprio ato[1].

O artigo 10, sobre se alguma coisa pode ser falsa, mostra a atividade do conhecimento: a alma de certo modo age, ainda que o juízo tenha também um aspecto passivo. Essa atividade não é construtivismo, mas conhecer o objeto do conhecimento.

No artigo 11, mostram-se os limites da verdade sensível e compara-se ao conhecimento intelectual.

Finalmente, no artigo 12, considera-se a possibilidade de falsidade no intelecto. Este quanto a seu objeto próprio é sempre verdadeiro. Pode acidentalmente ser falso quanto às definições.

(Tradução e notas por MÁRIO BRUNO SPROVIERO)

..........
1. Cf. Boyer, Carolo, *Cursus philosophiae*, Paris, Desclée de Brower, 1957, vol. I, pp. 173-83.

# *Quaestio prima – De veritate*

### *Articulus primus*
### *Quid est veritas*

Videtur autem quod verum sit omnino idem quod ens.

## *Obiectiones*

1. Augustinus in lib. *Solil.* dicit, quod verum est id quod est. Sed id quod est, nihil est nisi ens. Ergo verum significat omnino idem quod ens.

2. Respondens dicebat quod sunt idem secundum supposita, sed ratione differunt. Contra, ratio cuiuslibet rei est id quod significatur per suam definitionem. Sed id quod est, assignatur ab Augustino, ut definitio veri, quibusdam aliis definitionibus reprobatis. Cum ergo secundum id quod est, conveniant verum et ens, videtur quod sint idem ratione.

3. Praeterea, quaecumque differunt ratione, ita se habent quod unum illorum potest intelligi sine altero: unde Boetius in libro *De hebdomadibus* dicit, quod potest intelligi Deus esse, si separetur per intellectum

# *Primeira questão – Sobre a verdade*

### *Artigo 1*
### *Que é a verdade?*

Parece que o verdadeiro é totalmente idêntico ao ente.

*Objeções*

1. Agostinho [*Soliloquiorum* II, 5] diz que "o verdadeiro é aquilo que é"; mas aquilo que é, é precisamente o ente: portanto verdadeiro significa totalmente o mesmo que ente.

2. Objetou-se que são idênticos na realidade, mas diferem conceitualmente. Replica-se: a *ratio* de qualquer coisa (que é o que faz com que uma coisa seja o que é, sua essência) é aquilo que é significado pela sua definição. Ora, "aquilo que é", é apontado por Agostinho como a definição do verdadeiro, refutadas algumas outras definições. Portanto, como o verdadeiro e o ente identificam-se com aquilo que é, parece que se identificam conceitualmente.

3. Tudo aquilo que difere conceitualmente é tal que um pode ser entendido sem o outro. Daí que Boécio [*De hebdomadibus* 171, 85] diz poder-se entender que Deus existe, ainda que por um instante separe com o intelecto

paulisper bonitas eius. Ens autem nullo modo potest intelligi si separetur verum: quia per hoc intelligitur quod verum est. Ergo verum et ens non differunt ratione.

4. Praeterea, si verum non est idem quod ens, oportet quod sit entis dispositio. Sed non potest esse entis dispositio. Non enim est dispositio totaliter corrumpens, alias sequeretur: est verum, ergo est non ens; sicut sequitur: est homo mortuus, ergo non est homo. Similiter non est dispositio diminuens, alias non sequeretur: est verum, ergo est; sicut non sequitur: est albus dentes, ergo est albus. Similiter non est dispositio contrahens, vel specificans: quia sic non converteretur cum ente. Ergo verum et ens omnino sunt idem.

5. Praeterea, illa quorum est una dispositio, sunt eadem. Sed veri et entis est eadem dispositio. Ergo sunt eadem. Dicitur enim in II *Metaph.*: dispositio rei in esse est sicut sua dispositio in veritate. Ergo verum et ens sunt omnino idem.

6. Praeterea, quaecumque non sunt idem, aliquo modo differunt. Sed verum et ens nullo modo differunt: quia non differunt per essentiam, cum omne ens per essentiam suam sit verum; nec differunt per aliquas differentias, quia oporteret quod in aliquo communi genere convenirent. Ergo sunt omnino idem.

7. Item, si non sunt omnino idem, oportet quod verum aliquid super ens addat. Sed nihil addit verum super ens, cum sit etiam in plus quam ens: quod patet per Philosophum, IV *Metaph.*, ubi dicit quod: verum definientes dicimus quod dicimus esse quod est; aut non esse quod non est; et sic verum includit ens et non ens. Ergo verum

a sua bondade. O ente, no entanto, de modo algum pode ser entendido se dele se separar o verdadeiro: pois é entendido precisamente por ser verdadeiro. Portanto o verdadeiro e o ente não diferem conceitualmente.

4. Se o verdadeiro não for idêntico ao ente, então é necessário que seja uma disposição do ente. Ora, não pode ser uma disposição do ente: não é disposição totalmente corruptiva, pois então valeria a proposição: é verdadeiro, logo não é ente, como vale a seguinte: é um homem morto, logo não é homem. Analogamente não é uma disposição subtrativa, pois então não valeria: é verdadeiro, logo é; como não vale: tem dentes brancos, portanto é branco. Analogamente não é uma disposição restritiva ou especificadora, porque não seria convertível com o ente. Portanto o verdadeiro e o ente são em tudo idênticos.

5. Uma só disposição implica identidade. Assim diz Aristóteles [II *Metaph.* 1]: "A disposição de uma coisa no ser é como sua disposição na verdade"; portanto o verdadeiro e o ente são em tudo idênticos.

6. Todas as coisas que não são idênticas diferem de algum modo; mas o verdadeiro e o ente de modo algum diferem. Não diferem por essência, pois todo ente é verdadeiro por sua essência; não diferem por qualquer diferença, pois então seria necessário convirem em algum gênero comum. Portanto são em tudo idênticos.

7. Se não forem em tudo idênticos, é necessário que o verdadeiro acrescente algo ao ente; mas o verdadeiro nada acrescenta ao ente, mesmo sendo mais extenso do que o ente. Isto fica claro pelo Filósofo [IV *Metaph.* 16], quando diz que definimos o verdadeiro dizendo "que é aquilo que é; ou que não é aquilo que não é". Assim o verdadeiro inclui o ente e o não-ente: portanto o verda-

non addit aliquid super ens; et sic videtur omnino idem esse verum quod ens.

## Sed contra

1. Nugatio est eiusdem inutilis repetitio. Si ergo verum esset idem quod ens, esset nugatio, dum dicitur ens verum; quod falsum est. Ergo non sunt idem.

2. Item, ens et bonum convertuntur. Sed verum non convertitur cum bono; aliquod est enim verum quod non est bonum, sicut aliquem fornicari. Ergo nec verum cum ente convertitur, et ita non sunt idem.

3. Praeterea, secundum Boetium in libro *De hebdomadibus*: in omnibus creaturis diversum est esse et quod est. Sed verum significat esse rei. Ergo verum est diversum a quod est in creatis. Sed quod est, est idem quod ens. Ergo verum in creaturis est diversum ab ente.

4. Praeterea, quaecumque se habent ut prius et posterius, oportet esse diversa. Sed verum et ens modo praedicto se habent, quia, ut in libro *De causis* dicitur, prima rerum creatarum est esse; et Commentator in eodem libro dicit quod omnia alia dicuntur per informationem de ente, et sic ente posteriora sunt. Ergo verum et ens sunt diversa.

5. Praeterea, quae communiter dicuntur de causa et causatis, magis sunt unum in causa quam in causatis, et praecipue in Deo quam in creaturis. Sed in Deo ista quatuor, ens, unum, verum et bonum, hoc modo appropriantur: ut ens ad essentiam pertineat, unum ad personam Patris, verum ad personam Filii,

deiro nada acrescenta ao ente e parece que o verdadeiro é em tudo idêntico ao ente.

## Em contrário

1. É uma banalidade a repetição inútil do mesmo; se pois o verdadeiro fosse idêntico ao ente, dizer que o ente é verdadeiro seria banal: o que não é verdade. Portanto não são idênticos.

2. Ente e bom são mutuamente convertíveis. Mas verdadeiro não é convertível com bem: pois algo pode ser verdadeiro sem ser bom, como no caso de alguém cometer adultério. Portanto verdadeiro também não é convertível com ente, e assim não são idênticos.

3. Segundo Boécio [*De hebdomadibus* 169, 26], "em qualquer criatura, ser é distinto daquilo que ela é". Ora, o verdadeiro significa o ser da coisa, que é portanto distinto daquilo que ela é. Mas aquilo que ela é, é idêntico ao ente. Portanto nas criaturas o verdadeiro é distinto do ente.

4. São necessariamente distintas as coisas dispostas segundo um antes e um depois. Ora, é o que ocorre com a disposição do verdadeiro e do ente, como se afirma no livro *De causis* [prop. 4]: "O primeiro na criação das coisas é o ser", e o Comentador diz, no mesmo livro, que tudo o mais são como que determinações do ente, e assim são posteriores ao ente. Portanto o verdadeiro e o ente são distintos.

5. Aquelas coisas que se dizem em comum da causa e dos efeitos são mais unas na causa do que nos efeitos, e sobretudo mais em Deus do que nas criaturas. Mas em Deus estas quatro coisas: o ente, o uno, o verdadeiro e o bem têm isso de próprio: o ente é pertinente à Essência; o uno, à pessoa do Pai; o verdadeiro, à pessoa do Filho;

bonum ad personam Spiritus Sancti. Personae autem divinae non solum ratione, sed etiam re distinguuntur; unde de invicem non praedicantur. Ergo multo fortius in creaturis praedicta quatuor debent amplius quam ratione differre.

## Responsio

Dicendum, quod sicut in demonstrabilibus oportet fieri reductionem in aliqua principia per se intellectui nota, ita investigando quid est unumquodque; alias utrobique in infinitum iretur, et sic periret omnino scientia et cognitio rerum. Illud autem quod primo intellectus concipit quasi notissimum, et in quod conceptiones omnes resolvit, est ens, ut Avicenna dicit in principio suae *Metaphysicae*. Unde oportet quod omnes aliae conceptiones intellectus accipiantur ex additione ad ens. Sed enti non possunt addi aliqua quasi extranea per modum quo differentia additur generi, vel accidens subiecto, quia quaelibet natura est essentialiter ens; unde probat etiam Philosophus in III *Metaph*., quod ens non potest esse genus, sed secundum hoc aliqua dicuntur addere super ens, in quantum exprimunt modum ipsius entis qui nomine entis non exprimitur. Quod dupliciter contingit: uno modo ut modus expressus sit aliquis specialis modus entis. Sunt enim diversi gradus entitatis, secundum quos accipiuntur diversi modi essendi, et iuxta hos modos accipiuntur diversa rerum genera. Substantia enim non addit super ens aliquam differentiam, quae designet aliquam

o bem, à pessoa do Espírito Santo. As Pessoas divinas todavia se distinguem não só conceitual mas também realmente, daí que não se prediquem reciprocamente. Portanto muito mais nas criaturas devem as quatro coisas citadas diferir entre si mais do que conceitualmente.

*Solução*

Assim como nas demonstrações de proposições é preciso efetuar a redução a algum princípio conhecido, evidente para o intelecto, o mesmo ocorre ao investigar o que seja uma determinada coisa; senão em ambos os casos haveria regresso ao infinito e seriam impossíveis a ciência e o conhecimento das coisas. Aquilo porém que o intelecto por primeiro concebe como a coisa mais evidente de todas e à qual se reduzem todos os seus conceitos é o ente, como diz Avicena, no início de sua *Metaphysica* [I, 6]. Daí ser necessário que todos os conceitos do intelecto sejam obtidos por acréscimo ao ente. Mas ao ente não se lhe pode acrescentar nada de estranho, como no caso da diferença ser acrescentada ao gênero ou o acidente ao sujeito, pois toda natureza é também essencialmente ente, daí que também o Filósofo [III *Metaph.* 8] demonstra que o ente não pode ser um gênero; mas se diz que algumas coisas acrescentam algo ao ente enquanto exprimem um modo do próprio ente não expresso pelo nome "ente", o que ocorre de dois modos.

O primeiro modo dá-se quando o modo expresso é um modo especial do ente; há pois diversos graus de entidade segundo os quais se consideram os diversos modos de ser, e segundo estes modos se consideram os diversos gêneros das coisas: a substância pois não acrescenta ao ente nenhuma diferença que designe alguma

naturam superadditam enti, sed nomine substantiae exprimitur specialis quidam modus essendi, scilicet per se ens; et ita est in aliis generibus. Alio modo ita quod modus expressus sit modus generalis consequens omne ens; et hic modus dupliciter accipi potest: uno modo secundum quod consequitur unumquodque ens in se; alio modo secundum quod consequitur unum ens in ordine ad aliud. Si primo modo, hoc est dupliciter quia vel exprimitur in ente aliquid affirmative vel negative. Non autem invenitur aliquid affirmative dictum absolute quod possit accipi in omni ente, nisi essentia eius, secundum quam esse dicitur; et sic imponitur hoc nomen res, quod in hoc differt ab ente, secundum Avicennam in principio *Metaph.*, quod ens sumitur ab actu essendi, sed nomen rei exprimit quidditatem vel essentiam entis. Negatio autem consequens omne ens absolute, est indivisio; et hanc exprimit hoc nomen unum: nihil aliud enim est unum quam ens indivisum. Si autem modus entis accipiatur secundo modo, scilicet secundum ordinem unius ad alterum, hoc potest esse dupliciter. Uno modo secundum divisionem unius ab altero; et hoc exprimit hoc nomen aliquid: dicitur enim aliquid quasi aliud quid; unde sicut ens dicitur unum, in quantum est indivisum in se, ita dicitur aliquid, in quantum est ab aliis divisum. Alio modo secundum convenientiam unius entis ad aliud; et hoc quidem non potest esse nisi accipiatur aliquid quod natum sit convenire cum omni ente: hoc autem est anima, quae quodammodo est omnia, ut dicitur in III *De anima*. In anima autem est vis cognitiva et appetitiva. Convenientiam ergo entis ad appetitum exprimit hoc nomen

natureza a ele justaposta, mas com o nome substância exprime-se um certo modo especial de ser, a saber, o ente por si, e assim para os outros gêneros.

O segundo modo dá-se quando o modo expresso é um modo geral aplicável a todo ente, e isto pode ocorrer duplamente: ou enquanto se aplica a todo ente em si ou enquanto se aplica a um ente referido a outro. No caso de se aplicar a todo ente em si, algo é expresso do ente ou afirmativa ou negativamente; mas não se encontra algo dito de modo absoluto que se aplique a todo ente, a não ser sua essência, segundo a qual se diz que ele é, e assim lhe é imposto o nome "coisa" (*res*), que difere de "ente" – como diz Avicena no início da *Metaphysica* [I, 6] – porque "ente" indica o ato de ser enquanto "coisa" (*res*), a qüididade ou essência do ente. No caso da negação, a negação que se aplica de modo absoluto é a indivisão, que é expressa pelo nome "uno" (*unum*): o uno é pois precisamente o ente indiviso.

Quando se considera o modo do ente referido a outro, então há também dois casos. O primeiro desses casos é segundo a alteridade (divisão) de uma coisa em relação a outra, e isto é expresso pela palavra "algo" (*aliquid*): pois diz-se *aliquid* no sentido de *aliud quid*, isto é, "outra coisa", daí que o ente diz-se "uno" enquanto indiviso em si, dizendo-se "algo" enquanto diviso, diferente dos outros. O outro caso é segundo o "ajustar-se" (*convenire*) de um ente a outro e isto só pode ser considerando alguma coisa que por sua natureza seja apta a ir ao encontro (*convenire*) de todo ente: e é precisamente a alma, a qual "de certo modo é todas as coisas", como se diz em III *De anima* [8]. Pois na alma há as potências cognoscitiva e apetitiva; o ajustar-se do ente ao apetite é expresso pela pala-

bonum, ut in principio *Ethic.* dicitur quod bonum est quod omnia appetunt. Convenientiam vero entis ad intellectum exprimit hoc nomen verum. Omnis autem cognitio perficitur per assimilationem cognoscentis ad rem cognitam, ita quod assimilatio dicta est causa cognitionis: sicut visus per hoc quod disponitur secundum speciem coloris, cognoscit colorem. Prima ergo comparatio entis ad intellectum est ut ens intellectui concordet: quae quidem concordia adaequatio intellectus et rei dicitur; et in hoc formaliter ratio veri perficitur. Hoc est ergo quod addit verum super ens, scilicet conformitatem, sive adaequationem rei et intellectus; ad quam conformitatem, ut dictum est, sequitur cognitio rei. Sic ergo entitas rei praecedit rationem veritatis, sed cognitio est quidam veritatis effectus. Secundum hoc ergo veritas sive verum tripliciter invenitur diffiniri. Uno modo secundum illud quod praecedit rationem veritatis, et in quo verum fundatur; et sic Augustinus definit in lib. *Solil.*: verum est id quod est; et Avicenna in sua *Metaph.*: veritas cuiusque rei est proprietas sui esse quod stabilitum est ei; et quidam sic: verum est indivisio esse, et quod est. Alio modo definitur secundum id in quo formaliter ratio veri perficitur; et sic dicit isaac quod veritas est adaequatio rei et intellectus; et Anselmus in lib. *De veritate*: veritas est rectitudo sola mente perceptibilis. Rectitudo enim ista secundum adaequationem quamdam dicitur, et Philosophus dicit in IV *Metaph.*, quod definientes verum dicimus cum dicitur esse quod est, aut non esse quod non est.

vra "bem" (*bonum*), daí que, no início de *Ethicorum* [I, 1], diz-se que "o bem é aquilo que todas as coisas apetecem", enquanto a conveniência (*convenientia*) do ente ao intelecto é expressa pelo nome "verdadeiro" (*verum*). Pois todo conhecimento realiza-se pela assimilação do cognoscente à coisa conhecida, de modo que a assimilação diz-se causa do conhecimento: por exemplo a vista, capacitada para a cor, conhece a cor. A primeira consideração quanto a ente e intelecto é pois que o ente concorde com o intelecto: esta concordância diz-se adequação do intelecto e da coisa, e nela formalmente realiza-se a noção de verdadeiro. Isto é pois aquilo que o verdadeiro acrescenta ao ente, a saber, a conformidade ou adequação da coisa e do intelecto, a cuja conformidade, como se disse, segue-se o conhecimento da coisa: assim pois a entidade da coisa precede a noção de verdade, contudo o conhecimento é um certo efeito da verdade. Segundo isto então há três definições da verdade ou do verdadeiro. A primeira definição assenta no que precede a noção de verdade e na qual se fundamenta o verdadeiro, e assim Agostinho define [*Soliloquiorum* II, 5]: "Verdadeiro é o que é", e Avicena [*Metaphysica* VIII, 6]: "A verdade de qualquer coisa é a propriedade do ser que lhe foi assinalada", e outras definições como: "O verdadeiro é a indivisão do ser e daquilo que é."

A segunda definição assenta naquilo em que formalmente se realiza a noção de verdadeiro, e assim diz Ysaac que "a verdade é a adequação da coisa e do intelecto", e Anselmo [*De veritate* 11]: "A verdade é a retidão perceptível só pela mente" – efetivamente esta retidão diz-se segundo uma certa adequação –; e o Filósofo diz [IV *Metaph.* 16], que definimos o verdadeiro quando dizemos que é aquilo que é ou que não é aquilo que não é.

Tertio modo definitur verum, secundum effectum consequentem; et sic dicit Hilarius, quod verum est declarativum et manifestativum esse; et Augustinus in lib. *De vera relig.*: veritas est qua ostenditur id quod est; et in eodem libro: veritas est secundum quam de inferioribus iudicamus.

## Responsio ad obiecta

1. Ad primum ergo dicendum, quod definitio illa Augustini datur de veritate secundum quod habet fundamentum in re, et non secundum id quod ratio veri completur in adaequatione rei ad intellectum. Vel dicendum, quod cum dicitur, verum est id quod est, li est non accipitur ibi secundum quod significat actum essendi, sed secundum quod est nota intellectus componentis, prout scilicet affirmationem propositionis significat, ut sit sensus: verum est id quod est, id est cum dicitur esse de aliquo quod est, ut sic in idem redeat definitio Augustini cum definitione philosophi supra inducta.

2. Ad secundum patet solutio ex dictis.

3. Ad tertium dicendum, quod aliquid intelligi sine altero, potest accipi dupliciter. Uno modo quod intelligatur aliquid, altero non intellecto: et sic, ea quae ratione differunt, ita se habent, quod unum sine altero intelligi potest. Alio modo potest accipi aliquid intelligi sine altero, quod intelligitur eo non existente: et sic ens non potest intelligi sine vero, quia ens non potest intelligi sine hoc quod concordet vel adaequetur intellectui. Sed non tamen oportet ut quicumque intelligit rationem entis intelligat veri rationem, sicut nec quicumque intelligit ens, intelligit intellectum agentem; et tamen sine intellectu agente nihil intelligi potest.

A terceira definição assenta no efeito conseqüente, e assim Hilário [*De Trinitate* V, 3] diz: "o verdadeiro é declarativo e manifestativo do ser", e Agostinho [*De vera religione* 36]: "A verdade é aquilo pelo qual se mostra o que é", e no mesmo livro [36]: "A verdade é aquilo pelo qual julgamos as coisas inferiores."

### Resposta às objeções

1. Aquela definição de Agostinho é dada à verdade segundo seu fundamento na realidade e não segundo o cumprimento da noção de verdadeiro na adequação da coisa ao intelecto. Ou também se pode dizer que, ao se afirmar que o verdadeiro é aquilo que é, o "é" não indica o ato de ser, mas é uma nota do intelecto componente, significando assim a afirmação da proposição, de modo que o sentido é: o verdadeiro é aquilo que é, ou seja, quando de alguma coisa que é, diz-se que é; e assim a definição de Agostinho coincide com a citada de Aristóteles.

2. A solução é clara conforme o que foi dito.

3. Pode-se considerar de duas maneiras que uma coisa possa ser entendida sem a outra. Primeiro, no sentido de que se entende uma coisa sem entender a outra, e assim as coisas que diferem conceitualmente são tais que uma pode ser entendida sem a outra. Segundo, pode-se entender uma coisa sem a outra no sentido de que uma coisa é entendida sem que a outra exista, e assim o ente não pode ser entendido sem o verdadeiro, porque o ente não pode ser entendido sem que concorde ou esteja em adequação ao intelecto; não é contudo necessário que alguém que entenda a noção de ente entenda também a noção de verdadeiro, assim como não é necessário que quem entenda o ente entenda o intelecto agente, e todavia sem o intelecto agente nada se pode entender.

4. Ad quartum dicendum, quod verum est dispositio entis non quasi addens aliquam naturam, nec quasi exprimens aliquem specialem modum entis, sed aliquid quod generaliter invenitur in omni ente, quod tamen nomine entis non exprimitur; unde non oportet quod sit dispositio vel corrumpens vel diminuens vel in partem contrahens.

5. Ad quintum dicendum, quod dispositio non accipitur ibi secundum quod est in genere qualitatis, sed secundum quod importat quemdam ordinem; cum enim illa quae sunt causa aliorum essendi sint maxime entia, et illa quae sunt causa veritatis sint maxime vera; concludit Philosophus, quod idem est ordo alicui rei in esse et veritate; ita, scilicet, quod ubi invenitur quod est maxime ens, est maxime verum. Unde nec hoc ideo est quia ens et verum ratione sunt idem, sed quia secundum hoc quod aliquid habet de entitate, secundum hoc est natum adaequari intellectui; et sic ratio veri sequitur rationem entis.

6. Ad sextum dicendum, quod verum et ens differunt ratione per hoc quod aliquid est in ratione veri quod non est in ratione entis; non autem ita quod aliquid sit in ratione entis quod non sit in ratione veri; unde nec per essentiam differunt, nec differentiis oppositis ab invicem distinguuntur.

7. Ad septimum dicendum, quod verum non est in plus quam ens; ens enim aliquo modo acceptum dicitur de non ente, secundum quod non ens est apprehensum ab intellectu; unde in IV *Metaph.*, dicit Philosophus, quod negatio vel privatio entis uno modo dicitur ens; unde Avicenna etiam dicit in principio suae *Metaphysicae*, quod non

4. O verdadeiro é uma disposição do ente, não no sentido que lhe acrescente alguma natureza e nem como que exprimindo algum modo especial do ente, mas exprimindo algo que se encontra geralmente em todo ente, e que todavia não é expresso pelo nome "ente"; daí não ser necessário que seja uma disposição corruptora nem subtrativa e nem em parte restritiva.

5. A disposição não é entendida aqui segundo o gênero da qualidade, mas segundo comporta uma certa ordem: como pois aquelas coisas que são para os outros causa do ser são maximamente entes e aquelas que são causa da verdade são maximamente verdadeiras, o Filósofo conclui que idêntica é a ordem de uma coisa no ser e na verdade. Contudo, isso não procede porque o ente e o verdadeiro identificam-se conceitualmente, mas porque quanto mais entidade tiver uma coisa tanto mais será capaz de adequar-se ao intelecto, e assim a noção de verdadeiro segue-se à noção de ente.

6. O verdadeiro e o ente diferem conceitualmente porque há na noção de verdadeiro algo que não se encontra na noção de ente, não todavia por haver na noção de ente algo que não se encontre na noção de verdadeiro; daí que não diferem por essência nem se distinguem reciprocamente por diferenças opostas.

7. O verdadeiro não é mais extenso do que o ente: pois o ente considerado de certo modo diz-se do não-ente, enquanto o não-ente é apreendido pelo intelecto, pelo que diz o Filósofo [IV *Metaph.* 1], que a negação ou a privação do ente dizem-se de certo modo dos entes; e também Avicena diz, no início da *Metaph.* [I, 6], que não

potest formari enuntiatio nisi de ente, quia oportet illud de quo propositio formatur, esse apprehensum ab intellectu; ex quo patet quod omne verum est aliquo modo ens.

## *Responsio ad ea quae contra obiciuntur*

1. Ad primum vero eorum, quae contra obiiciuntur, dicendum, quod ideo non est nugatio cum dicitur ens verum, quia aliquid exprimitur nomine veri quod non exprimitur nomine entis; non propter hoc quod re differant.

2. Ad secundum dicendum, quod quamvis istum fornicari sit malum, tamen secundum quod aliquid habet de entitate, natum est hoc conformari intellectui, et secundum hoc consequitur ibi ratio veri; et ita patet quod nec verum excedit nec exceditur ab ente.

3. Ad tertium dicendum, quod cum dicitur: diversum est esse, et quod est, distinguitur actus essendi ab eo cui ille actus convenit. Nomen autem entis ab actu essendi sumitur, non ab eo cui convenit actus essendi, et ideo ratio non sequitur.

4. Ad quartum dicendum, quod secundum hoc verum est posterius ente, quod ratio veri differt ab entis ratione modo praedicto.

5. Ad quintum dicendum, quod ratio illa deficit in tribus. Primo, quia quamvis personae divinae re distinguantur, appropriata tamen personis non differunt re, sed tantum ratione. Secundo, quia etsi personae realiter ad invicem distinguantur, non tamen realiter ab essentia distinguuntur; unde nec verum quod appropriatur personae Filii, ab ente quod se tenet ex parte essentiae. Tertio, quia, etsi ens, unum, verum et bonum magis uniantur in Deo quam in rebus creatis, non tamen oportet, quod ex quo distinguuntur in Deo,

se pode fazer uma enunciação a não ser do ente, porque é necessário que aquilo sobre o qual se estabeleça uma proposição seja apreendido pelo intelecto. Assim fica claro que todo o verdadeiro é de certo modo ente.

### Resposta aos argumentos em contrário

1. A expressão "ente verdadeiro" não é uma banalidade porque com o nome "verdadeiro" exprime-se algo que não se exprime com o nome "ente" e não porque as duas coisas difiram na realidade.

2. Embora o adultério seja um mal, no entanto, enquanto tem entidade, é apto a conformar-se ao intelecto, e disto procede a noção de verdade; assim fica claro que o verdadeiro não excede o ente e que também não é excedido.

3. Quando se diz que o "ser difere daquilo que é", distingue-se o ato de ser daquilo ao qual tal ato convém; o nome de ente todavia provém do ato de ser, não daquilo ao qual convém o ato de ser, e assim não vale o argumento.

4. O verdadeiro é posterior ao ente porque a noção de verdadeiro difere da noção de ente, como foi dito.

5. O argumento é deficiente em três pontos: primeiro, porque ainda que as Pessoas divinas se distingam realmente, o que as Pessoas têm de próprio não difere realmente, mas só conceitualmente; segundo, porque ainda que as Pessoas se distingam realmente, todavia não se distinguem realmente da Essência, pelo que nem mesmo o verdadeiro que é próprio da pessoa do Filho distingue-se realmente do ente que é próprio da Essência; terceiro, porque embora tendo o uno, o verdadeiro e o bem maior unidade em Deus do que nas criaturas, não é todavia necessário que, por se distinguirem em Deus,

quod in rebus creatis etiam distinguantur realiter. Hoc enim contingit de illis quae non habent ex ratione sua quod sint unum secundum rem, sicut sapientia et potentia, quae, cum in Deo sint unum secundum rem, in creaturis realiter distinguuntur: sed ens, unum, verum et bonum secundum rationem suam habent quod sint unum secundum rem; unde ubicumque inveniantur, realiter unum sunt, quamvis sit perfectior unitas illius rei secundum quam uniuntur in Deo, quam illius rei secundum quam uniuntur in creaturis.

## *Articulus secundus*
## *Utrum veritas principalius inveniatur in intellectu quam in rebus*

Et videtur quod non.

### *Obiectiones*

1. Verum enim, ut dictum est, convertitur cum ente. Sed ens principalius invenitur in rebus quam apud animam. Ergo et verum.

2. Praeterea, res sunt in anima non per essentiam, sed per suam speciem, ut dicit Philosophus in III *De anima*. Si ergo veritas principaliter in anima invenitur, non erit essentia rei sed similitudo et species eius, et verum erit species entis extra animam existentis. Sed species rei existens in anima, non praedicatur de re quae est extra animam, sicut nec cum ipsa convertitur: converti enim est conversim praedicari; ergo nec verum convertetur cum ente; quod est falsum.

distingam-se realmente nas criaturas: isto ocorre efetivamente com aquelas coisas às quais não compete por seu próprio conceito identificarem-se realmente, como a sapiência e a potência, as quais, mesmo sendo idênticas em Deus, nas criaturas distinguem-se realmente: mas o ente, o uno, o verdadeiro e o bem, pelo seu próprio conceito, são idênticos na realidade pelo que, onde quer que sejam, identificam-se realmente, ainda que a unidade que tenham em Deus seja mais perfeita do que a que tenham nas criaturas.

## *Artigo 2*
### *Se a verdade encontra-se antes no intelecto do que nas coisas*

Parece que a verdade não se encontra antes no intelecto do que nas coisas.

### *Objeções*

1. O verdadeiro, como foi dito, é convertível com o ente; mas o ente encontra-se antes nas coisas do que na alma, portanto também o verdadeiro.

2. As coisas são na alma não por essência, mas por suas espécies, como diz o Filósofo [III *De anima* 13]; se pois a verdade encontra-se principalmente na alma, então não será a essência da coisa, mas sua semelhança e espécie, e o verdadeiro será uma espécie do ente existente fora da alma. Mas uma espécie da coisa existente na alma não se predica da coisa fora da alma, como também não é convertível com a mesma: ser convertível é pois predicar-se reciprocamente; portanto, nem o verdadeiro é convertível com o ente, o que é falso.

3. Praeterea, omne quod est in aliquo, consequitur id in quo est. Si ergo veritas principaliter est in anima, tunc iudicium de veritate erit secundum aestimationem animae; et ita redibit antiquorum philosophorum error, qui dicebant, omne quod quis opinatur in intellectu esse verum, et duo contradictoria simul esse vera; quod est absurdum.

4. Praeterea, si veritas principaliter est in intellectu, oportet quod aliquid quod ad intellectum pertinet, in definitione veritatis ponatur. Sed Augustinus huiusmodi definitionem reprobat in lib. *Solil.*, sicut istam: verum est quod ita est ut videtur: quia secundum hoc, non esset verum quod non videtur; quod patet esse falsum de occultissimis lapillis, qui sunt in visceribus terrae; et similiter reprobat et improbat istam: verum est quod ita est ut cognitori videtur, si velit et possit cognoscere, quia secundum hoc non esset aliquid verum, nisi cognitor vellet et posset cognoscere. Ergo et eadem ratio esset de quibuscumque aliis definitionibus in quibus aliquid ad intellectum pertinens poneretur. Ergo veritas non est principaliter in intellectu.

## Sed contra

1. Philosophus dicit in VI *Metaph.*: non est falsum et verum in rebus sed in mente.

2. Praeterea, veritas est adaequatio rei et intellectus. Sed haec adaequatio non potest esse nisi in intellectu. Ergo nec veritas est nisi in intellectu.

## Responsio

Dicendum, quod non oportet in illis quae dicuntur per prius et per posterius de multis, quod illud

3. Tudo o que é em outro segue aquilo em que é; se pois a verdade fosse primeiramente na alma, então o juízo sobre a verdade seria segundo a afirmativa da alma, e assim ressurgiria o erro dos antigos filósofos que diziam que é verdadeiro tudo o que alguém opinava com o intelecto, e que duas coisas contraditórias são simultaneamente verdadeiras, o que é absurdo.

4. Se a verdade é primeiramente no intelecto, é necessário que na definição de verdade haja algo pertencente ao intelecto. Mas Agostinho [*Soliloquiorum* II, 5] reprova definições tais como: "Verdadeiro é aquilo que é como aparece", porque deste modo não seria verdadeiro aquilo que não aparece, o que é evidentemente falso se considerarmos as mais ocultas pedras nas vísceras da terra. Analogamente reprova e confuta esta outra definição: "É verdadeiro aquilo que é assim como aparece ao cognoscente, caso queira e possa conhecer", porque então uma coisa não seria verdadeira no caso que o cognoscente não quisesse e pudesse conhecer. A mesma razão valeria para qualquer definição contendo algo pertencente ao intelecto; portanto, a verdade não é primeiramente no intelecto.

*Em contrário*

1. O Filósofo diz [IV *Metaph.* 4]: "O falso e o verdadeiro não são nas coisas, mas na mente."

2. "A verdade é a adequação da coisa e do intelecto", mas esta adequação só pode ser no intelecto; portanto, a verdade só é no intelecto.

*Solução*

Quando predicados dizem-se primeiramente de uma coisa e posteriormente de outras, não é necessário que

prius recipiat praedicationem communis, quod est ut causa aliorum, sed illud in quo est primo ratio illius communis completa; sicut sanum per prius dicitur de animali, in quo primo perfecta ratio sanitatis invenitur, quamvis medicina dicatur sana ut effectiva sanitatis. Et ideo, cum verum dicatur per prius et posterius de pluribus, oportet quod de illo per prius dicatur in quo primo invenitur completa ratio veritatis. Complementum autem cuiuslibet motus vel operationis est in suo termino. Motus autem cognitivae virtutis terminatur ad animam: oportet enim quod cognitum sit in cognoscente per modum cognoscentis: sed motus appetitivae terminatur ad res; inde est quod Philosophus in III *De anima* ponit circulum quemdam in actibus animae, secundum, scilicet, quod res quae est extra animam. Movet intellectum, et res intellecta movet appetitum, et appetitus tendit ad hoc ut perveniat ad rem a qua motus incepit. Et quia bonum, sicut dictum est, dicit ordinem entis ad appetitum, verum autem dicit ordinem ad intellectum; inde est quod Philosophus dicit VI *Metaph.*, quod bonum et malum sunt in rebus, verum autem et falsum sunt in mente. Res autem non dicitur vera nisi secundum quod est intellectui adaequata; unde per posterius invenitur verum in rebus, per prius autem in intellectu. Sed sciendum, quod res aliter comparatur ad intellectum practicum, aliter ad speculativum. Intellectus enim practicus causat res, unde est mensura rerum quae per ipsum fiunt: sed intellectus speculativus, quia accipit a rebus, est quodammodo motus ab ipsis rebus, et ita res mensurant ipsum. Ex quo patet quod res naturales, a quibus intellectus noster scientiam accipit. Mensurant intellectum nostrum, ut dicitur X *Metaph.*: sed sunt mensuratae ab intellectu divino,

aquela coisa que for causa das outras receba por primeiro a predicação comum, mas aquela em que está primeiramente a noção comum completa, como "sadio" diz-se primeiramente do animal, no qual a noção perfeita de saúde encontra-se em primeiro lugar, ainda que o remédio diz-se sadio enquanto proporciona saúde; e assim, dado que o verdadeiro diz-se antes de uma coisa e depois de outras, é necessário que se diga antes de tudo aquilo em que se encontra primeiramente a noção completa de verdade. O complemento de qualquer movimento ou operação está em seu término. O movimento pois da faculdade cognoscitiva termina na alma – é preciso efetivamente que o conhecido seja no cognoscente segundo o modo do cognoscente –, enquanto o movimento da faculdade apetitiva termina na coisa: por isso o Filósofo [III *De anima* 15] estabelece um certo círculo nos atos da alma: a coisa fora da alma move o intelecto, a coisa entendida move o apetite, o apetite tende à coisa da qual o movimento principiou. E como o bem, como se disse, indica o ajustar-se do ente ao apetite, o verdadeiro, do ente ao intelecto, o Filósofo [VI *Metaph.* 4] diz que o bem e o mal são nas coisas, o verdadeiro e o falso porém na mente. Ora, uma coisa só se diz verdadeira enquanto é adequada ao intelecto, pelo que o verdadeiro encontra-se nas coisas posteriormente, primariamente pois no intelecto.

Mas é preciso saber que a coisa relaciona-se de um modo com o intelecto prático e de outro com o especulativo: pois o intelecto prático causa a coisa, daí que é medida das coisas que são feitas pelo mesmo; enquanto o especulativo, porque recebe das coisas, é de certo modo movido por elas, e assim as coisas medem-no, como se diz em X *Metaph.* [2], mas estas são medidas pelo intelecto divino no qual todas as coisas são como que artefatos na mente do artífice: assim pois o intelecto divino é

in quo sunt omnia sicut omnia artificiata in intellectu artificis. Sic ergo intellectus divinus est mensurans non mensuratus; res autem naturalis, mensurans et mensurata; sed intellectus noster mensuratus et non mensurans res quidem naturales, sed artificiales tantum. Res ergo naturalis inter duos intellectus constituta, secundum adaequationem ad utrumque vera dicitur; secundum enim adaequationem ad intellectum divinum dicitur vera, in quantum implet hoc ad quod est ordinata per intellectum divinum, ut patet per Anselmum in lib. *De verit.* Et per Augustinum in lib. *De vera religione*, et per Avicennam in definitione inducta, scilicet: veritas cuiusque rei est proprietas sui esse quod stabilitum est ei; secundum autem adaequationem ad intellectum humanum dicitur res vera, in quantum est nata de se facere veram aestimationem; sicut e contrario falsa dicuntur quae sunt nata videri quae non sunt, aut qualia non sunt, ut dicitur in V *Metaph*. Prima autem ratio veritatis per prius inest rei quam secunda, quia prius est eius comparatio ad intellectum divinum quam humanum; unde, etiam si intellectus humanus non esset, adhuc res verae dicerentur in ordine ad intellectum divinum. Sed si uterque intellectus, rebus remanentibus per impossibile, intelligeretur auferri, nullo modo ratio veritatis remaneret.

## *Responsio ad obiecta*

1. Responsio ergo ad primum quod, sicut ex iam dictis patet, verum per prius dicitur de intellectu vero, et per posterius de re sibi adaequata; et utroque modo convertitur cum ente, sed diversimode, quia secundum quod dicitur de rebus, convertitur cum ente per praedicationem: omne enim ens est adaequatum intellectui divino, et potens adaequare sibi intellectum humanum, et e converso.

mensurador e não mensurado, a coisa natural é mensuradora e mensurada, nosso intelecto pois é mensurado e não mensurador das coisas naturais, mas mensurador apenas das artificiais. Então a coisa natural, constituída entre dois intelectos, diz-se verdadeira por adequação a ambos: segundo a adequação ao intelecto divino, diz-se verdadeira enquanto cumpre aquilo para o qual foi ordenada pelo intelecto divino, como fica claro pela definição apontada por Anselmo [*De veritate* 7], por Agostinho [*De vera religione* 36] e por Avicena, na referida sentença: "A verdade de qualquer coisa é a propriedade de seu ser que lhe foi assinalado"; porém, quanto a sua adequação ao intelecto humano, uma coisa diz-se verdadeira enquanto é capaz de dar de si uma verdadeira estimativa, como pelo contrário dizem-se falsas aquelas coisas "capazes de parecer o que não são ou como não são", como se diz em V *Metaph.* [29]. Ora, a primeira noção de verdade inere à coisa antes da segunda, porque primeiro é a comparação da coisa com o intelecto divino do que com o humano: daí que, mesmo que não existisse intelecto humano, as coisas dir-se-iam ainda verdadeiras em ordem ao intelecto divino; mas se ambos os intelectos, permanecendo as coisas, o que é impossível, fossem eliminados, de nenhum modo permaneceria a noção de verdade.

## *Resposta às objeções*

1. Como fica claro do que se disse, o verdadeiro diz-se primeiramente do intelecto e posteriormente da coisa com que se dá adequação. Em ambos os casos é convertível com o ente, mas de modo diverso, porque, segundo se diz das coisas, é convertível com o ente por predicação – pois todo o ente é adequado ao intelecto divino e pode adequar a si o intelecto divino e reciprocamente –,

Si autem accipiatur prout dicitur de intellectu, sic convertitur cum ente quod est extra animam, non per praedicationem, sed per consequentiam; eo quod cuilibet intellectui vero oportet quod respondeat aliquod ens, et e converso.

2. Et per hoc patet solutio ad secundum.

3. Ad tertium dicendum, quod illud quod est in aliquo non sequitur illud in quo est, nisi quando causatur ex principiis eius; unde lux quae causatur in aere ab extrinseco, scilicet sole, sequitur motum solis magis quam aerem. Similiter et veritas quae est in anima causata a rebus, non sequitur aestimationem animae, sed existentiam rerum: quoniam eo quod res est vel non est, dicitur oratio vera vel falsa similiter et intellectus.

4. Ad quartum dicendum, quod Augustinus loquitur de visione intellectus humani, a qua rei veritas non dependet. Sunt enim multae res quae nostro intellectu non cognoscuntur; nulla tamen res est quam intellectus divinus non cognoscat actu, et intellectus humanus in potentia; cum intellectus agens dicatur quo est omnia facere, intellectus possibilis quo est omnia fieri. Unde in definitione rei verae potest poni visio in actu intellectus divini, non autem intellectus humani nisi in potentia, sicut ex superioribus patet.

### *Articulus tertius*
### *Utrum veritas sit tantum in intellectu componente et dividente*

Videtur quod non.

se pois é considerado enquanto se diz do intelecto, então é convertível com o ente que está fora da alma, não por predicação mas por conseqüência, por ser necessário que a cada intelecto verdadeiro corresponda algum ente e reciprocamente.

2. Por isso fica clara a solução da segunda dificuldade.

3. Aquilo que é em outro só segue aquilo em que é quando for causado por seus princípios: por isso a luz que é causada no ar por alguma coisa extrínseca, a saber, o Sol, segue o movimento do Sol mais do que o do ar; semelhantemente também a verdade que se encontra na alma causada pelas coisas não segue a estimativa da alma, mas a existência das coisas, "porque, em virtude de que uma coisa seja ou não, diz-se que o discurso é verdadeiro ou falso", e analogamente o intelecto.

4. Agostinho fala da visão do intelecto humano, da qual não depende a verdade da coisa: há muitas coisas pois que não são conhecidas por nosso intelecto. Não há todavia nenhuma coisa que o intelecto divino não conheça em ato e o intelecto humano em potência, daí que se diga que o intelecto agente é o meio "de fazer todas as coisas", enquanto o intelecto possível é o meio de "tornar-se todas as coisas": daí que na definição do verdadeiro pode-se colocar a visão em ato do intelecto divino, mas do intelecto humano só a potencial, como fica claro pelo que foi dito acima.

## Artigo 3
### Se a verdade é somente no intelecto componente e dividente

Parece que a verdade não é somente no intelecto componente e dividente.

## Obiectiones

1. Verum enim dicitur secundum comparationem entis ad intellectum. Sed prima comparatio qua intellectus comparatur ad res, est secundum quod format quidditates rerum, concipiendo definitiones earum. Ergo in ista operatione intellectus principalius et prius invenitur verum.

2. Praeterea, verum est adaequatio rerum et intellectus. Sed sicut intellectus componens et dividens potest adaequari rebus, ita intellectus intelligens quidditates rerum. Ergo veritas non est tantum in intellectu componente et dividente.

## Sed contra

1. Est quod dicitur in VI *Metaph*.: verum et falsum non sunt in rebus, sed in mente; in simplicibus autem, et quod quid est, nec in mente.

2. Praeterea, in III *De anima*, indivisibilium intelligentia in illis est in quibus non est verum et falsum.

## Responsio

Dicendum, quod sicut verum per prius invenitur in intellectu quam in rebus, ita etiam per prius invenitur in actu intellectus componentis et dividentis quam in actu intellectus quidditatem rerum formantis. Veri enim ratio consistit in adaequatione rei et intellectus; idem autem non adaequatur sibi ipsi, sed aequalitas diversorum est; unde ibi primo invenitur ratio veritatis in intellectu ubi primo intellectus incipit aliquid proprium habere quod res extra animam

## Objeções

1. O verdadeiro diz-se segundo a comparação do ente com o intelecto; mas a primeira comparação pela qual o intelecto é comparado com as coisas dá-se quando forma as qüididades das coisas, concebendo suas definições; portanto, nesta operação do intelecto, principal e primeiramente encontra-se o verdadeiro.

2. "O verdadeiro é a adequação das coisas e do intelecto", mas como o intelecto componente e dividente pode adequar-se às coisas, assim também o intelecto que entende a qüididade das coisas; portanto, a verdade não é somente no intelecto componente e dividente.

## Em contrário

1. Diz-se em VI *Metaph*. [4]: "o verdadeiro e o falso não são nas coisas mas na mente; quanto porém às realidades simples e ao que são as coisas, nem mesmo na mente".

2. Diz-se em III *De anima* [4]: "a inteligência dos objetos indivisíveis é naquelas coisas em que não há o verdadeiro e o falso".

## Solução

Assim como o verdadeiro encontra-se antes no intelecto do que nas coisas, também encontra-se antes no ato do intelecto componente e dividente do que no ato do intelecto que forma a qüididade das coisas. A noção de verdadeiro consiste na adequação da coisa e do intelecto, mas nada tem adequação a si mesmo, pois a igualdade é própria das coisas distintas; daí que a noção de verdade no intelecto encontra-se tão logo o intelecto comece a ter algo próprio que a coisa fora da alma não

non habet, sed aliquid ei correspondens, inter quae adaequatio attendi potest. Intellectus autem formans quidditatem rerum, non habet nisi similitudinem rei existentis extra animam, sicut et sensus in quantum accipit speciem sensibilis; sed quando incipit iudicare de re apprehensa, tunc ipsum iudicium intellectus est quoddam proprium ei, quod non invenitur extra in re. Sed quando adaequatur ei quod est extra in re, dicitur iudicium verum; tunc autem iudicat intellectus de re apprehensa quando dicit aliquid esse vel non esse, quod est intellectus componentis et dividentis; unde dicit etiam Philosophus in VI *Metaph.*, quod compositio et divisio est in intellectu, et non in rebus. Et inde est quod veritas per prius invenitur in compositione et divisione intellectus. Secundario autem dicitur verum et per posterius in intellectu formante quiditates rerum vel definitiones; unde definitio dicitur vera vel falsa, ratione compositionis verae vel falsae, ut quando scilicet dicitur esse definitio eius cuius non est, sicut si definitio circuli assignetur triangulo; vel etiam quando partes definitionis non possunt componi ad invicem, ut si dicatur definitio alicuius rei animal insensibile, haec enim compositio quae implicatur, scilicet aliquod animal est insensibile, est falsa. Et sic definitio non dicitur vera vel falsa nisi per ordinem ad compositionem, sicut et res dicitur vera per ordinem ad intellectum. Patet ergo ex dictis quod verum per prius dicitur de compositione vel divisione intellectus; secundo dicitur de definitionibus rerum, secundum quod in eis implicatur compositio vera vel falsa;

tem, mas que lhe corresponda, de modo que entre as duas coisas possa aplicar-se a adequação. Mas o intelecto que forma a qüididade das coisas tem somente a semelhança das coisas existentes fora da alma, como também o sentido enquanto recebe a espécie sensível. Mas, quando começa a julgar a coisa apreendida, então este juízo do intelecto é algo próprio dele que não se encontra fora na coisa; mas, quando se estabelece adequação ao que está fora na coisa, o juízo diz-se verdadeiro; então o intelecto julga a coisa apreendida quando diz que alguma coisa é ou não é, o que é próprio do intelecto componente e dividente: daí que o Filósofo [VI *Metaph*. 4], também diz: "a composição e a divisão estão no intelecto e não nas coisas". E daí que a verdade se encontra primeiramente na composição e divisão do intelecto.

Secundaria e posteriormente, porém, diz-se que o verdadeiro é no intelecto que forma a qüididade das coisas e as definições. Daí afirmar-se que uma definição diz-se verdadeira ou falsa em razão da composição verdadeira ou falsa, como quando se atribui uma definição a alguma coisa que esta não é, como se se atribuísse a definição de círculo ao triângulo, ou também quando as partes da definição não se possam juntar, como se se definisse algo como "animal insensível": realmente a composição implicada, a saber, que algum animal seja insensível é falsa. E assim uma definição diz-se verdadeira ou falsa só em relação à composição, como também uma coisa diz-se verdadeira em relação ao intelecto.

Fica claro, do que foi dito, que o verdadeiro diz-se primeiramente da composição ou divisão do intelecto; secundariamente, da definição das coisas segundo impliquem uma composição verdadeira ou falsa; terciaria-

tertio de rebus secundum quod adaequantur intellectui divino, vel aptae natae sunt adaequari intellectui humano; quarto dicitur de homine, propter hoc quod electivus est verorum vel facit existimationem de se vel de aliis veram vel falsam per ea quae dicit vel facit. Voces autem eodem modo recipiunt veritatis praedicationem, sicut intellectus quos significant.

### *Responsio ad obiecta*

1. Ad primum ergo dicendum, quod quamvis formatio quidditatis sit prima operatio intellectus, tamen per eam non habet intellectus aliquid proprium quod possit rei adaequari; et ideo non est ibi proprie veritas.

2. Et per hoc patet solutio ad secundum.

## *Articulus quartus*
## *Utrum sit tantum una veritas qua omnia sunt vera*

Et videtur quod sic.

### *Obiectiones*

1. Anselmus enim dicit in libro *De veritate* quod sicut tempus se habet ad temporalia, ita veritas ad res veras. Sed tempus ita se habet ad omnia temporalia quod est unum tempus tantum. Ergo ita se habebit veritas ad omnia vera quod erit tantum una veritas.

2. Sed dicebat, quod veritas dupliciter dicitur. Uno modo secundum quod est idem quod

mente, das coisas segundo tenham adequação ao intelecto divino ou sejam capazes de adequar-se ao intelecto humano; quaternariamente, do homem por causa de poder escolher as coisas verdadeiras ou realizar uma estimativa de si ou dos outros, verdadeira ou falsa, pelas coisas que diz ou faz. As palavras pois recebem a predicação da verdade do mesmo modo que os conceitos que significam.

### *Resposta às objeções*

1. Embora a formação da qüididade seja a primeira operação do intelecto, contudo por ela o intelecto não tem algo próprio que possa adequar-se à coisa, e assim não há nesta operação propriamente a verdade.

2. A solução fica evidente pelo que se disse.

## *Artigo 4*
## *Se há somente uma verdade pela qual todas as coisas são verdadeiras*

Parece que há somente uma verdade pela qual todas as coisas são verdadeiras.

### *Objeções*

1. Diz Anselmo [*De veritate* 13] que, como o tempo está para as coisas temporais, assim a verdade para as coisas verdadeiras; mas o tempo está para as coisas temporais de modo que é um único tempo; portanto, a verdade está para as coisas verdadeiras de modo que é uma única verdade.

2. Objetou-se que a verdade pode ser entendida de duas maneiras: a primeira, pela qual é idêntica à entida-

entitas rei, ut definit eam Augustinus in lib. *Solil.*: verum est id quod est; et sic oportet esse plures veritates secundum quod sunt plures essentiae rerum. Alio modo prout exprimit se in intellectum, prout definit eam Hilarius: verum est declarativum esse; et hoc modo, cum nihil possit aliquid manifestare intellectui nisi secundum virtutem primae veritatis divinae, omnes veritates quodammodo sunt unum in movendo intellectum, sicut et omnes colores sunt unum in movendo visum, in quantum movent ipsum, in ratione scilicet unius luminis. Sed contra, tempus est unum numero omnium temporalium. Si ergo ita se habet veritas ad res veras sicut tempus ad temporalia, oportet omnium verorum unam esse numero veritatem; nec sufficit omnes veritates esse unum in movendo, vel esse in exemplari unam.

3. Praeterea, Anselmus in lib. *De veritate* sic argumentatur: si plurium verorum sunt plures veritates, oportet veritates variari secundum varietates verorum. Sed veritates non variantur per variationem rerum verarum, quia destructis rebus veris vel rectis adhuc remanet veritas et rectitudo, secundum quam sunt vera vel recta. Ergo est una tantum veritas. Minorem probat ex hoc quia, destructo signo, adhuc remanet rectitudo significationis, quia rectum est ut significetur hoc quod illud signum significabat; et eadem ratione, destructo quolibet vero vel recto, eius rectitudo vel veritas remanet.

4. Praeterea, in creatis nihil est id cuius est veritas, sicut veritas hominis non est homo, nec veritas carnis est caro. Sed quodlibet ens creatum est verum. Ergo nullum ens creatum est veritas;

de da coisa, como a define Agostinho [*Soliloquiorum* II, 5]: "O verdadeiro é o que é", e assim é necessário muitas verdades de acordo com as muitas essências; a segunda maneira, enquanto a verdade, no intelecto, exprime a si mesma, como a define Hilário [*De Trinitate* V, 3]: "O verdadeiro é aquilo que declara o ser", e deste modo, como só se pode manifestar alguma coisa ao intelecto em virtude da primeira verdade divina, todas as verdades são de certo modo uma única em mover o intelecto, como todas as cores são uma única cor em mover a vista, enquanto a movem em razão da única luz. Replica-se: o tempo é numericamente uno quanto a todas as coisas temporais; se então a verdade está para as coisas verdadeiras como o tempo para as temporais, é necessário que haja uma única verdade de todas as coisas verdadeiras, e não basta que todas as verdades sejam uma única em mover ou em ser exemplar.

3. Anselmo [*De veritate* 31] argumenta: se há muitas verdades para muitas coisas verdadeiras, é necessário que as verdades variem segundo as variações das coisas verdadeiras; mas as verdades não variam com a variação das coisas verdadeiras porque, destruídas as coisas verdadeiras ou retas, ainda permanece a verdade e a retidão segundo as quais são verdadeiras e retas; portanto há uma única verdade. Ele prova a premissa menor: destruído o signo permanece ainda a retidão da significação, porque é reto que seja significado aquilo que o signo significava; pela mesma razão, destruída qualquer coisa verdadeira ou reta, a retidão ou verdade permanece.

4. Nas coisas criadas nada é aquilo de que é verdade, como a verdade do homem não é o homem e a verdade da carne não é a carne; mas qualquer ente criado é verdadeiro; portanto, nenhum ente criado é a verdade;

ergo omnis veritas est increatum, et ita est tantum una veritas.

5. Praeterea, nihil est maius mente humana nisi Deus, ut dicit Augustinus. Sed veritas, ut probat Augustinus in lib. *Solil.*, est maior mente humana, quia non potest dici quod sit minor. Sic enim haberet mens humana de veritate iudicare, quod falsum est. Non enim de ea iudicat, sed secundum eam, sicut et iudex non iudicat de lege, sed secundum eam, ut idem dicit in lib. *De vera relig.* Similiter nec etiam dici potest quod sit ei aequalis, quia anima iudicat omnia secundum veritatem; non autem iudicat omnia secundum seipsam. Ergo veritas non est nisi Deus; et ita est tantum una veritas.

6. Praeterea, Augustinus probat in lib. LXXXIII *Quaestionum*, quod veritas non percipitur sensu corporis, hoc modo: nihil percipitur a sensu nisi mutabile. Sed veritas est immutabilis. Ergo sensu non percipitur. Similiter argui potest: omne creatum est mutabile. Sed veritas non est mutabilis. Ergo non est creatura; ergo est res increata; ergo est tantum una veritas.

7. Praeterea, ibidem Augustinus argumentatur ad idem hoc modo: nullum sensibile est quod non habeat aliquid simile falso, ita ut internosci non possit; nam, ut alia praetermittam, omnia quae per corpus sentimus, etiam cum ea non adsunt sensibus, imagines tamen eorum patimur tamquam prorsus adsint, velut in somno, vel in furore. Sed veritas non habet aliquid simile falso. Ergo veritas sensu non percipitur. Similiter argui potest: omne crea-

portanto, toda verdade é algo não criado, e assim há apenas uma verdade.

5. Nada supera a mente humana a não ser Deus, como diz Agostinho; mas a verdade, como prova Agostinho no livro *Soliloquiorum* [*De libero arbitrio* II, 12], supera a mente humana, pois não se pode dizer que seja inferior: senão a mente humana poderia julgar a verdade, o que é falso. De fato, a mente não julga a verdade, mas julga segundo a verdade, como o juiz não julga a lei mas segundo a lei, como ainda diz Agostinho [*De vera religione* 31]. Analogamente não se pode dizer que a verdade seja igual à mente porque a alma julga todas as coisas segundo a verdade, não julga todas as coisas segundo si mesma; portanto, a verdade é precisamente Deus, e assim há apenas uma verdade.

6. Agostinho prova [LXXXIII *Quaestionum* q. 9] que a verdade não é percebida pelos sentidos corporais: só é percebido pelos sentidos aquilo que é mutável, mas a verdade é imutável; portanto não é percebida pelos sentidos. Analogamente se pode argumentar: toda a criatura é mutável, mas a verdade não é mutável; portanto, não é uma criatura, é uma realidade incriada. Portanto há apenas uma verdade.

7. Agostinho argumenta no mesmo lugar: "Tudo o que é sensível tem algo semelhante ao falso, de modo a não poder distinguir-se deste, pois, omitindo outros pontos, de todas as coisas que sentimos pelo corpo, mesmo quando não presentes aos sentidos, recebemos suas imagens como se estivessem presentes, como no sono do delírio"; mas a verdade não tem nada semelhante ao falso; portanto, a verdade não é percebida pelos sentidos. Analogamente se pode argumentar: toda a realidade cria-

tum habet aliquid simile falso, in quantum habet aliquid de defectu. Ergo nullum creatum est veritas; et sic est una tantum veritas.

*Sed contra*

1. Sed contra. Augustinus in libro *De vera religione*: sicut similitudo est forma similium, ita veritas est forma verorum. Sed plurium similium plures similitudines. Ergo plurium verorum plures veritates.

2. Praeterea, sicut omnis veritas creata derivatur a veritate increata exemplariter, et ab ea suam veritatem habet, ita omne lumen intelligibile a prima luce increata derivatur exemplariter, et vim manifestandi habet. Dicimus tamen esse plura lumina intelligibilia, ut patet per Dionysium. Ergo videtur consimili modo concedendum simpliciter esse plures veritates.

3. Praeterea, colores quamvis habeant ex virtute lucis quod moveant visum, tamen simpliciter dicuntur esse plures colores et differentes, nec possunt dici esse unum nisi secundum quid. Ergo quamvis et omnes veritates creatae se intellectui exprimant virtute primae veritatis, non tamen ex hoc dici poterit una veritas nisi secundum quid.

4. Praeterea, sicut veritas creata non potest se intellectui manifestare nisi virtute veritatis increatae, ita nulla potentia in creatura potest aliquid agere nisi virtute potentiae increatae. Nec aliquo modo dicimus esse unam potentiam omnium habentium potentiam. Ergo nec dicendum est aliquo modo esse unam veritatem omnium verorum.

da tem algo semelhante ao falso enquanto tem algum defeito; portanto nenhuma realidade criada é verdade, e assim há apenas uma verdade.

## Em contrário

1. Agostinho [*De vera religione* 36] diz: "Como a semelhança é forma das coisas semelhantes, assim a verdade é forma das coisas verdadeiras." Ora, há muitas semelhanças de muitas coisas semelhantes; portanto há muitas verdades de muitas coisas verdadeiras.

2. Como toda verdade criada deriva exemplarmente da verdade incriada e dela tem sua verdade, assim todo lúmen inteligível deriva exemplarmente da primeira luz incriada e tem força manifestativa; digamos pois que há muitos lúmens inteligíveis, como fica evidente por Dionísio [*De cael. hier.* 13, 3]; portanto, parece que analogamente deve simplesmente conceder-se que há muitas verdades.

3. Embora as cores afetem a vista em virtude da única luz, no entanto diz-se que há somente as diversas cores e não se pode dizer que haja a cor a não ser sob certo aspecto. Analogamente, embora as verdades criadas se manifestem ao intelecto em virtude da verdade primeira, todavia não se pode dizer que há uma única verdade, a não ser sob certo aspecto.

4. Como a verdade criada só pode manifestar-se ao intelecto em virtude da verdade incriada, assim toda potência na criatura só pode fazer algo em virtude da potência incriada; ora, não dizemos de modo algum que há uma única potência de todas as coisas que têm potência; portanto, não se deve dizer de modo algum que haja uma única verdade de todas as coisas verdadeiras.

5. Praeterea, Deus comparatur ad res in habitudine triplicis causae: scilicet effectivae, exemplaris et finalis; et per quamdam appropriationem entitas rerum refertur ad Deum ut ad causam efficientem, veritas ut ad causam exemplarem, bonitas ut ad causam finalem, quamvis etiam singula possunt ad singula referri secundum locutionis proprietatem. Sed non dicimus aliquo modo locutionis esse unam bonitatem omnium bonorum, aut unam entitatem omnium entium. Ergo nec dicere debemus unam veritatem omnium verorum.

6. Praeterea, quamvis sit una veritas increata, a qua omnes veritates creatae exemplantur, non tamen eodem modo exemplantur ab ipsa; quia, quamvis ipsa similiter se habeat ad omnia, non tamen similiter omnia se habent ad ipsam, ut dicitur in lib. *De causis*; unde alio modo exemplatur ab ipsa veritas necessariorum et contingentium. Sed diversus modus imitandi exemplar divinum facit diversitatem in rebus creatis, ergo sunt simpliciter plures veritates creatae.

7. Praeterea, veritas est adaequatio rei et intellectus. Sed diversorum specie non potest esse una adaequatio rei ad intellectum. Ergo, cum res verae sint specie diversae, non potest esse una veritas omnium verorum.

8. Praeterea, Augustinus dicit in libro XII *De Trinitate*: credendum est, mentis humanae naturam rebus intelligibilibus sic esse connexam, ut in quadam luce sui generis omnia quae cognoscit, intueatur. Sed lux per quam anima cognoscit omnia, est veritas. Ergo veritas est de genere ipsius animae, et ita oportet veritatem esse rem creatam; unde in diversis creaturis erunt diversae veritates.

5. Deus está para as coisas sob tríplice causalidade, a saber, eficiente, exemplar e final, e por certa apropriação a entidade das coisas refere-se a Deus como à causa eficiente; a verdade, como à causa exemplar; a bondade, como à causa final, ainda que todo aspecto particular possa referir-se a toda causa particular. Ora, não dizemos de modo algum que há uma única bondade de todas as coisas ou uma entidade de todos os entes; portanto nem devemos dizer que haja uma única verdade de todas as coisas verdadeiras.

6. Ainda que uma única verdade incriada seja o exemplar de todas as verdades criadas, todavia não o é do mesmo modo, porque, embora referindo-se a todas as coisas de modo semelhante, todavia as coisas não se referem a ela de um mesmo modo, como se diz no livro *De causis* [com. 24]; daí que é exemplar diversamente das verdades das coisas necessárias e das contingentes. Ora, o modo diverso de imitar o exemplar divino gera a diversidade das coisas criadas; portanto há muitas verdades criadas.

7. "A verdade é a adequação da coisa e do intelecto"; mas não pode haver uma única adequação ao intelecto de coisas especificamente diferentes; portanto, sendo as coisas verdadeiras especificamente diversas, não pode haver uma única verdade de todas as coisas verdadeiras.

8. Agostinho [XII *De Trinitate* 15] diz: "Deve-se crer que a natureza da mente humana está conectada às coisas inteligíveis de modo a intuir sob uma certa luz do próprio gênero todas as coisas que conhece." Ora, a luz pela qual a alma conhece todas as coisas é a verdade; portanto a verdade é do mesmo gênero que a alma, e assim é preciso que a verdade seja uma realidade criada: daí que nas diversas criaturas haverá diversas verdades.

## Responsio

Dicendum, quod sicut ex praedictis, art. 2, patet, veritas proprie invenitur in intellectu humano vel divino, sicut sanitas in animali. In rebus autem aliis invenitur veritas per relationem ad intellectum, sicut et sanitas dicitur de quibusdam aliis in quantum sunt effectiva vel conservativa sanitatis animalis. Est ergo veritas in intellectu divino quidem primo et proprie; in intellectu vero humano proprie quidem sed secundario; in rebus autem improprie et secundario, quia non nisi per respectum ad alteram duarum veritatum. Veritas ergo intellectus divini est una tantum, a qua in intellectu humano derivantur plures veritates, sicut ab una facie hominis resultant plures similitudines in speculo, sicut dicit *Glossa* super illud: diminutae sunt veritates a filiis hominum. Veritates autem quae sunt in rebus, sunt plures, sicut et rerum entitates. Veritas autem quae dicitur de rebus in comparatione ad intellectum humanum, est rebus quodammodo accidentalis, quia posito quod intellectus humanus non esset nec esse posset, adhuc res in sua essentia permaneret. Sed veritas quae de eis dicitur in comparatione ad intellectum divinum eis inseparabiliter communicatur: cum nec subsistere possint nisi per intellectum divinum eas in esse producentem. Per prius etiam inest rei veritas in comparatione ad intellectum divinum quam humanum, cum ad intellectum divinum comparetur sicut ad causam, ad humanum autem quodammodo sicut ad effectum, in quantum intellectus scientiam a rebus accipit. Sic ergo res aliqua principalius dicitur vera

## Solução

Fica claro do que foi dito que a verdade encontra-se propriamente no intelecto humano ou divino, como a saúde no animal; nas outras coisas, porém, a verdade encontra-se pela relação ao intelecto, como também a saúde diz-se de algumas coisas enquanto são efetivas ou conservativas da saúde do animal. Portanto a verdade está primeira e propriamente no intelecto divino; própria mas secundariamente no intelecto humano; nas coisas, todavia, imprópria e secundariamente, porquanto se encontra somente por relação a uma das duas verdades. Portanto a verdade do intelecto divino é uma apenas, desta derivam no intelecto humano muitas verdades, "como de um único semblante do homem resultam muitos símiles no espelho", como diz a *Glosa* sobre o versículo: "Vieram a menos as verdades entre os filhos dos homens" [Sl 11]. As verdades então que estão nas coisas são múltiplas como as entidades das coisas.

A verdade pois que se diz das coisas em comparação com o intelecto humano é de certo modo acidental às próprias coisas: supondo que o intelecto humano não existisse nem pudesse existir, as coisas permaneceriam em sua essência; entretanto, a verdade que delas se diz em comparação com o intelecto divino acompanha-as inseparavelmente, posto que estas só podem existir pelo intelecto divino que as produz no ser. Ademais, a verdade mais inere à coisa em comparação com o intelecto divino do que com o humano, posto que com o intelecto divino compara-se como a sua causa, com o humano, porém, de certo modo, como a seu efeito enquanto o intelecto humano recebe a ciência das coisas: assim pois uma certa coisa diz-se verdadeira primeiro em

in ordine ad veritatem intellectus divini quam in ordine ad veritatem intellectus humani. Si ergo accipiatur veritas proprie dicta secundum quam sunt omnia principaliter vera, sic omnia sunt vera una veritate, scilicet veritate intellectus divini; et sic Anselmus de veritate loquitur in lib. *De veritate*. Si autem accipiatur veritas proprie dicta, secundum quam secundario res verae dicuntur, sic sunt plurium verorum plures veritates et etiam unius veri plures veritates in animabus diversis. Si autem accipiatur veritas improprie dicta, secundum quam omnia dicuntur vera, sic sunt plurium verorum plures veritates; sed unius veri tantum una veritas. Denominantur autem res verae a veritate quae est in intellectu divino vel in intellectu humano, sicut denominatur cibus sanus a sanitate quae est in animali, et non sicut a forma inhaerente; sed a veritate quae est in ipsa re, quae nihil aliud est quam entitas intellectui adaequata, vel intellectum sibi adaequans, denominatur sicut a forma inhaerente, sicut cibus denominatur sanus a qualitate sua, a qua sanus dicitur.

## *Responsio ad obiecta*

1. Ad primum ergo dicendum, quod tempus comparatur ad temporalia sicut mensura ad mensuratum; unde patet quod Anselmus loquitur de illa veritate quae est mensura omnium rerum verarum; et ista est una numero tantum, sicut tempus unum, ut in II arg. concluditur. Veritas autem quae est in intellectu humano vel in ipsis rebus,

relação à verdade do intelecto divino, depois em relação à verdade do intelecto humano. Se pois se considera a verdade propriamente dita, segundo a qual todas as coisas são principalmente verdadeiras, então todas as coisas são verdadeiras por uma única verdade, a saber, a do intelecto divino: e assim Anselmo fala da verdade [*De veritate*]; se todavia se considera a verdade propriamente dita, segundo a qual as coisas dizem-se verdadeiras secundariamente, então há muitas verdades de muitas coisas verdadeiras, e também muitas verdades em diversas almas de uma única coisa verdadeira; se porém se considera a verdade impropriamente dita, segundo a qual todas as coisas são ditas verdadeiras, então há muitas verdades de muitas coisas diversas, mas uma única verdade de uma única coisa verdadeira. As coisas então se dizem verdadeiras pela verdade que está no intelecto divino ou no intelecto humano, como o alimento diz-se sadio pela saúde que está no animal, e não como por uma forma inerente; mas pela verdade que está na própria coisa, a qual é precisamente a entidade adequada ao intelecto ou adequando a si o intelecto, a coisa denomina-se verdadeira como por uma forma inerente, como o alimento diz-se sadio por uma sua própria qualidade da qual se diz sadio.

## *Resposta às objeções*

1. O tempo está para as coisas temporais como a medida para o mensurado; daí que fica claro que Anselmo fala daquela verdade que é a medida de todas as coisas verdadeiras, e esta é numericamente uma, como o tempo único, como se conclui na segunda objeção. Todavia a verdade que é no intelecto humano ou nas próprias

non comparatur ad res sicut mensura extrinseca et communis ad mensurata, sed vel sicut mensuratum ad mensuram, ut est de veritate intellectus humani, et sic oportet eam variari secundum varietatem rerum; vel sicut mensura intrinseca, sicut est de veritate quae est in ipsis rebus: et has etiam mensuras oportet plurificari secundum pluralitatem mensuratorum, sicut diversorum corporum sunt diversae dimensiones.

2. Secundum concedimus.

3. Ad tertium dicendum, quod veritas quae remanet destructis rebus, est veritas intellectus divini; et haec simpliciter est una numero: veritas autem quae est in rebus vel in anima, variatur ad varietatem rerum.

4. Ad quartum dicendum, quod cum dicitur: nulla res est sua veritas: intelligitur de rebus quae habent esse completum in natura; sicut et cum dicitur: nulla res est suum esse: et tamen esse rei quaedam res creata est; et eodem modo veritas rei aliquid creatum est.

5. Ad quintum dicendum, quod veritas secundum quam anima de omnibus iudicat, est veritas prima. Sicut enim a veritate intellectus divini effluunt in intellectum angelicum species rerum innatae, secundum quas omnia cognoscunt; ita a veritate intellectus divini procedit exemplariter in intellectum nostrum veritas primorum principiorum secundum quam de omnibus iudicamus. Et quia per eam iudicare non possemus nisi secundum quod est similitudo primae veritatis, ideo secundum primam veritatem dicimur de omnibus iudicare.

6. Ad sextum dicendum, quod veritas illa immutabilis, est veritas prima; et haec neque sensu percipitur, neque aliquid creatum est.

7. Ad septimum dicendum, quod ipsa etiam veritas creata non habet aliquid simi-

coisas não se compara com as coisas como a medida extrínseca e comum com as coisas mensuradas, mas como o que é medido com a medida, como no caso da verdade do intelecto humano, e então é necessário que essa varie segundo a variação das coisas ou como uma medida intrínseca, como no caso da verdade que está nas próprias coisas, e também estas medidas necessitam diversificar-se segundo a pluralidade das coisas mensuradas, como há diversas dimensões nos diversos corpos.

2. Concedemos a segunda objeção.

3. A verdade que permanece, destruídas as coisas, é a verdade do intelecto divino: e esta simplesmente é una numericamente; todavia a verdade que está nas coisas ou na alma varia com a variação das coisas.

4. Quando se diz que "nenhuma coisa é sua verdade", entende-se das coisas que tenham um ser completo na natureza, como quando se diz que "nenhuma coisa é seu ser": e todavia o ser de uma coisa é algo criado; e do mesmo modo a verdade de uma coisa é algo criado.

5. A verdade segundo a qual a alma julga todas as coisas é a verdade primeira: como pois da verdade do intelecto divino fluem no intelecto angélico as espécies inatas das coisas, segundo as quais os anjos conhecem todas as coisas, assim da verdade do intelecto divino procede exemplarmente no nosso intelecto a verdade dos primeiros princípios, segundo os quais julgamos todas as coisas; e porque só poderíamos julgar por meio dela enquanto for uma semelhança da primeira verdade, assim se diz que julgamos todas as coisas segundo a verdade primeira.

6. Aquela verdade imutável é a verdade primeira, esta nem é percebida pelo sentido nem é algo criado.

7. A própria verdade criada não tem algo semelhante ao falso, conquanto toda a criatura tenha algo seme-

le falso, quamvis creatura quaelibet aliquid simile falso habeat; in tantum enim creatura aliquid simile falso habet, in quantum deficiens est. Sed veritas non ex ea parte rem consequitur creatam qua deficiens est, sed secundum quod a defectu recedit primae veritati conformata.

## Responsio ad ea quae contra obiciuntur

1. Ad primum vero eorum quae contra obiiciuntur, dicendum est, quod similitudo proprie invenitur in utroque similium; veritas autem, cum sit quaedam convenientia intellectus et rei, non proprie invenitur in utroque, sed in intellectu; unde, cum sit unus intellectus, scilicet divinus, secundum cuius conformitatem omnia vera sunt et dicuntur, oportet omnia vera esse secundum unam veritatem, quamvis in pluribus similibus sint diversae similitudines.

2. Ad secundum dicendum, quod quamvis lumen intelligibile exempletur a lumine divino, tamen lumen proprie dicitur de intelligibilibus luminibus creatis; non autem veritas proprie dicitur de rebus exemplatis ab intellectu divino; et ideo non dicimus unum lumen, sicut dicimus, unam veritatem.

3. Et similiter dicendum ad tertium de coloribus; quia colores etiam proprie visibiles dicuntur, quamvis non videantur nisi per lucem.

4-5. Et similiter dicendum ad quartum de potentia, et ad quintum de entitate.

6. Ad sextum dicendum, quod quamvis exemplentur difformiter a veritate divina, non tamen propter hoc excluditur quin res una veritate sint verae, et non pluribus, proprie loquendo; quia illud quod diversimode recipitur in rebus exemplatis, non proprie dicitur veritas, sicut proprie dicitur veritas in exemplari.

lhante ao falso: enquanto é deficiente; mas a verdade não se segue da coisa criada por seu aspecto deficiente, mas enquanto se afasta do defeito, conformada à primeira verdade.

*Resposta aos argumentos em contrário*

1. A semelhança encontra-se propriamente em ambas as coisas semelhantes; a verdade todavia, sendo uma certa conformidade entre o intelecto e a coisa, não se encontra propriamente em ambos mas no intelecto; daí que, havendo um único intelecto, a saber, o divino, em conformidade ao qual todas as coisas dizem-se verdadeiras, é necessário que todas as coisas sejam verdadeiras segundo uma única verdade, ainda que em muitas coisas semelhantes haja diversas semelhanças.

2. Embora o lúmen inteligível tenha por exemplar o lúmen divino, todavia o lúmen diz-se propriamente dos lumens inteligíveis criados; no entanto a verdade não se diz propriamente das coisas que têm seu exemplar no intelecto divino; e então não dizemos que há um único lúmen como dizemos que há uma única verdade.

3. O mesmo se diz das cores, porque também as cores dizem-se propriamente visíveis, embora só sejam vistas com a luz.

4-5. O mesmo se diga da potência e da entidade.

6. Ainda que as coisas tenham seu exemplar na verdade divina em momentos diversos, todavia não se exclui por isso que elas sejam verdadeiras por uma única verdade e não por muitas propriamente falando, porque aquilo que é diversamente recebido nas coisas que se conformam ao exemplar não se diz propriamente verdade como se diz propriamente no exemplar.

7. Ad septimum dicendum, quod quamvis ea quae sunt diversa specie, ex parte ipsarum rerum una adaequatione non adaequentur divino intellectui, intellectus tamen divinus, cui omnia adaequantur, est unus; et ex parte eius est una adaequatio ad res omnes, quamvis non omnia sibi eodem modo adaequentur; et ideo modo praedicto omnium rerum veritas una est.

8. Ad octavum dicendum, quod Augustinus loquitur de veritate quae est exemplata ab ipsa mente divina in mente nostra, sicut similitudo faciei resultat in speculo; et huiusmodi veritates resultantes in animabus nostris a prima veritate, sunt multae, ut dictum est. Vel dicendum, quod veritas prima quodammodo est de genere animae large accipiendo genus, secundum quod omnia intelligibilia vel incorporalia unius generis esse dicuntur, per modum quo dicitur *Act.*, XVII, 28: ipsius enim Dei et nos genus sumus.

### *Articulus quintus*
### *Utrum aliqua alia veritas praeter primam veritatem sit aeterna*

Et videtur quod sic.

#### *Obiectiones*

1. Anselmus enim in *Monologion*, de veritate enuntiabilium loquens dicit: sive intelligatur veritas habere, sive dicatur veritas non habere principium vel finem, nullo claudi potest veritas principio vel fine. Sed omnis veritas intelligitur habere principium

7. Ainda que as coisas especificamente diversas por parte de si mesmas não tenham adequação ao intelecto divino por uma única adequação, todavia o intelecto divino, ao qual todas as coisas têm adequação, é único, e por sua parte há uma única adequação a todas as coisas, embora não todas as coisas tenham adequação a ele do mesmo modo; e assim, no modo referido, há uma única verdade de todas as coisas.

8. Agostinho fala da verdade exemplar em nossa mente causada pela própria mente divina, como a imagem do semblante resulta no espelho; e tais verdades resultantes em nossas almas pela primeira verdade são muitas, como se disse. Ou se pode dizer que a verdade primeira é, de certo modo, do gênero da alma, tomando "gênero" em sentido amplo, pelo que todas as realidades inteligíveis ou incorpóreas dizem-se pertencentes ao mesmo gênero, como é dito em At 17, 28: "Também nós somos do gênero divino."

## Artigo 5
### Se alguma outra verdade além da primeira é eterna

Parece que alguma outra verdade além da primeira é eterna.

### Objeções

1. Anselmo [*Monologion* 18] falando da verdade das proposições diz: "Quer se entenda que a verdade tenha um princípio e um fim, quer se diga que não tenha, a verdade não pode ser confinada por nenhum princípio e

vel finem, vel non habere principium vel finem. Ergo nulla veritas clauditur principio et fine. Sed omne quod est huiusmodi, est aeternum. Ergo omnis veritas est aeterna.

2. Praeterea, omne illud cuius esse sequitur ad destructionem sui esse, est aeternum, quia sive ponatur esse, sive non esse, sequitur quod est: et oportet secundum quodcumque tempus ponere de unoquoque quod sit vel non sit. Sed ad destructionem veritatis sequitur veritatem esse; quia si veritas non est, veritatem non esse est verum, et nihil potest esse verum nisi veritate. Ergo veritas est aeterna.

3. Praeterea, si veritas enuntiabilium non est aeterna, ergo erat assignare quando non erat enuntiabilium veritas. Sed tunc hoc enuntiabile erat verum, nullam veritatem enuntiabilium esse. Ergo veritas enuntiabilium erat; quod est contrarium ei quod fuit datum. Ergo non potest dici veritatem enuntiabilium non esse aeternam.

4. Praeterea, Philosophus probat materiam esse aeternam in I *Phys.* (quamvis hoc falsum sit), per hoc quod remanet post sui corruptionem, et est ante suam generationem; eo quod si corrumpitur, in aliquid corrumpitur, et si generatur, ex aliquo generatur; illud autem ex quo aliquid generatur, et illud in quod aliquid corrumpitur, est materia. Sed similiter veritas si ponatur corrumpi vel generari, sequitur quod sit ante suam generationem et post suam corruptionem; quia si generatur, mutata est de non esse in esse, et si corrumpitur, mutata est de esse in non esse. Quando autem non est veritas, verum est veritatem non

nenhum fim", mas entende-se que toda verdade tenha um princípio e um fim ou não tenha princípio nem fim; portanto nenhuma verdade é confinada por um princípio e um fim. Ora, mas tudo o que é deste modo é eterno; portanto toda a verdade é eterna.

2. Tudo aquilo cujo ser segue a destruição do próprio ser é eterno, porque, quer o consideremos existente quer o consideremos não existente, segue-se que é, e é necessário que em qualquer tempo toda coisa seja considerada como existente ou não existente, mas à destruição da verdade segue-se que a verdade existe, porque se não existisse a verdade seria verdade que não existe a verdade, e nada pode ser verdadeiro fora da verdade; portanto a verdade é eterna.

3. Se a verdade das proposições não é eterna, então haveria um tempo em que não eram verdadeiras; mas então era verdadeira esta proposição: "Não há nenhuma verdade das proposições"; portanto havia a verdade das proposições, o que é contra o que foi concedido. Portanto, não se pode dizer que a verdade das proposições não seja eterna.

4. O Filósofo [I *Physicorum* 15] prova que a matéria é eterna – mesmo que essa proposição seja falsa – pois a matéria permanece depois da própria corrupção e existe antes da própria geração, porque, se se corrompe, corrompe-se em alguma coisa, e, se é gerada, é gerada de alguma coisa; mas aquilo do qual alguma coisa é gerado e aquilo em que alguma coisa se corrompe, é a matéria. Analogamente, se se diz que a verdade se corrompe ou é gerada, segue-se que existiria antes de sua geração e depois de sua corrupção, porque, se é gerada, muda do não-ser ao ser, e, se se corrompe, muda do ser ao não-ser, e então, se não existisse a verdade, seria verdadeiro

esse, quod utique non potest esse, nisi veritas sit. Ergo veritas est aeterna.

5. Praeterea, omne quod non potest intelligi non esse, est aeternum, quia quicquid potest non esse, potest intelligi non esse. Sed veritas etiam enuntiabilium, non potest intelligi non esse, quia intellectus non potest intelligere aliquid, nisi intelligat hoc esse verum. Ergo veritas etiam enuntiabilium est aeterna.

6. Praeterea, illud quod est futurum semper fuit futurum, et quod est praeteritum semper erit praeteritum. Sed ex hoc propositio de futuro est vera, quia aliquid est futurum; et ex hoc propositio de praeterito est vera, quia aliquid est praeteritum. Ergo veritas propositionis de futuro semper fuit, et veritas propositionis de praeterito semper erit; et ita non solum veritas prima est aeterna, sed etiam multae aliae.

7. Praeterea, Augustinus dicit in lib. *De libero arbitrio*, quod nihil magis est aeternum quam ratio circuli, et duo et tria esse quinque. Sed horum veritas est veritas creata. Ergo aliqua veritas praeter primam veritatem est aeterna.

8. Praeterea, ad veritatem enuntiationis non requiritur quod actu enuntietur aliquid, sed sufficit quod sit illud de quo potest enuntiatio formari. Sed antequam mundus esset, fuit aliquid de quo potuit enuntiari etiam praeter Deum. Ergo antequam mundus fieret, fuit enuntiabilium veritas. Quod autem fuit ante mundum, est aeternum. Ergo enuntiabilium veritas est aeterna. Probatio mediae. Mundus factus est ex nihilo, id est post nihil. Ergo antequam mundus esset, erat eius non esse. Sed enuntiatio ve-

que a verdade não existe, o que não pode ser se não existir a verdade; portanto a verdade é eterna.

5. Aquilo que não pode ser entendido como não existente é eterno, pois, podendo não existir, pode ser entendido como não existente, mas também a verdade das proposições não pode ser entendida como não existente, porque o intelecto não pode entender alguma coisa se não entende que é verdadeira; portanto também a verdade das proposições é eterna.

6. O futuro foi sempre futuro, o passado será sempre passado; daí que uma proposição sobre o futuro é verdadeira porque algo é futuro e uma proposição sobre o passado é verdadeira porque algo é passado. Portanto a verdade da proposição sobre o futuro sempre foi e a verdade da proposição sobre o passado sempre será, e assim não só a verdade primeira é eterna, mas também muitas outras.

7. Agostinho [*De libero arbitrio* II, 8] diz: "nada é mais eterno do que a noção de círculo e de que dois mais três são cinco", mas estas verdades são criadas; portanto alguma verdade além da primeira é eterna.

8. Para a verdade de um enunciado não é necessário que algo seja enunciado em ato, mas é suficiente que exista aquilo do qual se possa formar a proposição. Ora, antes que existisse o mundo, havia algo do qual se podia formar um enunciado, mesmo fora de Deus; portanto, antes que o mundo principiasse, havia a verdade das proposições; mas aquilo que houve antes do mundo é eterno; portanto a verdade das proposições é eterna. Demonstração da proposição média: o mundo foi feito do nada, isto é, depois do nada; portanto, antes que o mundo fosse, havia seu não-ser; mas um enunciado ver-

ra non solum formatur de eo quod est, sed etiam de eo quod non est, sicut enim contingit vere enuntiari quod est, esse, ita contingit vere enuntiari quod non est, non esse, ut patet in I *Periher*. Ergo antequam mundus esset, fuit unde vera enuntiatio formari potuit.

9. Praeterea, omne quod scitur, est verum dum scitur. Sed Deus ab aeterno scivit omnia enuntiabilia. Ergo omnium enuntiabilium veritas est ab aeterno; et ita plures veritates sunt aeternae.

10. Sed dicebat, quod ex hoc non sequitur quod illa sint vera in seipsis, sed in intellectu divino. Sed contra, secundum hoc oportet aliqua esse vera secundum hoc quod sunt scita. Sed ab aeterno omnia sunt scita a Deo non solum secundum quod sunt in mente eius, sed etiam in propria natura existentia. *Eccli.*, XXIII, 29: domino Deo nostro, antequam crearentur, nota sunt omnia, sic et post perfectum cognoscit omnia; et ita non aliter cognoscit res postquam perfectae sunt quam ab aeterno cognoverit. Ergo ab aeterno fuerunt plures veritates non solum in intellectu divino, sed secundum se.

11. Praeterea, secundum hoc dicitur esse aliquid simpliciter, secundum quod est in sui complemento. Sed ratio veritatis completur in intellectu. Si ergo in intellectu divino fuerunt ab aeterno plura vera simpliciter, concedendum est plures veritates esse aeternas.

12. Praeterea, *Sapient.*, I, 15: iustitia perpetua est et immortalis. Sed veritas est pars iustitiae, ut dicit Tullius in

dadeiro forma-se não somente daquilo que é, mas também daquilo que não é: como pois pode-se enunciar com verdade que o ser é, assim também que o não-ser não é, como é evidente em I *Perihermeneias* [9]; portanto, mesmo antes de que existisse o mundo, havia aquilo de que se podia formar um enunciado verdadeiro.

9. Tudo que é conhecido é verdadeiro enquanto conhecido, mas desde a eternidade Deus conheceu todas as proposições verdadeiras; portanto a verdade de todas as proposições é desde a eternidade, e assim muitas verdades são eternas.

10. Objetou-se que daí não se segue que tais proposições sejam em si verdadeiras, mas apenas no intelecto divino. Replica-se: segundo isso é necessário que alguma coisa seja verdadeira enquanto conhecida, mas desde a eternidade todas as coisas são conhecidas por Deus, não somente enquanto são em sua mente mas também enquanto existentes em sua própria natureza. Ecle 23, 29: "Porque o Senhor Deus, assim como conhecia todas as coisas do mundo antes de as ter criado, assim também agora, depois que as criou, as vê todas"; e assim conhece as coisas depois de feitas do mesmo modo como as conhece desde a eternidade; portanto, desde a eternidade, houve muitas verdades não só no intelecto divino mas em si mesmas.

11. Alguma coisa diz-se – pura e simplesmente – ser quando se realiza completamente, mas a noção de verdade realiza-se completamente no intelecto; se pois no intelecto divino houve desde a eternidade muitas verdades, deve-se conceder irrestritamente que há muitas verdades eternas.

12. Em Sb 1, 15: "Porque a justiça é eterna e imortal", mas a verdade é parte da justiça, como diz Cícero na

*Rhetorica.* Ergo est perpetua et immortalis.

13. Praeterea, universalia sunt perpetua et incorruptibilia. Sed verum est maxime universale, quia convertitur cum ente. Ergo veritas est perpetua et incorruptibilis.

14. Sed dicebat, quod universale non corrumpitur per se, sed per accidens. Sed contra, magis debet denominari aliquid per id quod convenit ei per se, quam per id quod convenit ei per accidens. Si ergo veritas per se loquendo est perpetua et incorruptibilis, non autem corrumpitur vel generatur nisi per accidens, concedendum est quod veritas universaliter dicta sit aeterna.

15. Praeterea, ab aeterno Deus fuit prior mundo. Ergo relatio prioritatis in Deo fuit ab aeterno. Sed posito uno relativorum, necesse est poni et reliquum. Ergo ab aeterno fuit posterioritas mundi ad Deum. Ergo ab aeterno fuit aliquid aliud extra Deum cui aliquo modo competit veritas; et sic idem quod prius.

16. Sed dicebat, quod illa relatio prioritatis et posterioritatis non est aliquid in rerum natura, sed in ratione tantum. Contra sicut dicit Boetius in fine *De consolat.*, Deus est prior mundo natura, etsi mundus semper fuisset. Ergo illa relatio prioritatis est relatio naturae, et non rationis tantum.

17. Praeterea, veritas significationis est rectitudo significationis. Sed ab aeterno fuit rectum aliquid significari. Ergo veritas significationis fuit ab aeterno.

18. Praeterea, ab aeterno fuit verum, Patrem genuisse Filium, et Spiritum Sanctum processisse ab utroque.

*Rhetorica* [*De inventione* II, 53, 162]; portanto é perpétua e imortal.

13. Os universais são perpétuos e incorruptíveis, mas o verdadeiro é maximamente universal, pois é convertível com o ente; portanto a verdade é perpétua e incorruptível.

14. Objetou-se que o universal não se corrompe por si mas por acidente. Replica-se: uma coisa deve denominar-se mais por aquilo que lhe convenha por si do que por aquilo que lhe convenha por acidente; se pois a verdade por si é perpétua e incorruptível – e só é gerada e corrompida por acidente – é preciso conceder que a verdade universalmente dita é eterna.

15. Desde a eternidade, Deus foi anterior ao mundo, portanto houve a relação de prioridade em Deus desde a eternidade. Ora, colocado um dos relativos, é preciso pôr também o outro; portanto, desde a eternidade, houve a posterioridade do mundo em relação a Deus. Portanto, desde a eternidade, houve alguma coisa além de Deus, à qual de algum modo compete a verdade, tal como no caso acima.

16. Objetou-se que esta relação de prioridade e posteridade não é real, mas só de razão. Replica-se: como diz Boécio [*De consolatione* V, pr. 6]: "Deus é por natureza anterior ao mundo, mesmo que o mundo existisse desde sempre"; portanto aquela relação de prioridade é real e não só de razão.

17. A verdade da significação é a retidão da significação, mas desde a eternidade foi reto significar alguma coisa; portanto desde a eternidade houve a verdade da significação.

18. Desde a eternidade foi verdadeiro que o Pai gerou o Filho e o Espírito Santo é precedido por ambos,

Sed ista sunt plura vera. Ergo plura vera sunt ab aeterno.

19. Sed dicebat, quod ista sunt vera una veritate; unde non sequitur plures veritates esse ab aeterno. Sed contra, alio Pater est Pater et generat Filium; alio Filius est Filius et spirat Spiritum Sanctum. Sed eo quo Pater est Pater, haec est vera: Pater generat Filium, vel Pater est Pater; eo autem quo Filius est Filius, haec est vera: Filius est genitus a Patre. Ergo huiusmodi propositiones non sunt una veritate verae.

20. Praeterea, quamvis homo et risibile convertantur, non tamen est eadem veritas utriusque semper istarum propositionum: homo est homo; et: homo est risibile; propter hoc quod non est eadem proprietas quam praedicat hoc nomen homo, et quam praedicat hoc nomen risibile: sed similiter non est eadem proprietas quam importat hoc nomen pater, et hoc nomen filius. Ergo non est eadem veritas dictarum propositionum.

21. Sed dicebat, quod istae propositiones non fuerunt ab aeterno. Sed contra, quandocumque est intellectus qui potest enuntiare, potest esse enuntiatio. Sed ab aeterno fuit intellectus divinus intelligens Patrem esse Patrem, et Filium esse Filium, et ita enuntians sive dicens; cum, secundum Anselmum, summo Spiritui idem sit dicere quod intelligere. Ergo enuntiationes praedictae fuerunt ab aeterno.

## *Sed contra*

1. Nullum creatum est aeternum. Veritas omnis praeter primam est creata. Ergo sola prima veritas est aeterna.

2. Praeterea, ens et verum convertuntur. Sed solum unum ens est aeternum. Ergo sola una veritas est aeterna.

mas nisto há muitas verdades; portanto muitas coisas verdadeiras são desde a eternidade.

19. Objetou-se que estas coisas são verdadeiras por uma única verdade, daí que não se segue que desde a eternidade haja muitas verdades. Replica-se: uma coisa é o Pai ser o Pai e gerar o Filho e outra o Filho ser o Filho e soprar o Espírito Santo: mas, pelo Pai ser Pai, é verdadeiro que o Pai gera o Filho ou que o Pai é Pai; todavia pelo Filho ser Filho é verdadeiro que o Filho é gerado pelo Pai; portanto tais proposições não são verdadeiras por uma única verdade.

20. Embora ser homem e ser capaz de rir sejam convertíveis, todavia não é a mesma a verdade destas duas proposições: "o homem é homem" e "o homem é capaz de rir", porque a palavra "homem" e a expressão "capaz de rir" não indicam a mesma propriedade; portanto não é a mesma a verdade dessas proposições.

21. Objetou-se que essas proposições não foram desde a eternidade. Replica-se: sempre que houver um intelecto que possa formular um enunciado, pode haver uma enunciação. Ora, desde a eternidade houve o intelecto divino entendendo que o Pai é Pai e o Filho é Filho, e portanto enunciando, ou seja, dizendo; pois, segundo Anselmo, para o Supremo Espírito é idêntico o dizer e o entender. Portanto, os enunciados citados foram desde a eternidade.

*Em contrário*

1. Nenhuma coisa criada é eterna, mas toda verdade que não a primeira é criada; portanto, só a primeira verdade é eterna.

2. O ente e o verdadeiro são convertíveis, mas só um ente é eterno; portanto só uma verdade é eterna.

## Responsio

Dicendum, quod sicut prius dictum est, veritas adaequationem quandam et commensurationem importat; unde secundum hoc denominatur aliquid verum, sicut et denominatur aliquid commensuratum. Mensuratur autem corpus et mensura intrinseca, ut linea, vel superficie, vel profunditate, et mensura extrinseca, sicut locatum loco, et motus tempore, et pannus ulna. Unde et aliquid potest denominari verum dupliciter: uno modo a veritate inhaerente; alio modo ab extrinseca veritate: et sic denominantur omnes res verae a prima veritate. Et quia veritas quae est in intellectu, mensuratur a rebus ipsis; sequitur quod non solum veritas rei, sed etiam veritas intellectus, vel enuntiationis, quae intellectum significat, a veritate prima denominetur. In hac autem adaequatione vel commensuratione intellectus ac rei non requiritur quod utrumque extremorum sit in actu. Intellectus enim noster potest nunc adaequari his quae in futurum erunt, nunc autem non sunt; aliter non esset haec vera: antichristus nascetur; unde hoc denominatur verum a veritate quae est in intellectu tantum, etiam quando non est res ipsa. Similiter etiam intellectus divinus adaequari potuit ab aeterno his quae ab aeterno non fuerunt, sed in tempore sunt facta; et sic ea quae sunt in tempore, denominari possunt vera ab aeterno a veritate aeterna. Si ergo accipimus veritatem creatorum verorum eis inhaerentem, quam invenimus in rebus, et intellectu creato, sic veritas non est aeterna, nec rerum, nec enuntiabilium;

## *Solução*

Como já se disse, a verdade importa certa adequação e comensurabilidade, daí que alguma coisa é denominada verdadeira do mesmo modo em que é denominada comensurada; os corpos todavia são medidos tanto por medida intrínseca, como a linha ou a superfície ou a profundidade, quanto por medida extrínseca, como a coisa localizada pelo lugar, o movimento pelo tempo e o pano pelo braço. Por isso uma coisa pode ser denominada verdadeira de duas maneiras: a primeira por uma verdade inerente, a segunda por uma verdade extrínseca: assim todas as coisas são denominadas verdadeiras pela verdade primeira. Ora, como a verdade que é no intelecto é medida pelas próprias coisas, segue-se que não só a verdade da coisa mas também a verdade do intelecto ou da enunciação, que significa o que se entendeu, é denominada pela verdade primeira. Mas nesta adequação ou comensurabilidade do intelecto e da coisa não é necessário que ambos os extremos sejam em ato: pois nosso intelecto pode agora adequar-se ao que será no futuro, mas agora ainda não existe, de outro modo não seria verdadeiro dizer que nascerá o anti-Cristo. Por isso é denominado verdadeiro pela verdade que é só no intelecto, mesmo quando a coisa não exista; analogamente também o intelecto divino pôde adequar-se desde a eternidade àquelas coisas que não foram desde a eternidade mas feitas no tempo, e assim aquelas coisas que estão no tempo podem denominar-se verdadeiras a partir da verdade eterna. Se entretanto considerarmos aquela verdade inerente às verdades das coisas criadas encontradas nas coisas e no intelecto criado, então não é eterna a verdade nem das coisas nem das proposições,

cum ipsae res, vel intellectus, quibus ipsae veritates inhaerent, non sint ab aeterno. Si autem accipiatur veritas verorum creatorum, qua denominantur omnia vera, sicut extrinseca mensura, quae est veritas prima, sic omnium, et rerum, et enuntiabilium, et intellectuum, veritas est aeterna; et huiusmodi veritatis aeternitatem venatur Augustinus in lib. *Solil*. Et Anselmus in *Monolog*.; unde Anselmus in libro *De veritate*: intelligere potes quomodo summam veritatem in meo *Monologion* probavi non habere principium vel finem, per veritatem orationis. Haec autem veritas prima non potest esse de omnibus nisi una. In intellectu enim nostro non diversificatur veritas nisi dupliciter: uno modo propter diversitatem cognitorum, de quibus diversas cognitiones habet quas diversae veritates in anima consequuntur; alio modo ex diverso modo intelligendi. Cursus enim Socratis est res una, sed anima quae componendo et dividendo cointelligit tempus, ut dicitur in III *De anima*, diversimode intelligit cursum Socratis ut praesentem, praeteritum, et futurum; et secundum hoc diversas conceptiones format, in quibus diversae veritates inveniuntur. Uterque autem dictorum modorum diversitatis inveniri non potest in divina cognitione. Non enim de diversis rebus diversas cognitiones habet; sed una cognitione cognoscit omnia, quia per unum, scilicet per essentiam suam, omnia cognoscit, non singulis suam cognitionem immittens, ut dicit Dionysius in libro *De divinis nominibus*. Similiter etiam sua cognitio non concernit

porque as próprias coisas ou o intelecto, aos quais as próprias verdades inerem, não são desde a eternidade. Se todavia se considera a verdade das verdades das coisas criadas, pelas quais todas as coisas são denominadas verdadeiras como por medida extrínseca, isto é, a verdade primeira, então a verdade de tudo, tanto das coisas quanto das proposições, é eterna. E à caça desta eternidade da verdade vai Agostinho no livro *Soliloquiorum* [II, 2 e 15], e Anselmo no *Monologion*; daí que Anselmo [*De veritate* 18] diz: "Podes entender como no meu *Monologion* demonstrei pela verdade do discurso que a Suprema Verdade não tem princípio ou fim."

Ora, esta verdade primeira só pode ser uma para todas as coisas. De fato, em nosso intelecto a verdade só se diversifica de duas maneiras: a primeira por causa da diversidade das coisas conhecidas das quais há diversos conhecimentos aos quais seguem-se várias verdades na alma; a segunda pelos diversos modos de entender: o percurso de Sócrates é de fato uma realidade única, mas a alma que compondo e dividindo simultaneamente entende o tempo, como se diz em III *De anima* [11], de modo diverso entende o percurso de Sócrates como presente, passado e futuro, e segundo isso forma diversas concepções em que se encontram diversas verdades. Todavia nenhum desses modos de diversidade pode se dar no intelecto divino: pois Deus não tem conhecimentos diversos das diversas coisas, mas com um único ato cognoscitivo conhece todas as coisas, porque as conhece por meio de uma única, a saber, sua essência, pois "não há para seu conhecimento a mediação das coisas singulares", como diz Dionísio [*De divinis nominibus* 7, 2]. Analogamente o seu conhecimento não se refere

aliquod tempus, cum aeternitate mensuretur, quae abstrahit ab omni tempore, omne tempus continens. Unde relinquitur quod non sunt plures veritates ab aeterno.

*Responsio ad obiecta*

1. Ad primum ergo dicendum, quod sicut Anselmus seipsum exponit in libro *De veritate*, ideo dixit quod veritas enuntiationum non clauditur principio et fine, non quia absque principio oratio fuerit, sed quia non potest intelligi quando oratio esset, et veritas illi deesset; illa scilicet oratio de qua agebat, qua significatur vere aliquid esse futurum. Unde per hoc apparet quod noluit adstruere veritatem rei creatae inhaerentem, vel orationem, esse sine principio et fine; sed veritatem primam, a qua sicut a mensura extrinseca enuntiatio vera dicitur.

2. Ad secundum dicendum, quod extra animam duo invenimus, scilicet rem ipsam, et negationes et privationes rei; quae quidem duo non eodem modo se habent ad intellectum. Res enim ipsa ex specie quam habet, divino intellectui adaequatur, sicut artificiatum arti; et ex virtute eiusdem speciei nata est sibi intellectum nostrum adaequare, in quantum, per similitudinem sui receptam in anima, cognitionem de se facit. Sed non ens extra animam consideratum, neque habet aliquid unde intellectui divino coaequetur, neque unde cognitionem sui faciat in intellectu nostro. Unde quod intellectui cuicumque aequetur, non est ex ipso non ente, sed ex ipso intellectu, qui rationem non entis accipit in seipso. Res ergo quae est aliquid positive extra animam, habet aliquid in se unde vera dici possit. Non autem non esse rei, sed quidquid veritatis ei attribuitur est

também a qualquer tempo, sendo medido pela eternidade que abstrai de todo o tempo, contendo todo tempo, daí que resta dizer que não há muitas verdades desde a eternidade.

## Resposta às objeções

1. Anselmo explica-se a si mesmo [*De veritate* 10], dizendo que a verdade dos enunciados não é confinada por um princípio e um fim, não porque o discurso não tenha princípio, mas porque não se pode entender discurso sem verdade, a saber, aquele discurso que considerava e que se referia à verdade de alguma coisa futura. Por isso fica claro que ele não quis asseverar que a verdade inerente à coisa criada ou ao discurso seja sem princípio e fim, o que sim compete à verdade primeira pela qual, como medida extrínseca, um enunciado diz-se verdadeiro.

2. Fora da alma encontramos duas coisas: a própria coisa e suas negações e privações, que não se referem do mesmo modo ao intelecto: pois a própria coisa, pela espécie que tem, é adequada ao intelecto divino como o artefato à arte, e em virtude da mesma espécie é capaz de adequar a si o nosso intelecto, enquanto se faz conhecer pela semelhança de si mesma recebida na alma; mas o não-ente considerado fora da alma não tem algo adequável ao intelecto divino nem algo apreensível pela mente humana, daí que sua adequação a qualquer intelecto não provém do próprio não-ente, mas do intelecto que recebe em si mesmo a noção de não-ente. Então a coisa que é uma realidade positiva fora da alma tem em si algo pelo qual pode ser dita verdadeira, não todavia o não-ser da coisa, mas tudo o que ela tem de verdadeiro é-

ex parte intellectus. Cum dicitur ergo: veritatem non esse, est verum; cum veritas quae hic significatur, sit de non ente, nihil habet nisi in intellectu. Unde ad destructionem veritatis quae est in re, non sequitur nisi esse veritatem quae est in intellectu. Et ita patet quod ex hoc non potest concludi nisi quod veritas quae est in intellectu, est aeterna; et oportet utique quod sit in intellectu aeterno; et haec est veritas prima. Unde ex praedicta ratione ostenditur, sola veritas prima esse aeterna.

3-4. Per hoc patet solutio ad tertium et quartum.

5. Ad quintum dicendum, quod non potest intelligi simpliciter veritatem non esse; potest tamen intelligi nullam veritatem creatam esse, sicut et potest intelligi nullam creaturam esse. Intellectus enim potest intelligere se non esse et se non intelligere, quamvis numquam intelligat sine hoc quod sit vel intelligat; non enim oportet quod quidquid intellectus intelligendo habet, intelligendo intelligat, quia non semper reflectitur super seipsum; et ideo non est inconveniens, si veritatem creatam, sine qua non potest intelligere, intelligat non esse.

6. Ad sextum dicendum, quod illud quod est futurum, in quantum est futurum, non est, et similiter quod est praeteritum, in quantum huiusmodi. Unde eadem ratio est de veritate praeteriti et futuri, sicut et de veritate non entis; ex qua non potest concludi aeternitas alicuius veritatis, nisi primae, ut dictum est supra.

7. Ad septimum dicendum, quod verbum Augustini est intelligendum, quod illa sunt aeterna secundum quod sunt in mente divina; vel accipit aeternum pro perpetuo.

8. Ad octavum dicendum, quod quamvis enuntiatio vera fiat de ente et de non ente,

lhe atribuído pelo intelecto. Ao dizer-se que é verdade que não há verdade, como a verdade aqui significada é a do não-ente, esta só tem realidade no intelecto. Por isso, à destruição da verdade que é na coisa só se segue o ser da verdade que é no intelecto, e assim fica claro que daí só se pode concluir que a verdade que é no intelecto é eterna; e é preciso certamente que seja num intelecto eterno, e esta é a verdade primeira. Por isso o argumento mostra que só a verdade primeira é eterna.

3-4. A solução fica clara pelo que se disse.

5. Não se pode entender sem mais que a verdade não seja, pode-se, no entanto, entender que não haja nenhuma verdade criada, como se pode entender que não haja nenhuma criatura. Pois o intelecto pode entender que não exista e que não entenda, ainda que nunca possa entender sem existir ou entender; não é preciso pois que tudo aquilo que o intelecto ao entender possua, ao entender entenda, porque nem sempre reflete sobre si mesmo. Por isso não há inconveniente no entender que não existe a verdade criada sem a qual não pode pensar.

6. Aquilo que é futuro enquanto futuro não existe; analogamente aquilo que é passado enquanto tal. Por isso a razão da verdade do passado e do futuro é a mesma razão da verdade do não-ente, da qual não se pode inferir a eternidade de nenhuma verdade que não a verdade primeira, como foi dito acima.

7. As palavras de Agostinho devem entender-se no sentido de que aquelas coisas são eternas enquanto são na mente divina ou considerando eterno no sentido de perpétuo.

8. Ainda que um enunciado verdadeiro possa ser feito tanto do ente quanto do não-ente, contudo o ente

non tamen ens et non ens eodem modo se habent ad veritatem, ut ex praedictis patet; ex quibus patet solutio eius quod obiicitur.

9. Ad nonum dicendum, quod ab aeterno scivit Deus plura enuntiabilia, sed tamen illa plura scivit una cognitione. Unde ab aeterno non fuit nisi una veritas, per quam divina cognitio vera fuit de rebus pluribus futuris in tempore.

10. Ad decimum dicendum, quod sicut ex praedictis patet, intellectus non solum adaequatur his quae sunt in actu, sed etiam his quae actu non sunt, praecipue intellectus divinus, cui nihil est praeteritum et futurum. Unde quamvis res non fuerint ab aeterno in propria natura, intellectus tamen divinus fuit adaequatus rebus in propria natura futuris in tempore; et ideo veram cognitionem habuit de rebus ab aeterno etiam in propria natura, quamvis rerum veritates ab aeterno non fuerint.

11. Ad undecimum dicendum, quod quamvis ratio veritatis compleatur in intellectu, non tamen ratio rei in intellectu completur. Unde quamvis concedatur simpliciter, quod veritas rerum omnium fuit ab aeterno, per hoc quod fuit in intellectu divino; non tamen potest concedi simpliciter quod res verae fuerint ab aeterno, propter hoc quod fuerunt in intellectu divino.

12. Ad duodecimum dicendum, quod illud intelligitur de iustitia divina; vel si intelligatur de iustitia humana, tunc dicitur esse perpetua, sicut et res naturales dicuntur esse perpetuae, sicut dicimus quod ignis semper movetur sursum propter inclinationem naturae, nisi impediatur; et quia virtus, ut dicit Tullius, est habitus in modum naturae rationi consentaneus; quantum

e o não-ente não se referem do mesmo modo à verdade, como fica claro do que foi dito, e assim também a solução da objeção.

9. Desde a eternidade, Deus conheceu muitas proposições, contudo as conhece em um único ato de conhecimento: daí que desde a eternidade houve uma única verdade pela qual o conhecimento divino foi verdadeiro em relação às múltiplas coisas futuras no tempo.

10. Fica claro pelo que foi dito que o intelecto não só tem adequação às coisas em ato mas também às que não são em ato, sobretudo o intelecto divino para o qual nada é passado e futuro. Por isso, mesmo que as coisas não sejam desde a eternidade em sua própria natureza, o intelecto divino todavia era adequado às coisas que existiriam futuramente no tempo. Em conseqüência, desde a eternidade teve um conhecimento verdadeiro das coisas também em sua própria natureza, mesmo que as verdades das coisas não tivessem sido desde a eternidade.

11. Embora a essência da verdade se realize completamente no intelecto, todavia não se realiza no intelecto a razão da coisa: então mesmo concedendo em geral que a verdade de todas as coisas fosse desde a eternidade por ter sido no intelecto divino, todavia não se pode do mesmo modo conceder que as coisas verdadeiras fossem desde a eternidade por terem sido no intelecto divino.

12. O texto refere-se à justiça divina. Se porém for referido à justiça humana, então se diz que a justiça é perpétua como se diz serem as coisas naturais, assim como dizemos que o fogo sempre se move para o alto por inclinação de sua natureza, se não for impedido. Cícero diz [*De inventione* II, 53, 159] ser a virtude "um hábito apropriado à razão a modo de natureza", então aquilo que

ex natura virtutis est, habet indeficientem inclinationem ad actum suum, quamvis aliquando impediatur; et ideo etiam in principio digestorum dicitur, quod iustitia est constans et perpetua voluntas unicuique ius suum tribuens. Et tamen veritas de qua nunc loquimur, non est pars iustitiae, sed veritas quae est in confessionibus in iudicio faciendis.

13. Ad tertium decimum dicendum, quod hoc quod dicitur, universale perpetuum esse et incorruptibile, Avicenna dupliciter exponit: uno modo ut dicatur esse perpetuum et incorruptibile, ratione particularium, quae nunquam inceperunt nec deficient secundum tenentes aeternitatem mundi; generatio enim ad hoc est, secundum philosophos ut salvetur perpetuum esse in specie, quod in individuo salvari non potest. Alio modo ut dicatur esse perpetuum, quia non corrumpitur per se, sed per accidens ad corruptionem individui.

14. Ad quartum decimum dicendum, quod aliquid attribuitur alicui per se dupliciter. Uno modo positive, sicut igni attribuitur ferri sursum; et a tali per se magis denominatur aliquid quam ab illo quod est per accidens; magis enim dicimus ignem sursum ferri, et esse eorum quae sursum feruntur, quam eorum quae deorsum, quamvis ignis per accidens aliquando deorsum feratur, ut patet in ferro ignito. Quandoque vero attribuitur aliquid per se alicui per modum remotionis, per hoc scilicet quod removentur ab eo illa quae nata sunt contrariam dispositionem inducere. Unde si per accidens aliquid eorum adveniat, illa dispositio contraria simpliciter enunciabitur; sicut unitas per se attribuitur materiae primae, non per positionem alicuius formae unientis, sed per remotionem formarum diversificantium. Unde quando adveniunt

depende da natureza da virtude inclina-se infalivelmente para o próprio ato, mesmo se algumas vezes for impedido. Também, no princípio de *Digestorum* [I, 1, 10], é dito: "a justiça é a vontade constante e perpétua de dar a cada um o que lhe é devido". E todavia não é a verdade de que agora falamos que é parte da justiça, mas a verdade de testemunhar em juízo.

13. Avicena [*Suffic*. I, 3] explica de dois modos a afirmação de ser o universal perpétuo e incorruptível: entendendo que é perpétuo e incorruptível em razão dos particulares que não tiveram início e nem terão fim, seguindo os que asseveram a eternidade do mundo: a geração então segundo os filósofos é para salvar a perpetuidade do ser na espécie, já que não se pode salvá-la no indivíduo. Do outro modo, entendendo que é perpétuo, porque não se corrompe por si quando se corrompe o indivíduo.

14. Uma coisa pode-se atribuir por si a outra de duas maneiras. Na primeira, positivamente, como se atribui ao fogo ir para o alto, e por tal atribuição uma certa coisa é denominada mais pelo que ela é por si do que por acidente; pois dizemos que o fogo vai para o alto e pertence ao que vai para o alto, mesmo que às vezes vá para baixo como é evidente no ferro candente. Às vezes, porém, uma coisa atribui-se por si a outra a modo de remoção, por lhe serem removidas, a saber, aquelas coisas que por natureza induzem disposições contrárias. Por isso, se por acidente uma delas tivesse de ocorrer, será pura e simplesmente enunciada a disposição contrária; como a unidade se atribui por si à matéria-prima, não pela afirmação de alguma forma unitiva, mas pela remoção das formas diversificantes, daí que, quando advêm

formae distinguentes materiam, magis simpliciter dicitur esse plures materias quam unam. Et sic est in proposito: non enim dicitur universale incorruptibile quasi habet aliquam formam incorruptionis sed quia non conveniunt ei secundum se dispositiones materiales quae sunt causa corruptionis in individuis: unde universale in rebus particularibus existens simpliciter dicitur corrumpi in hoc vel in illo.

15. Ad quintum decimum dicendum, quod cum alia genera, in quantum huiusmodi, aliquid ponant in rerum natura, sola relatio non habet, ex hoc quod est huiusmodi, quod aliquid ponat in rerum natura, quia non praedicat aliquid, sed ad aliquid. Unde inveniuntur quaedam relationes, quae nihil in rerum natura ponunt, sed in ratione tantum; quod quidem quadrupliciter contingit, ut ex dictis philosophi et Avicennae sumi potest. Uno modo, ut quando aliquid ad seipsum refertur, ut cum dicitur idem eidem idem; si enim haec relatio aliquid in rerum natura poneret additum ei quod dicitur idem, esset in infinitum procedere in relationibus, quia ipsa relatio per quam aliqua res diceretur eadem, esset eadem sibi per aliquam relationem, et sic in infinitum. Secundo, quando ipsa relatio ad aliquid refertur. Non enim potest dici quod paternitas referatur ad subiectum suum per aliquam relationem mediam, quia illa etiam relatio media indigeret alia media relatione, et sic in infinitum. Unde illa relatio quae significatur in comparatione paternitatis ad subiectum, non est in rerum natura, sed in ratione tantum. Tertio, quando unum relativorum pendet ab altero, et non e converso, sicut scientia dependet a scibili, et non e converso; unde relatio scientiae ad scibile est aliquid in rerum natura, non autem relatio scibilis ad scientiam, sed in ratione tantum. Quarto, quando ens comparatur ad non ens;

as formas que diversificam a matéria, diz-se mais simplesmente que há muitas matérias do que apenas uma. Assim é na proposição, pois não se diz ser o universal incorruptível por ter alguma forma de corrupção, mas por não lhe convirem por si as disposições materiais que são causa de corrupção nas coisas particulares. Por isso é que se diz, sem mais, que o universal nas coisas particulares se corrompe nesta ou naquela coisa.

15. Ao passo que os outros gêneros enquanto tais afirmam algo da coisa, apenas a relação enquanto tal não afirma por si algo da coisa, porque não predica algo *da* mas *à* coisa: daí que se encontram algumas relações que não afirmam nada na realidade, mas apenas na razão. Ora, isto ocorre de quatro modos como se depreende do que dizem o Filósofo e Avicena. O primeiro modo: quando alguma coisa se refere a si mesma, como quando se diz que uma coisa é idêntica a si mesma: se pois esta relação afirmasse algo na realidade, proceder-se-ia ao infinito nas relações, porque a mesma coisa pela qual alguma coisa diz-se idêntica seria idêntica a si mesma por alguma relação, e assim ao infinito. O segundo modo: quando a própria relação refere-se a alguma coisa: pois não se pode dizer que a paternidade refere-se ao próprio sujeito por alguma relação intermédia, porque também aquela relação intermédia necessitaria de outra relação intermédia, e assim ao infinito. O terceiro modo: quando um dos relativos depende do outro e não ao contrário, como a ciência depende do cognoscível e não ao contrário: daí que a relação da ciência ao cognoscível é algo na realidade, enquanto não o é a relação do cognoscível à ciência, mas somente na razão. O quarto modo: quando o ente é comparado ao não-ente, como

ut cum dicimus, quod nos sumus priores his qui sunt futuri post nos; alias sequeretur quod possent esse infinitae relationes in eodem, si generatio in infinitum protenderetur in futurum. Ex duobus igitur ultimis apparet quod relatio illa prioritatis nihil ponit in rerum natura, sed in intellectu tantum; tum quia Deus non dependet a creaturis, tum quia talis prioritas dicit comparationem entis ad non ens. Unde ex hoc non sequitur quod sit aliqua veritas aeterna, nisi in intellectu divino, qui solus est aeternus; et haec est veritas prima.

16. Ad sextum decimum dicendum, quod quamvis Deus natura prior sit rebus creatis, non tamen sequitur quod illa relatio sit relatio naturae; sed quia intelligitur ex consideratione naturae, eius quod prius dicitur, et eius quod posterius dicitur; sicut et scibile dicitur prius natura quam scientia, quamvis relatio scibilis ad scientiam non sit aliquid in rerum natura.

17. Ad septimum decimum dicendum, quod cum dicitur: significatione non existente rectum est aliquid significari; intelligitur secundum ordinationem rerum in intellectu divino existentem; sicut arca non existente rectum est arcam cooperculum habere, secundum dispositionem artis in artifice. Unde nec ex hoc haberi potest quod alia veritas sit aeterna quam prima.

18. Ad duodevicesimum dicendum, quod ratio veri fundatur supra ens. Quamvis autem in divinis ponantur plures personae et proprietates; non tamen ponitur ibi nisi unum esse, quia esse in divinis nonnisi essentialiter dicitur; et omnium istorum enuntiabilium: Patrem esse vel generare, et Filium esse vel genitum esse et similium; secundum quod ad rem referuntur, est veritas una, quae est prima et aeterna veritas.

quando dizemos que nós somos anteriores aos que serão depois de nós: de outro modo se seguiria que poderia haver infinitas relações num mesmo sujeito, se a geração futura se prolongasse ao infinito. Dos dois últimos casos, mostra-se que aquela relação de prioridade não afirma nada na realidade mas apenas no intelecto, seja porque Deus não depende das criaturas seja porque tal prioridade refere-se à comparação do ente ao não-ente. Daí que não se segue disto que haja alguma verdade eterna senão no intelecto divino, o qual unicamente é eterno; e esta é a verdade primeira.

16. Ainda que Deus preceda, por natureza, às coisas criadas, todavia não se segue que aquela relação seja uma relação de natureza, uma vez que é entendida considerando a natureza daquilo que se diz antes e do que se diz depois, como se diz que o cognoscível precede, por natureza, à ciência, mesmo que a relação do cognoscível à ciência não seja algo real.

17. Quando se diz que é reto significar alguma coisa mesmo sem existir o significado, isto é entendido segundo a ordem das coisas existentes no intelecto divino; assim é reto, mesmo sem existir a caixa, que a caixa tenha uma tampa segundo a disposição da arte do artífice. Daí também não decorrer disto que alguma outra verdade seja eterna fora da primeira.

18. A noção de verdadeiro fundamenta-se sobre o ente; pois ainda havendo em Deus pluralidade de Pessoas e de propriedades, contudo só há um único ser, porque o ser de Deus diz-se somente de modo essencial. Portanto, todas as proposições do tipo: "o Pai é e gera", e semelhantes, enquanto se referem à realidade, têm uma única verdade, a primeira e eterna verdade.

19. Ad undevicesimum dicendum, quod quamvis alio pater sit pater, et filius sit filius, quia hoc est paternitate, illud filiatione; tamen idem est quo pater est, et quo filius est, quia utrumque est per essentiam divinam, quae est una. Ratio autem veritatis, non fundatur super rationem paternitatis et filiationis in quantum huiusmodi, sed super rationem entitatis; paternitas autem et filiatio sunt una essentia et ideo una est veritas utriusque.

20. Ad vigesimum dicendum, quod proprietas quam praedicat hoc nomen homo, et hoc nomen risibile, non sunt idem per essentiam, nec habent unum esse, sicut est de paternitate et filiatione; et ideo non est simile.

21. Ad vigesimum primum dicendum, quod intellectus divinus, quantumcumque diversa non cognoscit nisi unica cognitione, et quae in seipsis habent diversas veritates. Unde multo amplius non cognoscit nisi una cognitione omnia huiusmodi quae de personis intelliguntur. Unde etiam omnium eorum non est nisi una veritas.

### *Articulus sextus*
### *An veritas creata sit immutabilis*

Et videtur quod sic.

### *Obiectiones*

1. Anselmus in lib. *De veritate* dicit: video hac ratione probari veritatem immobilem permanere. Praemissa autem ratio fuit de veritate

19. Ainda que aquilo pelo qual o Pai seja Pai e aquilo pelo qual o Filho seja Filho sejam coisas diversas, porque uma é a paternidade e outra a filiação, aquilo pelo qual o Pai é e aquilo pelo qual o Filho é são a mesma coisa, porque ambos são pela Essência divina, que é uma só. Todavia a relação de verdade não se fundamenta sobre o caráter de paternidade e filiação enquanto tais, mas sobre o caráter do ser; a paternidade porém e a filiação são uma única essência e portanto é única a verdade de ambas.

20. A propriedade indicada pelo nome "homem" e a indicada pela expressão "capaz de rir" não são idênticas por essência e nem têm um único ser como o têm a paternidade e a filiação, pelo que não vale a comparação.

21. O intelecto divino conhece as coisas, por mais diversas que sejam, por um único ato de conhecimento, mesmo as coisas que em si tiveram diversas verdades; daí que muito mais conhece por um único ato estes enunciados referentes às Pessoas; daí que também de todas estas proposições só há uma única verdade.

## *Artigo 6*
### *Se a verdade criada é imutável*

Parece que a verdade criada é imutável.

### *Objeções*

1. Anselmo [*De veritate* 13] diz: "Vejo que por este argumento se prova que a verdade permanece imutável"; ora, o argumento a que se refere é o da verdade do

significationis, ut ex praemissis, apparet. Ergo veritas enuntiabilium est immutabilis; et eadem ratione veritas rei quam significat.

2. Praeterea, si veritas enuntiationis mutatur, maxime mutatur ad mutationem rei. Sed re mutata, veritas propositionis manet. Ergo veritas enuntiationis est immutabilis. Probatio mediae. Veritas, secundum Anselmum est rectitudo quaedam, in quantum aliquid implet hoc quod accepit in mente divina. Sed haec propositio: Socrates sedet; accepit in mente divina ut significaret sessionem Socratis, quam significat etiam Socrate non sedente. Ergo etiam Socrate non sedente manet in ea veritas; et ita veritas praedictae propositionis non mutatur, etiam si res mutetur.

3. Praeterea, si veritas mutatur, hoc non potest esse nisi mutatis his quibus veritas inest, sicut nec aliquae formae mutari dicuntur nisi suis subiectis mutatis. Sed veritas non mutatur ad mutationem verorum, quia destructis veris, adhuc remanet veritas, ut Augustinus et Anselmus probant. Ergo veritas est omnino immutabilis.

4. Praeterea, veritas rei causa est veritatis propositionis; ex eo enim quod res est vel non est, dicitur oratio vera vel falsa. Sed veritas rei est immutabilis. Ergo veritas propositionis. Probatio mediae. Anselmus in lib. *De veritate* probat veritatem enuntiationis immobilem permanere, secundum quam implet illud quod accepit in mente divina. Sed similiter quaelibet res implet illud quod accepit

significado, como aparece do que se disse; daí que a verdade das proposições é imutável, e pela mesma razão a verdade da coisa que ela significa.

2. Se a verdade de uma enunciação muda, muda sobretudo pela mudança da coisa; mas, também mudada a coisa, permanece a verdade da proposição; portanto a verdade das proposições é imutável. Prova da premissa menor: a verdade, segundo Anselmo [*De veritate* 7], é uma certa retidão enquanto uma coisa realiza perfeitamente aquilo que recebeu na mente divina. Ora, esta proposição "Sócrates senta" recebeu na mente divina o significado do sentar-se de Sócrates, o qual tem significado mesmo quando Sócrates não senta, portanto, também quando Sócrates não senta, permanece nela a verdade, e assim a verdade da proposição citada não muda mesmo mudando a coisa.

3. Se a verdade muda, isto só pode ser se forem mudados os sujeitos nos quais a verdade inere, como também se diz que algumas formas só mudam porque mudam seus sujeitos; mas a verdade não muda ao mudarem os seus sujeitos, porque destruídas as coisas verdadeiras ainda permanece a verdade, como provam Agostinho [*Soliloquiorum* I, 15] e Anselmo [*De veritate* 13]; portanto a verdade é plenamente imutável.

4. A verdade da coisa é a causa da verdade da proposição: "uma proposição diz-se verdadeira ou falsa se a coisa é ou não é"; mas a verdade da coisa é imutável; portanto também a verdade da proposição. Prova da premissa menor: Anselmo [*De veritate* 13] prova que a verdade de um enunciado permanece imutável segundo realize aquilo que recebeu da mente divina; mas analogamente todas as coisas realizam o que foi estabelecido

in mente divina ut haberet. Ergo cuiuslibet rei veritas est immutabilis.

5. Praeterea, illud quod semper manet omni mutatione perfecta, nunquam mutatur; in alteratione enim colorum non dicimus superficiem mutari, quia manet qualibet mutatione colorum facta. Sed veritas manet in re, qualibet rei mutatione facta, quia ens et verum convertuntur. Ergo veritas est immutabilis.

6. Praeterea, ubi est eadem causa, et idem effectus. Sed eadem est causa veritatis harum trium propositionum: Socrates sedet; sedebit; et sedit: scilicet Socratis sessio. Ergo eadem est earum veritas. Sed si unum trium praedictorum est verum, oportet similiter alterum duorum semper esse verum; si enim aliquando est verum: Socrates sedet; semper fuit et erit verum: Socrates sedit vel Socrates sedebit. Ergo una veritas trium propositionum semper uno modo se habet, et ita est immutabilis; ergo eadem ratione quaelibet alia veritas.

## *Sed contra*

Mutatis causis mutantur effectus. Sed res, quae sunt causa veritatis propositionis, mutantur. Ergo et propositionum veritas mutatur.

## *Responsio*

Dicendum est, quod aliquid dicitur mutari dupliciter. Uno modo, quia est subiectum mutationis, sicut dicimus corpus esse mutabile, et sic nulla forma

para elas na mente divina; portanto a verdade de todas as coisas é imutável.

5. Aquilo que sempre permanece, efetuadas todas as mutações, nunca muda; pois na alteração das cores não dizemos que a superfície muda, porque ela permanece qualquer que seja a mutação das cores. Ora, a verdade permanece nas coisas qualquer que seja a mutação das coisas, porque o ente e o verdadeiro são convertíveis; portanto a verdade é imutável.

6. Onde houver a mesma causa, há o mesmo efeito; mas a mesma realidade é a causa das verdades destas três proposições: Sócrates senta, sentará e sentou, isto é, o sentar-se de Sócrates; portanto é idêntica a sua verdade. Mas se uma das três mencionadas proposições for verdadeira, é necessário analogamente que uma das outras duas seja sempre verdadeira: se pois é verdade que em certo momento Sócrates senta, sempre foi e será verdadeiro que Sócrates sentou ou que Sócrates sentará; portanto a única verdade das três proposições permanece constante, é portanto imutável; portanto pela mesma razão o é qualquer outra verdade.

## *Em contrário*

Mudando as causas, mudam os efeitos; mas as coisas que são causa das verdades das proposições mudam; portanto muda também a verdade das proposições.

## *Solução*

De dois modos diz-se que uma coisa muda: no primeiro caso, por ser o sujeito da mutação, como se disséssemos que o corpo é mutável, e assim nenhuma forma

est mutabilis; et sic dicitur quod forma est invariabili essentia consistens; unde, cum veritas significetur per modum formae, praesens quaestio non est, an veritas sit mutabilis hoc modo. Alio modo dicitur aliquid mutari, quia secundum ipsum fit mutatio, sicut dicimus albedinem mutari, quia secundum ipsam corpus alteratur; et sic quaeritur de veritate, an sit mutabilis. Ad cuius evidentiam sciendum est, quod illud secundum quod est mutatio, quandoque quidem mutari dicitur, quandoque autem non. Quando enim est inhaerens ei quod movetur secundum ipsum, tunc et ipsum mutari dicitur, sicut albedo vel quantitas mutari dicuntur, quando aliquid secundum ipsa mutatur, eo quod ipsamet secundum hanc mutationem succedunt sibi invicem in subiecto. Quando autem illud, secundum quod est mutatio est extrinsecum, tunc in illa mutatione non movetur, sed immobile perseverat, sicut locus non dicitur moveri quando aliquis secundum locum movetur. Unde et in III *Phys.* dicitur, quod locus est immobilis terminus continentis, eo quod per localem motum non dicitur esse successio locorum in uno locato, sed magis multorum locatorum in uno loco. Sed formarum inhaerentium, quae mutari dicuntur ad mutationem subiecti, duplex est mutationis modus; aliter enim dicuntur mutari formae generales, et aliter formae speciales. Forma enim specialis post mutationem non remanet eadem nec secundum esse nec secundum rationem, sicut albedo, facta alteratione, nullo modo manet; sed forma generalis facta mutatione manet eadem secundum rationem, sed non secundum esse; sicut facta mutatione de albo

seria mutável, e por isso se diz que "a forma perdura com uma essência imutável". Por isso, significando a verdade a modo da forma, a presente questão exclui desse modo a mutabilidade da verdade; no segundo caso, disse que alguma coisa muda por fazer-se a mutação segundo a mesma, como se disséssemos que a brancura muda porque por ela o corpo é alterado: e assim pergunta-se se a verdade é mutável.

Para ter clareza, é preciso saber que a coisa, segundo a qual ocorre a mutação, às vezes diz-se que muda e às vezes que não muda: pois quando ela inere ao que muda segundo a mesma, então se diz que também ela muda, como se diz que muda a brancura ou a quantidade quando alguma coisa muda segundo estas, por sucederem-se as mesmas alternadamente no sujeito; quando todavia aquela coisa segundo a qual ocorre a mutação é extrínseca, então ela não muda naquela mutação, mas permanece imutável, como não se diz que o lugar se move quando alguma coisa se move localmente. Por isso, também em III *Physicorum* [4], diz-se que "o lugar é o termo imóvel do continente", visto que para o movimento local não se diz que há sucessão de lugares em uma única colocação, mas antes muitas colocações em um único lugar. Mas quanto às formas inerentes que se dizem mudar, mudando o sujeito, há um duplo modo de mutação: de um modo pois se diz que mudam as formas gerais e de outro modo as formas especiais, porque a forma especial, depois da mutação, não permanece a mesma nem segundo o ser nem segundo a razão, como a brancura não permanece de modo algum, uma vez que é feita a mutação; porém a forma geral, uma vez feita a mutação, permanece a mesma segundo a razão, mas não segundo o ser, como uma vez feita a mutação do branco

in nigrum, manet quidem color secundum communem rationem coloris, sed non eadem species coloris. Dictum est autem superius quod aliquid denominatur verum veritate prima quasi mensura extrinseca, sed veritate inhaerente quasi mensura intrinseca. Unde res creatae variantur quidem in participatione veritatis primae; ipsa tamen veritas prima, secundum quam dicuntur vera, nullo modo mutatur; et hoc est quod Augustinus dicit in lib. *De libero arbit.*: mentes nostrae aliquando plus, aliquando minus vident de ipsa veritate; sed ipsa in se manens nec proficit nec deficit. Si autem accipiamus veritatem inhaerentem rebus, sic veritas mutari dicitur, secundum quod aliqua secundum veritatem mutantur. Unde, ut prius dictum est, veritas in creaturis invenitur in duobus: in rebus ipsis, et in intellectu: veritas enim actionis sub veritate rei comprehenditur, et veritas enuntiationis sub veritate intellectus quam significat. Res autem dicitur vera et per comparationem ad intellectum divinum et humanum. Si ergo accipiatur veritas rei secundum ordinem ad intellectum divinum, tunc quidem mutatur veritas rei mutabilis non in falsitatem sed in aliam veritatem, veritas enim est forma maxime generalis, cum verum et ens convertantur: unde sicut facta qualibet mutatione res manet ens, quamvis alia secundum aliam formam, per quam habet esse; ita semper remanet vera, sed alia veritate, quia, quamcumque formam, vel privationem acquirat per mutationem, secundum eam intellectui divino conformatur,

ao negro, permanece a cor segundo a noção comum de cor, mas não a mesma espécie de cor.

Todavia se disse acima [a. 5] que alguma coisa é denominada verdadeira pela verdade primeira como medida extrínseca, enquanto pela verdade inerente como medida intrínseca: daí que as coisas criadas variem certamente na participação da verdade primeira, mas a verdade primeira pela qual são denominadas verdadeiras de modo algum muda; e isto é o que diz Agostinho [*De libero arbitrio* II, 12]: "Nossas mentes às vezes vêem mais e às vezes menos a mesma verdade, mas esta, permanecendo em si, nem prospera nem degenera"; se todavia considerarmos a verdade inerente às coisas, então se diz que a verdade muda, segundo algumas coisas mudarem conforme a verdade.

Por isso, como se disse acima [a. 2], a verdade nas criaturas encontra-se em dois sujeitos: nas próprias coisas e no intelecto, pois a verdade da ação é compreendida sob a verdade da coisa e a verdade das proposições sob a verdade do intelecto que ela significa, como também uma coisa se diz verdadeira por comparação ao intelecto divino ou humano. Se pois se considera a verdade da coisa quanto ao intelecto divino, então a verdade das coisas mutáveis muda, não em falsidade mas em outra verdade: pois a verdade é uma forma maximamente geral, já que o verdadeiro e o ente são convertíveis. Por isso, assim como feita qualquer mutação, a coisa permanece ente, embora outra coisa, segundo outra forma pela qual tem o ser, assim também permanece sempre verdadeira, mas outra verdade: porque qualquer que seja a forma ou privação que adquirir pela mutação, conformar-se-á segundo a mesma ao intelecto divino, o qual a

qui eam ita cognoscit ut est secundum quamcumque dispositionem. Si autem consideretur veritas rei in ordine ad intellectum humanum, vel e converso, tunc quandoque fit mutatio de veritate in falsitatem, quandoque autem de una veritate in aliam. Cum enim veritas sit adaequatio rei et intellectus, ab aequalibus autem si aequalia tollantur, adhuc aequalia remanent quamvis non eadem aequalitate, oportet quod quando similiter mutatur intellectus et res, remaneat quidem veritas, sed alia; sicut si Socrate sedente intelligatur Socrates sedere, et postmodum non sedente intelligatur non sedere. Sed quia ab uno aequalium si aliquid tollatur, et nihil a reliquo, vel si ab utroque inaequalia tollantur, necesse est inaequalitatem provenire, quae se habet ad falsitatem sicut aequalitas ad veritatem; inde est quod si intellectu vero existente mutetur res non mutato intellectu, vel e converso, aut utrumque mutetur, sed non similiter, proveniet falsitas; et sic erit mutatio de veritate in falsitatem, sicut si Socrate existente albo, intelligatur esse albus, verus est intellectus; si autem postea intelligat eum esse nigrum, Socrate albo remanente, vel e converso Socrate mutato in nigredinem, adhuc albus intelligatur; vel eo mutato in pallorem, intelligatur esse rubeus, falsitas erit in intellectu. Et sic patet qualiter veritas mutetur, et qualiter veritas non mutatur.

## Responsio ad obiecta

1. Ad primum ergo dicendum, quod Anselmus ibi loquitur de veritate prima, prout secundum eam omnia dicuntur vera quasi mensura extrinseca.

conhece tal como é segundo qualquer disposição. Se todavia se considera a verdade da coisa quanto ao intelecto humano ou vice-versa, então às vezes haverá a mutação da verdade na falsidade e às vezes da verdade em outra verdade.

Sendo pois a verdade "a adequação da coisa e do intelecto" e subtraindo-se de coisas iguais coisas iguais, permanecem coisas iguais – mas não a mesma igualdade –, é preciso que, quando de modo semelhante mudem o intelecto e a coisa, permaneça a verdade, embora não a mesma. Por exemplo, quando Sócrates senta, entende-se que senta, e depois quando não senta, entende-se que não senta. Quando, porém, de um dos iguais se tira algo e do outro não, é necessário que ocorra a desigualdade, a qual está para a falsidade como a igualdade para a verdade. Assim, se o intelecto está na verdade, muda a coisa sem mudar o intelecto ou vice-versa, ou se mudam ambos, mas não do mesmo modo, ocorrerá a falsidade, e assim haverá mutação da verdade em falsidade: como no caso de ser Sócrates branco, entende-se que é branco, então o intelecto é verdadeiro; mas se em seguida entende-se que é negro enquanto ele permanece branco – ou contrariamente, enquanto ficou negro, entende-se que ainda é branco, ou ainda enquanto ficou pálido, entende-se que ainda está vermelho –, haverá falsidade no intelecto. E assim fica claro de que modo muda a verdade e de que modo não muda.

## Resposta às objeções

1. Anselmo aqui fala da verdade primeira enquanto segundo ela todas as coisas dizem-se verdadeiras como de medida extrínseca.

2. Ad secundum dicendum, quod quia intellectus reflectitur in seipsum, et intelligit se sicut et alias res, ut dicitur in III *De anima*; ideo quae ad intellectum pertinent, secundum quod ad rationem veritatis spectat, possunt dupliciter considerari. Uno modo, secundum quod sunt res quaedam; et sic eodem modo dicitur de eis veritas sicut de aliis rebus; ut scilicet, sicut res dicitur vera, quia implet hoc quod accepit in mente divina retinendo naturam suam, ita enuntiatio dicatur vera retinendo naturam suam quae est ei dispensata in mente divina, nec potest ab ea removeri, enuntiatione ipsa manente. Alio modo secundum quod comparantur ad res intellectas, et sic dicitur enuntiatio vera quando adaequatur rei; et talis veritas mutatur ut dictum est.

3. Ad tertium dicendum, quod veritas quae remanet destructis rebus veris, est veritas prima, quae etiam rebus mutatis non mutatur.

4. Ad quartum dicendum, quod manente re, non potest fieri circa eam mutatio quantum ad ea quae sunt sibi essentialia, sicut enuntiationi est essentiale ut significet illud ad quod significandum est instituta. Unde non sequitur quod veritas rei nullo modo sit mutabilis, sed quod sit immutabilis quantum ad essentialia rei remanente re. In quibus tamen accidit mutatio per rei corruptionem. Sed quantum ad accidentalia, mutatio potest accidere etiam manente re; et ita quantum ad accidentalia potest fieri mutatio veritatis rei.

5. Ad quintum dicendum, quod facta omni mutatione, manet veritas, sed non eadem, ut ex praedictis patet.

2. Porque o intelecto reflete sobre si mesmo e entende a si mesmo como também as outras coisas, como se diz em III *De anima* [9], então as coisas que pertencem ao intelecto segundo a noção de verdade podem-se considerar de dois modos: do primeiro modo, enquanto são certas realidades, e assim a verdade diz-se delas como das outras coisas, de modo que, como uma coisa diz-se verdadeira porque realiza o que recebeu na mente divina conservando sua própria natureza, também um enunciado diz-se verdadeiro por conservar sua natureza que lhe foi dispensada na mente divina, nem dela pode ser removido enquanto persistir na existência; do segundo modo, segundo são comparadas às coisas entendidas, e assim diz-se verdadeiro um enunciado quando há adequação à coisa, e tal verdade muda como se disse.

3. A verdade que permanece, destruídas as coisas verdadeiras, é a verdade primeira, a qual não muda ainda que mudem as coisas.

4. Enquanto permanece, não pode a coisa sofrer uma mutação quanto ao que lhe é essencial, assim como é essencial a um enunciado que signifique aquilo para o qual sua significação foi instituída: daí não se segue, porém, que a verdade da coisa não seja de modo algum mutável, mas que é imutável quanto a seus elementos essenciais enquanto permanece a coisa – certamente, porém, esses elementos sofrem mutação quando há a corrupção da coisa. Mas quanto ao acidental, pode acontecer uma mutação, mesmo permanecendo a coisa: e assim quanto ao acidental pode ocorrer uma mutação da verdade da coisa.

5. Feita qualquer mutação, permanece a verdade, mas não a mesma, como fica claro do que se disse.

6. Ad sextum dicendum, quod identitas veritatis non tantum dependet ex identitate rei, sed ex identitate intellectus, sicut et identitas effectus dependet ex identitate agentis et patientis. Quamvis autem sit eadem res quae significatur illis tribus propositionibus, non tamen est idem intellectus earum, quia in intellectus compositione adiungitur tempus; unde secundum variationem temporis sunt diversi intellectus.

## *Articulus septimus*
### *Utrum veritas in divinis dicatur essentialiter vel personaliter*

Et videtur quod dicatur personaliter.

### *Obiectiones*

1. Quidquid enim in divinis importat relationem principii, personaliter dicitur. Sed veritas est huiusmodi, ut patet per Augustinum in lib. *De vera religione*: ubi dicit, quod veritas divina est summa similitudo principii sine ulla dissimilitudine, unde falsitas oritur. Ergo veritas in divinis personaliter dicitur.

2. Praeterea, sicut nihil est sibi simile, ita nihil est sibi aequale. Sed similitudo in divinis importat distinctionem personarum, secundum Hilarium, ex hoc quod nihil est sibi simile. Ergo eadem ratione, et aequalitas. Sed veritas est aequalitas quaedam. Ergo importat personalem distinctionem in divinis.

6. A identidade da verdade não depende tanto da identidade da coisa, mas da identidade do intelecto; como também a identidade do efeito depende da identidade do agente e do paciente. Ora, mesmo que seja a mesma coisa que é significada por aquelas três proposições, não é todavia idêntico o ato pelo qual são entendidas, porque na composição do intelecto ajunta-se o tempo; daí que, segundo a variação do tempo, há diversos atos do intelecto.

## Artigo 7
### Se em Deus a verdade diz-se essencialmente ou pessoalmente

Parece que em Deus a verdade diz-se pessoalmente.

### Objeções

1. Tudo aquilo que em Deus importa relação de princípio, diz-se pessoalmente, mas a verdade é deste modo, como fica claro por Agostinho [*De vera religione* 36], que diz que a verdade divina é "a suprema semelhança ao princípio sem nenhuma dessemelhança da qual se origine a falsidade"; portanto a verdade em Deus diz-se das Pessoas.

2. Como nada é semelhante a si mesmo, nada é igual a si mesmo; mas a semelhança em Deus importa a distinção das Pessoas, segundo Hilário [*De Trinitate* III, 23], desde que nada é semelhante a si mesmo; portanto pela mesma razão também a igualdade. Ora, a verdade é certa igualdade; portanto importa uma distinção pessoal em Deus.

3. Praeterea, omne quod importat in divinis emanationem, personaliter dicitur. Sed veritas importat quamdam emanationem, quia significat conceptionem intellectus, sicut et verbum. Ergo, sicut et Verbum personaliter dicitur, ita et veritas.

## Sed contra

Trium personarum est una veritas, ut dicit Augustinus in lib. VIII *De Trinitate*. Ergo est essentiale, et non personale.

## Responsio

Dicendum, quod veritas in divinis dupliciter accipi potest: uno modo proprie, alio modo quasi metaphorice. Si enim proprie accipiatur veritas, tunc importabit aequalitatem intellectus divini et rei. Et quia intellectus divinus primo intelligit rem quae est essentia sua, per quam omnia alia intelligit, ideo et veritas in Deo principaliter importat aequalitatem intellectus divini et rei, quae est essentia eius, et consequenter intellectus divini ad res creatas. Intellectus autem divinus et essentia sua non adaequantur ad invicem sicut mensurans et mensuratum, cum unum non sit principium alterius, sed sunt omnino idem; unde veritas ex tali aequalitate resultans nullam principii rationem importat, sive accipiatur ex parte essentiae, sive ex parte intellectus, quae una et eadem ibi est; sicuti enim ibi est idem intelligens et res intellecta, ita est ibi eadem veritas rei et veritas

3. Tudo o que nas coisas divinas importa emanação, diz-se pessoalmente; mas a verdade importa certa emanação porque significa, como a palavra (*verbum*), o conceito do intelecto. Portanto, como a Palavra (*Verbum*), assim também a verdade se diz pessoalmente.

*Em contrário*

Há uma única verdade das três Pessoas, como diz Agostinho [VIII *De Trinitate* 1]; portanto é da Essência e não das Pessoas.

*Solução*

A verdade em Deus pode ser considerada de dois modos: num primeiro modo, propriamente, num segundo modo, como que metaforicamente. Se pois considerarmos a verdade propriamente, então importará a igualdade do intelecto divino e da coisa; e como o intelecto divino primordialmente entende a realidade que é a sua própria Essência, pela qual entende todas as coisas, assim também à verdade em Deus importa antes de tudo a igualdade do intelecto divino com aquela realidade que é a sua própria Essência, e conseqüentemente do intelecto divino com as coisas criadas. Mas a adequação entre o intelecto divino e a Essência divina não se dá como entre o mensurante e o mensurado, pois um não é princípio do outro, mas são totalmente idênticos. Daí que à verdade resultante de tal igualdade não importa nenhum caráter de princípio, quer considerada por parte da essência quer por parte do intelecto, já que há total identidade: como pois em Deus há identidade entre aquele que entende e a realidade entendida, assim há identidade entre a

intellectus, sine aliqua connotatione principii. Sed si accipiatur veritas intellectus divini secundum quod adaequatur rebus creatis, sic adhuc remanebit eadem veritas, sicut per idem intelligit Deus se et alia; sed tamen additur in intellectu veritatis ratio principii ad creaturas, ad quas intellectus divinus comparatur ut mensura et causa. Omne autem nomen quod in divinis rationem principii vel quod est a principio, non importat, vel etiam importans rationem principii ad creaturas, essentialiter dicitur. Unde in divinis si veritas proprie accipiatur, essentialiter dicitur; tamen appropriatur personae Filii, sicut ars et cetera quae ad intellectum pertinent. Metaphorice vel similitudinarie accipitur veritas in divinis, quando accipimus eam ibi secundum illam rationem qua invenitur in rebus creatis, in quibus dicitur veritas, secundum quod res creata imitatur suum principium, scilicet intellectum divinum. Unde et similiter hoc modo veritas dicitur in divinis summa imitatio principii, quae Filio convenit; et secundum hanc acceptionem veritatis, veritas proprie convenit Filio, et personaliter dicitur; et sic loquitur Augustinus in lib. *De vera religione*.

### *Responsio ad obiecta*

1. Unde patet responsio ad primum.

2. Ad secundum dicendum, quod aequalitas in divinis quandoque importat relationem quae designat distinctionem personalem, sicut cum dicimus, quod Pater et Filius sunt aequales; et secundum hoc, in nomine aequalitatis, realis distinctio intelligitur. Quandoque autem in nomine aequalitatis non intelligitur realis distinctio, sed rationis tantum, sicut cum dicimus sapien-

verdade da coisa e a verdade do intelecto, sem nenhuma conotação de princípio. Mas se se considera a verdade do intelecto divino enquanto tem adequação às coisas criadas, também neste caso permanecerá a mesma, visto que em Deus é idêntico entender a si mesmo e às coisas, todavia acrescentando à noção de verdade o caráter de princípio em relação às criaturas, às quais o intelecto divino é comparado como medida e causa. Ora, todo nome que em Deus não importa a noção de princípio ou do que decorre de um princípio, ou também que importa a noção de princípio em relação às criaturas, diz-se essencialmente. Por isso, nas coisas divinas, se a verdade é considerada em sentido próprio, diz-se essencialmente: todavia é própria da pessoa do Filho como a arte e as outras realidades pertencentes ao intelecto.

Metaforicamente ou por semelhança, considera-se a verdade em Deus quando a considerarmos segundo aquele caráter encontrado nas coisas criadas, nas quais se diz que há verdade pelo fato de a coisa criada imitar o seu princípio, a saber, o intelecto divino: daí que analogamente diz-se verdade nas coisas divinas a suprema imitação do princípio que convém propriamente ao Filho, e diz-se pessoalmente; e assim fala Agostinho no livro *De vera religione*.

## Resposta às objeções

1. A resposta é clara pelo que se disse.

2. À igualdade nas coisas divinas às vezes importa a relação que designa a distinção pessoal, como quando dizemos que o Pai e o Filho são iguais, e segundo isso no termo "igualdade" não se entende a distinção real mas apenas a de razão, como quando dizemos que a sabedo-

tiam et bonitatem divinam esse aequales. Unde non oportet quod distinctionem personalem importet; et talis est aequalitas importata per nomen veritatis, cum sit aequalitas intellectus et essentiae.

3. Ad tertium dicendum, quod quamvis veritas sit concepta per intellectum, nomine tamen veritatis non exprimitur ratio conceptionis, sicut nomine verbi; unde non est simile.

## *Articulus octavus*
*Utrum omnis veritas alia sit a veritate prima*

Et videtur quod non.

### *Obiectiones*

1. Istum enim fornicari est verum; sed hoc non est a veritate prima. Ergo non omnis veritas est a veritate prima.

2. Sed dicebat, quod veritas signi vel intellectus, secundum quam hoc dicitur verum, est a Deo, non autem secundum quod refertur ad rem. Sed contra, praeter veritatem primam non solum est veritas signi, aut intellectus, sed etiam est veritas rei. Si ergo hoc verum non sit a Deo secundum quod refertur ad rem, haec veritas rei non erit a Deo; et sic habetur propositum, quod non omnis veritas alia sit a Deo.

3. Praeterea, sequitur: iste fornicatur; ergo istum fornicari est verum; ut fiat descensus a veritate propositionis ad veritatem dicti, quae exprimit veritatem rei. Ergo veritas praedicta consistit in hoc quod iste actus compo-

ria e a bondade divina são iguais. Por isso, não é necessário que comporte a distinção pessoal: e tal é a igualdade que comporta o termo verdade, sendo a igualdade do intelecto e da essência.

3. Embora a verdade seja concebida pelo intelecto, todavia com o termo verdade não se exprime a noção de conceito como ocorre com o termo *verbum*, daí não ser a mesma coisa.

## Artigo 8
### Se toda verdade depende da verdade primeira

Parece que não.

#### Objeções

1. É verdade que este tal comete adultério, mas isto não depende da verdade primeira; portanto nem toda verdade depende da verdade primeira.

2. Objetou-se que a verdade do signo ou do intelecto pela qual isto se diz verdadeiro depende de Deus, não porém enquanto se refere à coisa. Replica-se: além da verdade primeira, não há somente a verdade do signo ou do intelecto, mas também a verdade da coisa; se pois esta proposição não for de Deus enquanto se refere à coisa, esta verdade da coisa não será de Deus, e assim chega-se a que nem toda a verdade provém de Deus.

3. Se este tal comete adultério, então é verdadeiro o fato de que há este adultério, de modo que há descenso da verdade da proposição à verdade do que foi enunciado: a verdade da coisa; portanto, a verdade do adultério consiste em que este determinado ato compõe-se com

nitur isti subiecto. Sed veritas dicti non esset ex compositione talis actus cum subiecto, nisi intelligeretur compositio actus sub deformitate existentis. Ergo veritas rei non solum est quantum ad ipsam essentiam actus, sed etiam quantum ad deformitatem. Sed actus sub deformitate consideratus nullo modo est a Deo. Ergo non omnis veritas rei est a Deo.

4. Praeterea, Anselmus dicit, quod res dicitur vera secundum quod est ut debet esse; et inter modos quibus potest dici quod debet esse res, ponit unum, secundum quem dicitur, quod res debet esse, quia Deo permittente accidit. Sed permissio Dei extendit se etiam ad deformitatem actus. Ergo veritas rei etiam ad deformitatem illam pertingit. Sed deformitas illa nullo modo est a Deo. Ergo non omnis veritas est a Deo.

5. Sed dicebat, quod sicut deformitas, vel privatio dicitur ens non simpliciter, sed secundum quid, ita et dicitur habere veritatem, non simpliciter, sed secundum quid; et talis veritas secundum quid non est a Deo. Sed contra, verum addit supra ens ordinem ad intellectum. Sed deformitas vel privatio, quamvis in se non sit simpliciter ens, tamen est simpliciter apprehensa per intellectum. Ergo, quamvis non habeat simpliciter entitatem, habet tamen simpliciter veritatem. Praeterea, omne secundum quid ad simpliciter reducitur; sicut hoc quod est aethiopem esse album dente, reducitur ad hoc, quod est dentem aethiopis esse album simpliciter. Si ergo aliqua veritas secundum quid, non est a Deo,

este determinado sujeito (o adúltero); mas a verdade do enunciado não se seguiria da composição de tal ato com tal sujeito, a não ser que se entendesse a composição do ato sob a deformidade existente; portanto a verdade da coisa tem-se não só quanto à própria essência do ato mas também quanto à sua deformidade. Ora, o ato considerado em sua deformidade não é absolutamente de Deus; portanto nem toda verdade da coisa é de Deus.

4. Anselmo [*De veritate* 8] afirma que uma coisa diz-se verdadeira se é como deve ser, e, dentre os modos em que se possa dizer que uma coisa deva ser, coloca um segundo em que se diz que a coisa deve ser porque advém com a permissão de Deus; mas a permissão de Deus se estende também à deformidade do ato; portanto a verdade da coisa abrange também aquela deformidade. Ora, a deformidade não é absolutamente de Deus; portanto nem toda verdade provém de Deus.

5. Objetou-se que, como a deformidade ou a privação diz-se ente não pura e simplesmente (*simpliciter*), mas sob certo aspecto, assim também se diz que ela tem verdade não pura e simplesmente (*simpliciter*), mas sob certo aspecto, e tal verdade sob certo aspecto não é de Deus. Replica-se: o verdadeiro acrescenta ao ente a referência ao intelecto, mas a deformidade ou a privação, ainda que não seja pura e simplesmente (*simpliciter*) ente, todavia é apreendida pelo intelecto; portanto, mesmo não tendo pura e simplesmente (*simpliciter*) entidade, tem todavia pura e simplesmente (*simpliciter*) verdade. Além disso, tudo o que é sob certo aspecto reduz-se ao que é pura e simplesmente (*simpliciter*), como o fato de o etíope ser branco quanto ao aspecto dentes reduz-se ao fato de os dentes do etíope serem pura e simplesmente (*simpliciter*) brancos: se pois alguma verdade não é de Deus sob certo

non omnis simpliciter veritas erit a Deo; quod est absurdum.

6. Praeterea, quod non est causa causae, non est causa effectus; sicut Deus non est causa deformitatis peccati, quia non est causa defectus in libero arbitrio, ex quo deformitas peccati accidit. Sed sicut esse est causa veritatis affirmativarum propositionum, ita non esse negativarum. Cum ergo Deus non sit causa eius quod est non esse, ut dicit Augustinus in lib. LXXXIII *Quaestionum*, relinquitur quod Deus non sit causa negativarum propositionum; et sic non omnis veritas est a Deo.

7. Praeterea, Augustinus dicit in libro *Solil.* quod verum est quod ita se habet ut videtur. Sed malum aliquod ita se habet ut videtur. Ergo aliquod malum est verum. Sed nullum malum est a Deo. Ergo non omne verum est a Deo.

8. Sed dicebat quod malum non videtur per speciem mali sed per speciem boni. Sed contra, species boni numquam facit apparere nisi bonum: si ergo malum non videtur nisi per speciem boni, numquam appareret malum nisi bonum, quod falsum est.

## *Sed contra*

1. I *Cor.* super illud, nemo potest dicere etc., dicit Ambrosius: omne verum, a quocumque dicatur, a Spiritu Sancto est.

2. Praeterea, omnis bonitas creata, est a prima bonitate increata, quae est Deus. Ergo eadem ratione omnis alia veritas est a prima veritate, quae est Deus.

3. Praeterea, ratio veritatis completur in intellectu. Sed omnis intellectus est a Deo. Ergo omnis veritas est a Deo.

aspecto, então nem toda verdade pura e simplesmente (*simpliciter*) será de Deus, o que é absurdo.

6. Aquilo que não é causa da causa não é causa do efeito, tal como Deus não é causa da deformidade do pecado porque não é causa do defeito no livre-arbítrio pelo qual acontece a deformidade do pecado. Ora, assim como ser é causa da verdade das proposições afirmativas, assim o não-ser o é das negativas, não sendo pois Deus causa do não-ser como diz Agostinho [LXXXIII *Quaestionum* 21]. Ora, Deus não sendo causa das proposições negativas, então nem toda a verdade é de Deus.

7. Diz Agostinho [*Soliloquiorum* II, 5], "é verdadeiro o que é como parece", mas há males que são exatamente como aparecem; portanto há males verdadeiros. Ora, nenhum mal é de Deus, portanto nem toda coisa verdadeira é de Deus.

8. Objetou-se que o mal não ocorre sob aparência de mal mas sob a de bem. Replica-se: a aparência de bem só faz surgir o bem; se portanto o mal só ocorre sob a aparência de bem, então nunca apareceria o mal mas somente o bem, o que é falso.

## *Em contrário*

1. Comentando 1 Cor 12, 3: "Ninguém pode dizer... etc.", Ambrósio [*Ps. Ambros. Super I Cor.*] diz: "Toda verdade, dita por quem quer que seja, é do Espírito Santo."

2. Toda bondade provém da bondade primeira que é Deus; portanto, pelo mesmo motivo, qualquer outra verdade provém da verdade primeira que é Deus.

3. A noção de verdade realiza-se completamente no intelecto, mas todo intelecto vem de Deus; portanto toda verdade é de Deus.

4. Praeterea, Augustinus in lib. *Solil.* dicit quod verum est id quod est. Sed omne esse est a Deo. Ergo omnis veritas.

5. Praeterea, sicut verum convertitur cum ente, ita et unum et e converso. Sed omnis unitas est a prima unitate ut dicit Augustinus in libro *De vera religione*; ergo et omnis veritas est a prima veritate.

*Responsio*

Dicendum, quod in rebus creatis invenitur veritas in rebus et in intellectu, ut ex dictis patet: in intellectu quidem secundum quod adaequatur rebus quarum notionem habet; in rebus autem secundum quod imitantur intellectum divinum, qui est earum mensura, sicut ars est mensura omnium artificiatorum; et alio modo secundum quod sunt natae facere de se veram apprehensionem in intellectu humano, qui per res mensuratur, ut dicitur in X *Metaph.* Res autem existens extra animam, per formam suam imitatur artem divini intellectus, et per eandem nata est facere veram apprehensionem in intellectu humano, per quam etiam formam unaquaeque res esse habet; unde veritas rerum existentium includit in sui ratione entitatem earum, et superaddit habitudinem adaequationis ad intellectum humanum vel divinum. Sed negationes vel privationes existentes extra animam non habent aliquam formam, per quam vel imitentur exemplar artis divinae, vel ingerant sui notitiam in intellectu humano; sed quod adaequantur intellectui, est ex parte intellectus, qui earum rationes apprehendit. Sic ergo patet quod cum dicitur lapis verus et caecitas vera, non eodem modo veritas se habet ad utrumque: veri-

4. Agostinho [*Soliloquiorum* II, 5] diz que "o verdadeiro é o que é"; mas todo ser é de Deus; portanto também toda verdade.

5. Como o verdadeiro é convertível com o ente, assim também o uno e vice-versa; mas toda unidade provém da primeira unidade como diz Agostinho [*De vera religione* 36]; portanto também toda verdade provém da primeira verdade.

## Solução

Como se esclareceu, nas coisas criadas a verdade encontra-se nas coisas e no intelecto. No intelecto, ao adequar-se às coisas de que tem noção; nas coisas, porém, por imitarem o intelecto divino, que é sua medida como a arte é medida dos artefatos; e, de outro modo, por naturalmente gerarem de si uma verdadeira apreensão no intelecto humano, que é medido pela coisa, como se diz em X *Metaph.* [2]. Todavia a coisa existente fora da alma imita por sua forma a arte do intelecto divino, e por esta naturalmente gera de si uma apreensão verdadeira no intelecto humano, como também justamente pela mesma forma toda coisa tem o ser. Por isso, a verdade das coisas existentes inclui em sua própria noção a entidade e lhe acrescenta a relação de adequação ao intelecto humano ou divino, mas as negações ou as privações existentes fora da alma não têm nenhuma forma pela qual imitem o exemplar da arte divina ou engendrem percepção de si no intelecto humano, posto que sua adequação ao intelecto é por parte do intelecto que apreende suas noções. Assim, pois, fica claro que ao dizer-se "pedra verdadeira" ou "verdadeira cegueira" a verdade não ocorre identicamente nos dois casos: a verda-

tas enim de lapide dicta claudit in sui ratione lapidis entitatem, et superaddit habitudinem ad intellectum, quae causatur etiam ex parte ipsius rei, cum habeat aliquid secundum quod referri possit; sed veritas dicta de caecitate non includit in seipsam privationem quae est caecitas, sed solummodo habitudinem caecitatis ad intellectum; quae etiam non habet aliquid ex parte ipsius caecitatis in quo sustentetur, cum caecitas non aequetur intellectui ex virtute alicuius quod in se habeat. Patet ergo quod veritas in rebus creatis inventa nihil aliud potest comprehendere quam entitatem rei, et adaequationem rei ad intellectum vel aequationem intellectus ad res vel ad privationes rerum; quod totum est a Deo, quia et ipsa forma rei, per quam adaequatur, a Deo est, et ipsum verum sicut bonum intellectus; ut dicitur in VI *Ethic*. Quia bonum uniuscuiusque rei consistit in perfecta operatione ipsius rei. Non est autem perfecta operatio intellectus, nisi secundum quod verum cognoscit; unde in hoc consistit eius bonum, in quantum huiusmodi. Unde, cum omne bonum sit a Deo, et omnis forma, oportet absolute dicere, quod omnis veritas sit a Deo.

*Responsio ad obiecta*

1. Ad primum ergo dicendum, quod cum sic arguitur: omne verum est a Deo; istum fornicari est verum; ergo etc., incidit fallacia accidentis, ut enim ex iam dictis patere potest. Cum dicimus: istum fornicari est verum; non hoc dicimus quasi ipse defectus qui implicatur in actu fornicationis includatur in ratione veritatis: sed verum praedicat tantum adaequationem huius ad intellectum. Unde non debet con-

de dita da pedra encerra em sua noção a entidade da pedra e lhe acrescenta a relação ao intelecto, causada também por parte da própria coisa, por ter algo pelo qual possa referir-se; já a verdade dita da cegueira não inclui em si a própria privação que é a cegueira, mas somente a relação da cegueira ao intelecto, a qual não tem por parte da própria cegueira nada em que sustentar-se, pois a cegueira não tem adequação ao intelecto em virtude de algo que tenha em si mesma. Fica evidente pois que a verdade encontrada nas coisas criadas só pode compreender a entidade da coisa e a adequação da coisa ao intelecto, ou também a adequação do intelecto às coisas ou à privação das coisas, porquanto tudo isto depende de Deus, pois provém de Deus tanto a própria forma da coisa pela qual se dá a adequação quanto a própria verdade ou bem do intelecto, como se diz em VI *Ethicorum* [2], porque o bem de qualquer coisa consiste em sua perfeita operação, e a atividade do intelecto só é verdadeira quando conhece o verdadeiro, e nisto consiste o seu bem enquanto tal. Por isso, sendo todo bem de Deus como também toda forma, é preciso absolutamente dizer que toda a verdade provém de Deus.

## *Resposta às objeções*

1. Este argumento: "Toda coisa verdadeira é de Deus, mas que este aí cometa adultério é verdadeiro, portanto etc." incide na falácia do acidente, como fica claro do que foi dito. Ao dizermos "este aí comete adultério" é verdadeiro, não o dizemos no sentido de que o próprio defeito implicado no ato de adultério seja incluído na noção de verdade, mas "verdadeiro" indica apenas a adequação deste fato ao intelecto; daí que não se deve con-

cludi: istum fornicari est a Deo; sed quod veritas eius sit a Deo.

2. Ad secundum dicendum, quod deformitates et alii defectus non habent veritatem sicut et aliae res, ut ex praedictis patet; et ideo, quamvis veritas defectuum sit a Deo, non ex hoc potest concludi, quod deformitas sit a Deo.

3. Ad tertium dicendum, quod secundum Philosophum, VI *Metaph.*, veritas non consistit in compositione quae est in rebus, sed in compositione quam facit anima; et ideo veritas non consistit in hoc quod iste actus cum deformitate sua inhaeret subiecto, hoc enim pertinet ad rationem boni vel mali, sed ex hoc quod actus sic inhaerens subiecto apprehensioni animae adaequatur.

4. Ad quartum dicendum, quod bonum, debitum, et rectum, et huiusmodi omnia alio modo se habent ad permissionem divinam, et alio modo ad alia signa voluntatis. In aliis enim refertur et ad id quod cadit sub actu voluntatis, et ad ipsum voluntatis actum; sicut cum Deus praecipit honorem parentum; et ipse honor parentum bonum quoddam est et ipsum etiam praecipere bonum est. Sed in permissione cadit: unde rectum est quod Deus permittat deformitates incidere; non tamen sequitur ex hoc quod ipsa deformitas aliquam rectitudinem habeat.

5. Ad quintum dicendum, quod veritas secundum quid quae competit negationibus et defectibus, reducitur ad veritatem simpliciter, quae est in intellectu, quae a Deo est; et ideo veritas defectuum a Deo est, quamvis ipsi defectus a Deo non sint.

6. Ad sextum dicendum, quod non esse non est causa veritatis propositionum negativarum quasi faciens eas in intellectu; sed ipsa

cluir que o adultério seja de Deus, mas que sua verdade é de Deus.

2. A deformidade e os outros defeitos não têm verdade como as outras coisas, como fica evidente pelo que se disse. E assim, embora a verdade dos defeitos seja de Deus, não se pode daí concluir que a deformidade seja de Deus.

3. Segundo o Filósofo [VI *Metaph*. 4], a verdade não consiste na composição que é nas coisas, mas na composição feita pela alma: assim a verdade não consiste em que este ato com a sua deformidade inira ao sujeito, isto concerne à noção de bem ou de mal, mas em que o ato assim inerente ao sujeito seja adequado à apreensão da alma.

4. O bem, o devido, o reto etc., estão relacionados de uma maneira com a permissão divina e de outra maneira com os outros sinais da vontade. Nestes outros sinais, pois, há referência tanto ao que incide sob o ato da vontade quanto ao próprio ato da vontade: como quando Deus preceitua o respeito aos pais, é um bem tanto o respeito quanto o preceituar. Na permissão, porém, há referência somente ao ato daquele que permite e não ao que incide sob a permissão: daí que é reto que Deus permita a incidência de deformidades; todavia não se segue que a própria deformidade tenha alguma retidão.

5. A verdade sob certo aspecto, que compete às negações e aos defeitos, reduz-se à verdade pura e simplesmente (*simpliciter*) que é no intelecto, a qual é de Deus: e assim a verdade dos defeitos é de Deus mesmo que os próprios defeitos não sejam de Deus.

6. O não-ser não é causa das proposições negativas como se o não-ser as produzisse no intelecto, mas é a

anima hoc facit conformans se non enti, quod est extra animam; unde non esse extra animam existens, non est causa efficiens veritatis in anima, sed quasi exemplaris. Obiectio autem procedebat de causa efficiente.

7. Ad septimum dicendum, quod quamvis malum non sit a Deo, tamen quod malum videatur tale quale est, est quidem a Deo; unde veritas qua verum est malum esse, est a Deo.

8. Ad octavum dicendum, quod quamvis malum non agat in animam nisi per speciem boni; quia tamen est bonum deficiens, anima deprehendit in se rationem defectus, et in hoc concipit rationem mali; et sic malum videtur malum.

### *Articulus nonus*
### *Utrum veritas sit in sensu*

Et videtur quod non.

#### Obiectiones

1. Anselmus enim dicit, quod veritas est rectitudo sola mente perceptibilis. Sed sensus non est de natura mentis. Ergo veritas non est in sensu.

2. Praeterea, Augustinus probat in libro LXXXIII *Quaestionum*, quod veritas corporeis sensibus non cognoscitur; et rationes eius supra positae sunt. Ergo veritas non est in sensu.

#### Sed contra

Augustinus, in libro *De vera religione*, dicit, quod veritas est qua ostenditur id quod est. Sed id

própria alma que as produz conformando-se ao não-ser que está fora da alma. Por isso, o não-ser existente fora da alma não é causa eficiente da verdade da alma, mas causa como que exemplar e não causa eficiente como pretendia a objeção.

7. Ainda que o mal não seja de Deus, todavia, que o mal apareça tal qual é, é de certo modo de Deus; daí que a verdade pela qual é verdadeiro que o mal existe é de Deus.

8. Embora o mal só aja na alma pela aparência de bem, por tratar-se porém de um bem deficiente, a alma descobre em si o caráter de defeito e nisto concebe a noção de mal, e assim o mal apresenta-se como mal.

## Artigo 9
### Se a verdade é nos sentidos

Parece que a verdade não é nos sentidos.

### Objeções

1. Anselmo [*De veritate* 11] diz: "a verdade é a retidão perceptível somente pela mente". Ora, os sentidos não são da mesma natureza que a mente; portanto a verdade não é nos sentidos.

2. Agostinho prova, no livro LXXXIII *Quaestionum* [9], que a verdade não é conhecida pelos sentidos corpóreos, e suas razões estão acima [a. 4, arg. 6 e 7]; portanto a verdade não é nos sentidos.

### Em contrário

Agostinho, no livro *De vera religione*, diz: "a verdade é aquilo pelo qual se mostra o que é"; mas aquilo

quod est, ostenditur non tantum intellectui, sed etiam sensui. Ergo veritas non solum est in intellectu sed etiam in sensu.

*Responsio*

Dicendum, quod veritas est in intellectu et in sensu, sed non eodem modo. In intellectu enim est sicut consequens actum intellectus, et sicut cognita per intellectum. Consequitur namque intellectus operationem, secundum quod iudicium intellectus est de re secundum quod est. Cognoscitur autem ab intellectu secundum quod intellectus reflectitur supra actum suum, non solum secundum quod cognoscit actum suum, sed secundum quod cognoscit proportionem eius ad rem: quae quidem cognosci non potest nisi cognita natura ipsius actus; quae cognosci non potest, nisi natura principii activi cognoscatur, quod est ipse intellectus, in cuius natura est ut rebus conformetur; unde secundum hoc cognoscit veritatem intellectus quod supra seipsum reflectitur. Sed veritas est in sensu sicut consequens actum eius; dum scilicet iudicium sensus est de re, secundum quod est; sed tamen non est in sensu sicut cognita a sensu: etsi enim sensus vere iudicat de rebus, non tamen cognoscit veritatem, qua vere iudicat: quamvis enim sensus cognoscat se sentire, non tamen cognoscit naturam suam, et per consequens nec naturam sui actus, nec proportionem eius ad res, et ita nec veritatem eius. Cuius ratio est, quia illa quae sunt perfectissima in entibus, ut substantiae intellectuales, redeunt

que é manifesta-se não somente ao intelecto mas também aos sentidos; portanto a verdade não é só no intelecto mas também nos sentidos.

## Solução

A verdade é no intelecto e também nos sentidos, mas não do mesmo modo. No intelecto, pois, a verdade resulta do ato do intelecto e é conhecida pelo intelecto: com efeito, ela segue-se à operação do intelecto segundo a qual o juízo do intelecto é da coisa enquanto esta é. Por isso, a verdade é conhecida pelo intelecto na medida em que o intelecto reflete sobre seu próprio ato, não somente por conhecer seu próprio ato mas também por conhecer a proporção entre o próprio ato e a realidade; proporção que não pode ser conhecida se não for conhecida a natureza do próprio ato, a qual não pode ser conhecida sem o conhecimento do princípio ativo, que é o próprio intelecto, cuja natureza é o conformar-se às coisas: daí que o intelecto conhece a verdade enquanto reflete sobre si mesmo. Por outro lado, a verdade é nos sentidos como resultante de seus atos, porquanto, o juízo dos sentidos é, a saber, da coisa enquanto esta é, todavia não é nos sentidos enquanto conhecida pelos sentidos: pois ainda que os sentidos julguem verdadeiramente as coisas, todavia não conhecem a verdade pela qual verdadeiramente julgam; pois ainda que os sentidos tenham conhecimento do próprio sentir, todavia não conhecem a própria natureza e por conseqüência nem a natureza do próprio ato nem a proporção deste às coisas, e assim nem a própria verdade.

A razão disso é que as coisas mais perfeitas entre os entes, como as substâncias intelectuais, retornam à pró-

ad essentiam suam reditione completa: in hoc enim quod cognoscunt aliquid extra se positum, quodammodo extra se procedunt; secundum vero quod cognoscunt se cognoscere, iam ad se redire incipiunt, quia actus cognitionis est medius inter cognoscentem et cognitum. Sed reditus iste completur secundum quod cognoscunt essentias proprias: unde dicitur in lib. *De causis*, quod omnis sciens essentiam suam, est rediens ad essentiam suam reditione completa. Sensus autem, qui inter cetera est propinquior intellectuali substantiae, redire quidem incipit ad essentiam suam, quia non solum cognoscit sensibile, sed etiam cognoscit se sentire; non tamen completur eius reditio, quia sensus non cognoscit essentiam suam: cuius hanc rationem Avicenna assignat quia sensus nihil cognoscit nisi per organum corporale, non est autem possibile ut organum corporale medium cadat inter potentiam sensitivam et se ipsam. Sed potentiae insensibiles nullo modo redeunt super se ipsas quia non gognoscunt se agere, sicut ignis non cognoscit se calefacere. Et ex his patet solutio ad obiecta.

### *Articulus decimus*
### *Utrum res aliqua sit falsa*

Et videtur quod non.

#### Obiectiones

1. Augustinus enim dicit in lib. *Solil*., verum est id quod est. Ergo falsum est id quod non est. Sed quod

pria essência com retorno completo: pois quando fora de si conhecem alguma coisa, de certo modo saem para fora de si; quando porém conhecem que conhecem, já principiam a retornar a si mesmas porque o ato do conhecimento é intermédio entre o cognoscente e o conhecido; mas este retorno completa-se enquanto conhecem as próprias essências. Por isso, no livro *De causis* [prop. 15], diz-se que "todos os que conhecem a própria essência retornam a ela com retorno completo". O sentido, porém, que entre outras coisas é o mais próximo das substâncias intelectuais, principia certamente a retornar à própria essência porque não só conhece o sensível mas também o próprio sentir; todavia seu retorno não se completa porque o sentido não conhece sua própria essência. A razão disso, segundo Avicena [*De anima* V, 2], é que o sentido só conhece por meio de órgão corpóreo, e não é porém possível que um órgão corpóreo seja mediador da potência sensitiva com ela mesma. Mas as potências não sensíveis de modo algum retornam sobre si mesmas, porque não conhecem a própria atividade, como o fogo não conhece seu aquecer.

E com isso ficam claras as respostas às objeções.

## Artigo 10
### Se alguma coisa é falsa

Parece que nenhuma coisa é falsa.

### Objeções

1. Agostinho [*Soliloquiorum* II, 5], diz: "Verdadeiro é o que é"; portanto o falso é o que não é; mas aquilo que

non est, non est res aliqua. Ergo nulla res est falsa.

2. Sed dicebat, quod verum est differentia entis; et ita, sicut verum est quod est, ita et falsum. Sed contra, nulla differentia divisiva convertitur cum eo cuius est differentia. Sed verum convertitur cum ente, ut supra dictum est. Ergo verum non est differentia divisiva entis, ut res aliqua falsa dici possit.

3. Praeterea, veritas est adaequatio rei et intellectus. Sed omnis res est adaequata intellectui divino, quia nihil potest esse in se aliter quam intellectus divinus cognoscit. Ergo omnis res est vera; ergo nulla res est falsa.

4. Praeterea, omnis res habet veritatem a forma sua; ex hoc enim homo dicitur verus, quod habet veram hominis formam. Sed nulla est res quae non habeat aliquam formam, quia omne esse est a forma. Ergo quaelibet res est vera; ergo nulla res est falsa.

5. Praeterea, sicut se habet bonum et malum, ita se habet verum et falsum. Sed quia malum invenitur in rebus, malum non substantificatur nisi in bono, ut Dionysius et Augustinus dicunt. Ergo si falsitas invenitur in rebus, falsitas non substantificabitur nisi in vero; quod non videtur esse possibile, quia sic idem esset verum et falsum, quod est impossibile; sicut idem est homo et album, propter hoc quod albedo substantificatur in homine.

6. Praeterea, Augustinus in lib. *Solil.* sic obiicit. Si aliqua res nominatur falsa: aut hoc est ex eo quod est simile, aut ex eo quod est dissimile. Si ex eo quod est dissimile, nihil est quod falsum dici non possit; nihil enim est

não é, não é coisa alguma; portanto nenhuma coisa é falsa.

2. Objetou-se que o verdadeiro é uma diferença do ente: assim, sendo o verdadeiro o que é, então também o falso. Replica-se: nenhuma diferença divisiva é convertível com aquilo de que é diferença, mas o verdadeiro é convertível com o ente, como se disse acima; portanto o verdadeiro não é uma diferença divisiva do ente, de modo que alguma coisa possa dizer-se falsa.

3. "A verdade é a adequação da coisa e do intelecto", porém toda coisa é adequada ao intelecto divino, porque nada pode existir em si senão por ser conhecida pelo intelecto divino; portanto todas as coisas são verdadeiras e nenhuma é falsa.

4. Toda coisa tem a verdade por sua forma: pois um homem diz-se verdadeiro por ter a verdadeira forma do homem, mas não há nenhuma coisa sem alguma forma, porque todo ser é pela forma; portanto todas as coisas são verdadeiras e nenhuma é falsa.

5. O verdadeiro está para o falso assim como o bem para o mal. Mas como o mal encontra-se nas coisas, o mal só se substancia no bem, como dizem Dionísio [*De divinis nominibus* 4, 20] e Agostinho [*Enchir.* 14]; portanto, se a falsidade se encontrasse nas coisas, seria substanciada no verdadeiro: isto não parece possível, pois desse modo identificar-se-iam o verdadeiro e o falso, o que é impossível, como o homem e o branco são idênticos pelo fato de o branco substanciar-se no homem.

6. Agostinho [*Soliloquiorum* II, 8] objeta: "Se alguma coisa é dita falsa, isto ocorre por ser semelhante ou por ser dessemelhante: se por ser dessemelhante, não há nada que não possa dizer-se falso, pois não há nada que não seja

quod alicui dissimile non sit. Si ex eo quod simile, omnia reclamant, quae ex eo vera sunt quo similia. Ergo nullo modo falsitas in rebus inveniri potest.

## Sed contra

1. Augustinus ita definit falsum: falsum est quod ad similitudinem alicuius accommodatum est, et non pertingit ad illud cuius similitudinem gerit. Sed omnis creatura gerit similitudinem Dei. Ergo cum nulla creatura pertingat ad ipsum Deum per modum identitatis, videtur quod omnis creatura sit falsa.

2. Praeterea, Augustinus, in libro *De vera religione*: omne corpus est verum corpus, et falsa unitas. Sed hoc pro tanto dicitur, quia imitatur unitatem, et tamen non est unitas. Cum ergo quaelibet creatura, secundum quamlibet sui perfectionem, divinam perfectionem imitetur et ab eo nihilominus in infinitum distet; videtur quod quaelibet creatura sit falsa.

3. Praeterea, sicut verum convertitur cum ente, ita et bonum. Sed ex hoc quod bonum convertitur cum ente, non prohibetur quin aliqua res inveniatur mala. Ergo nec ex hoc quod verum convertitur cum ente, prohibetur quin aliqua res inveniatur falsa.

4. Praeterea, Anselmus dicit in libro *De veritate* quod duplex est propositionis veritas; una quia significat quod accepit significare, sicut haec propositio: Socrates sedet; significat Socratem sedere, sive Socrates sedeat, sive non sedeat; alia, quando significat illud ad quod facta est; est enim ad hoc facta ut significet esse, quando est; et secundum hoc proprie dicitur enuntiatio vera. Ergo, eadem ratione, quaelibet res

dessemelhante de outra coisa; se, porém, por ser semelhante, todas as coisas protestariam porque são verdadeiras precisamente por serem semelhantes." Portanto, de nenhum modo a falsidade pode encontrar-se nas coisas.

## Em contrário

1. Agostinho [*Soliloquiorum* II, 15] assim define o falso: "O falso é aquilo que procura assemelhar-se a alguma coisa" e contudo não alcança aquilo a que se assemelha, mas todas as criaturas trazem a semelhança de Deus; portanto, como nenhuma criatura alcança ao próprio Deus por identidade, parece que toda criatura é falsa.

2. Diz Agostinho [*De vera religione* 34]: "Todo corpo é um verdadeiro corpo e uma falsa unidade", mas isto é dito enquanto imita a unidade e contudo não é unidade; como pois toda a criatura, segundo qualquer perfeição, imita a perfeição divina e contudo dela dista infinitamente, parece que toda criatura é falsa.

3. Como o verdadeiro é convertível com o ente, assim também o bem. Ora, pelo bem ser convertível com o ente, isto não impede que se encontre alguma coisa má; portanto, também pelo verdadeiro ser convertível com o ente, isto não impede que se encontre alguma coisa falsa.

4. Anselmo diz [*De veritate* 2] que há uma dupla verdade da proposição: uma "porque significa aquilo que se lhe atribuiu significar", como esta proposição "Sócrates senta" significa que Sócrates senta quer Sócrates sente ou não sente; outra, quando significa aquilo "para a qual é feita", é pois feita para significar o ser quando é, e segundo isto diz-se propriamente que um enunciado é verdadeiro. Portanto, pela mesma razão, qualquer coisa

dicetur vera, quando implet hoc ad quod est; falsa autem quando non implet. Sed omnis res quae deficit a fine suo, non implet illud propter quod est. Cum ergo multae res sint tales, videtur quod multae sint falsae.

## *Responsio*

Dicendum, quod sicut veritas consistit in adaequatione rei et intellectus, ita falsitas consistit in eorum inaequalitate. Res autem comparatur ad intellectum divinum et humanum, ut supra dictum est; intellectui autem divino comparatur uno modo sicut mensuratum mensurae, quantum ad ea quae in rebus positive dicuntur vel inveniuntur, quia omnia huiusmodi ab arte divini intellectus proveniunt; alio modo sicut cognitum ad cognoscens; et sic etiam negationes et defectus divino intellectui adaequantur, quia omnia huiusmodi Deus cognoscit, quamvis ea non causet. Patet ergo quod res qualitercumque se habeat sub quacumque forma existat, vel privatione aut defectu, intellectui divino adaequatur. Et sic patet quod res quaelibet in comparatione ad intellectum divinum vera est, unde Anselmus dicit in lib. *De veritate*: est igitur veritas in omnium quae sunt essentia, quia hoc sunt quod in summa veritate sunt. Unde per comparationem ad intellectum divinum nulla res potest dici falsa; sed secundum comparationem ad intellectum humanum invenitur interdum inaequalitas rei ad intellectum quae quodammodo ex ipsa re causatur; res enim notitiam sui facit in anima per

será dita verdadeira quando realiza aquilo para o qual é feita, falsa entretanto quando não o realiza. Ora, toda coisa que falha em seu fim não realiza aquilo para o qual é feita; e é este o caso de muitas coisas. E assim parece que muitas sejam falsas.

*Solução*

Como a verdade consiste na adequação da coisa e do intelecto, assim consiste a falsidade na sua inadequação. Ora, a coisa compara-se com o intelecto divino e com o humano, como se disse acima. Com o intelecto divino compara-se de dois modos: do primeiro modo, como o mensurado à sua medida quanto àquilo que nas coisas se diz ou se encontra positivamente, porque tudo isso provém da arte do intelecto divino; do segundo modo, como o conhecido ao cognoscente, e também as negações e os defeitos têm adequação ao intelecto divino porque Deus conhece todas estas coisas, mesmo que não as cause. Fica claro portanto que uma coisa, em qualquer condição que se encontre, sob qualquer forma, privação ou defeito que exista, tem adequação ao intelecto divino, e assim fica claro que qualquer coisa, em comparação com o intelecto divino, é verdadeira. Por isso Anselmo [*De veritate* 7] diz: "A verdade encontra-se na essência de todas as coisas que existem, porque estas são aquilo que são na verdade suprema." Daí que em comparação com o intelecto divino nenhuma coisa pode dizer-se falsa.

Mas em comparação com o intelecto humano encontra-se às vezes uma desigualdade entre a coisa e o intelecto, que de certo modo é causada pela própria coisa. Pois a coisa gera o conhecimento de si na alma por

ea quae de ipsa exterius apparent, quia cognitio nostra a sensu initium sumit, cui per se obiectum sunt sensibiles qualitates; unde et in I *De anima* dicitur, quod accidentia magnam partem conferunt ad cognoscendum quod quid est: et ideo quando in aliqua re apparent sensibiles qualitates demonstrantes naturam quae eis non subest, dicitur res illa esse falsa; unde philos. Dicit VI *Metaph.*, quod illa dicuntur falsa quae nata sunt videri aut qualia non sunt, aut quae non sunt; sicut dicitur aurum falsum, in quo exterius apparet color auri, et alia huiusmodi accidentia, cum tamen interius natura auri non subsit. Nec tamen res est hoc modo causa falsitatis in anima, quod necessario falsitatem causet; quia veritas et falsitas praecipue in iudicio animae existunt, anima vero in quantum de rebus iudicat, non patitur a rebus, sed magis quodammodo agit. Unde res non dicitur falsa quia semper de se faciat falsam apprehensionem, sed quia nata est facere per ea quae de ipsa apparent. Sed quia, ut dictum est comparatio rei ad intellectum divinum est ei essentialis, et secundum eam per se dicitur vera; sed comparatio ad intellectum humanum est ei accidentalis, secundum quam non dicitur absolute vera sed quasi secundum quid et in potentia, ideo simpliciter loquendo omnis res est vera, et nulla res est falsa; sed secundum quid, scilicet in ordine ad intellectum nostrum, aliquae res dicuntur falsae; et ita oportet rationibus utriusque partis respondere.

aquilo que dela exteriormente aparece, porque nosso conhecimento tem seu início nos sentidos, cujo objeto próprio são as qualidades sensíveis: daí que diz-se em I *De anima* [1]: "os acidentes contribuem em grande parte para o conhecimento daquilo que é"; e portanto, quando aparecem em alguma coisa qualidades sensíveis, mostrando uma natureza que não lhes corresponde, diz-se que aquela coisa é falsa. Por isso, o Filósofo afirma [VI *Metaph*. 29] que se dizem falsas aquelas coisas que "são aptas para simularem que são ou para parecerem aquilo que não são", como se diz ouro falso aquele em que aparece exteriormente a cor do ouro e outros acidentes análogos, enquanto não subsiste no interior a natureza do ouro. E, entretanto, nem a coisa é causa da falsidade na alma, ainda que a cause necessariamente, porque a verdade e a falsidade existem sobretudo no juízo da alma, e a alma enquanto julga as coisas não é passiva diante delas, mas, de certo modo, principalmente ativa. Por isso, uma coisa não se diz falsa por proporcionar uma falsa apreensão de si, mas por ser constituída de modo a proporcioná-la por suas aparências.

Mas, como se disse, a comparação das coisas com o intelecto divino é-lhes essencial e é por essa comparação que a coisa se diz verdadeira por si. Já a comparação da coisa com o intelecto humano é-lhe acidental: por esta comparação a coisa não se diz verdadeira de modo absoluto, mas como que só sob um certo aspecto e potencialmente. Deste modo, falando em termos absolutos, todas as coisas são verdadeiras e nenhuma é falsa, mas sob um certo aspecto, a saber, quanto a nosso intelecto, algumas coisas dizem-se falsas. E assim é preciso responder aos argumentos de ambas as partes.

## Responsio ad obiecta

1. Ad primum ergo dicendum, quod ista definitio, verum est id quod est, non perfecte exprimit rationem veritatis, sed quasi materialiter tantum, nisi secundum quod li esse significat affirmationem propositionis, ut scilicet dicatur id esse verum quod sic esse dicitur vel intelligitur ut in rebus est; et sic etiam falsum dicatur quod non est, id est quod non est ut dicitur vel intelligitur; et hoc in rebus inveniri potest.

2. Ad secundum dicendum, quod verum, proprie loquendo, non potest esse differentia entis; ens enim non habet aliquam differentiam, ut probatur in III *Metaph.*; sed aliquo modo verum se habet ad ens per modum differentiae, sicut et bonum; in quantum, videlicet, exprimunt aliquid circa ens quod nomine entis non exprimitur; et secundum hoc intentio entis est indeterminata respectu intentionis veri; et sic intentio veri comparatur ad intentionem entis quodammodo ut differentia ad genus.

3. Ad tertium dicendum quod ratio illa concedenda est: procedit enim de re in ordine ad intellectum divinum.

4. Ad quartum dicendum, quod quamvis quaelibet res habeat aliquam formam, non tamen omnis res habet illam formam cuius indicia exterius ostenduntur per sensibiles qualitates; et secundum haec falsa dicitur, in quantum de se falsam existimationem facere apta nata est.

5. Ad quintum dicendum, quod aliquid existens extra animam pro tanto dicitur falsum, ut ex dictis, in corp. art., patet, quia natum est de se facere falsam existimationem, quod autem nihil est non est natum de se facere aliquam extimationem quia non movet virtutem cognitivam; unde oportet quod illud quod falsum dicitur, aliquod ens sit. Unde cum omne ens, in quantum huiusmodi, sit verum, oportet falsitatem in rebus existentem,

*Verdade e conhecimento*

## Resposta às objeções

1. Esta definição "verdadeiro é o que é" não exprime perfeitamente a noção de verdade, mas como que só materialmente, apenas enquanto o verbo ser signifique a afirmação da proposição. Com isso afirma-se que o verdadeiro é o que se diz ou entende como é na realidade; assim também o falso: o que não é, ou seja, o falso é aquilo que não é como é dito ou entendido. Ora, tal falsidade pode ser encontrada nas coisas.

2. O verdadeiro, propriamente falando, não pode ser uma diferença do ente: o ente não tem nenhuma diferença, como se demonstra em III *Metaph.* [8]; mas de certo modo o verdadeiro refere-se ao ente como a sua diferença, como também o bem, enquanto indubitavelmente exprimem algo do ente não expresso pela palavra ente. Assim a noção de verdadeiro compara-se à noção de ente de certo modo como a diferença ao gênero.

3. A objeção pode ser concedida, já que considera a coisa quanto ao intelecto divino.

4. Embora toda coisa tenha uma certa forma, todavia nem toda coisa tem aquela forma cujos indícios sejam manifestados exteriormente por meio de qualidades sensíveis: e segundo isto diz-se falsa enquanto por natureza proporciona um falso conhecimento de si.

5. Alguma coisa existente fora da alma diz-se falsa, como fica claro pelo que se disse, na medida em que por natureza proporciona um falso conhecimento de si. Ora, o nada não é por sua natureza capaz de proporcionar nenhum conhecimento, pois não move a faculdade cognoscitiva; daí ser necessário que aquilo que se diz falso seja algum ente. Por isso, já que todo ente enquanto tal é verdadeiro, é necessário que a falsidade existente nas

supra aliquam veritatem fundari; unde dicit Augustinus in lib. *Soliloquiorum*, quod tragoedus qui repraesentat alienas personas in theatris, non esset falsus, (Hector) nisi esset verus tragoedus; similiter equus pictus non esset falsus equus, nisi esset pura pictura. Nec tamen sequitur contradictoria esse vera, quia affirmatio et negatio, secundum quas dicitur verum et falsum, non referuntur ad idem.

6. Ad sextum dicendum, quod res falsa dicitur secundum quod nata est fallere; cum autem fallere dico, significo actionem quamdam defectum inducentem. Nihil autem natum est agere nisi secundum quod est ens; omnis autem defectus est non ens. Unumquodque autem, secundum quod est ens, habet similitudinem veri; secundum autem quod non est, recedit ab eius similitudine. Et ideo hoc quod dico fallere, quantum ad id quod importat de actione, originem habet ex similitudine; sed quantum ad id quod importat defectum, in quo formaliter ratio falsitatis consistit, ex dissimilitudine surgit; et ideo dicit Augustinus in lib. *De vera religione*, quod ex dissimilitudine falsitas oritur.

## *Responsio ad ea quae contra obiciuntur*

1. Ad primum ergo eorum quae contra obiiciuntur, dicendum, quod non ex qualibet similitudine nata est anima decipi, sed ex magna similitudine, in qua dissimilitudo de facili inveniri non potest; et ideo ex similitudine maiori vel minori decipitur anima secundum maiorem vel minorem perspicacitatem ad dissimilitudinem inveniendum. Nec tamen simpliciter debet enuntiari aliqua res falsa ex eo quod quemcumque in errorem inducit; sed ex eo quod nata

coisas fundamente-se em alguma verdade: daí dizer Agostinho que "o ator que representa no teatro outras pessoas não seria um falso Heitor se não fosse um verdadeiro ator e, analogamente, um cavalo pintado não seria um falso cavalo se não fosse uma autêntica pintura". Também não se segue que coisas contraditórias sejam verdadeiras, porque a afirmação e a negação segundo as quais se dizem o verdadeiro e o falso não se referem à mesma coisa.

6. Uma coisa diz-se falsa na medida em que possa enganar por natureza; ao dizer enganar, quero indicar uma certa ação que induza a um certo defeito, mas nada é por natureza capaz de agir a não ser enquanto ente, todo defeito é então um não-ente. Toda coisa pois enquanto ente tem semelhança com o verdadeiro, e enquanto não-ente afasta-se desta semelhança. Por isso, aquilo que quero indicar por "enganar", enquanto comporta ação, tem origem na semelhança, mas, enquanto comporta defeito, no qual formalmente consiste o caráter de falsidade, surge da dessemelhança; e portanto diz Agostinho [*De vera religione* 36] que a falsidade tem origem na dessemelhança.

## Resposta aos argumentos em contrário

1. A alma, por sua natureza, não é levada ao engano por qualquer dessemelhança, mas por uma grande semelhança em que não se pode encontrar facilmente a dessemelhança: e assim a alma é enganada por uma semelhança maior ou menor segundo uma maior ou menor perspicácia em descobrir a dessemelhança; todavia não se deve simplesmente enunciar que uma coisa é falsa por induzir alguém ao erro, mas por estar por nature-

est plures vel sapientes nata est fallere. Creaturae autem, quamvis aliquam Dei similitudinem gerant in seipsis, tamen maxima dissimilitudo subest, ut non nisi ex magna insipientia contingat quod ex tali similitudine mens decipiatur. Unde ex praedicta similitudine et dissimilitudine creaturarum ad Deum non sequitur quod omnes creaturae debeant dici falsae.

2. Ad secundum dicendum, quod quidam existimaverunt Deum esse corpus; et cum Deus sit unitas, qua omnia sunt unum, existimaverunt per consequens corpus esse unitatem ipsam, propter ipsam similitudinem unitatis. Secundum hoc ergo corpus falsa unitas dicitur, in quantum aliquos in errorem induxit vel inducere potuit, ut unitas crederetur.

3. Ad tertium dicendum, quod duplex est perfectio; scilicet prima, et secunda: prima perfectio est forma uniuscuiusque, per quam habet esse; unde ab ea nulla res destituitur dum manet; secunda perfectio est operatio, quae est finis rei, vel id per quod ad finem devenitur et hac perfectione interdum res destituitur. Ex prima autem perfectione resultat ratio veri in rebus; ex hoc enim quod res formam habet, artem divini intellectus imitatur, et sui notitiam in anima gignit. Sed ex perfectione secunda consequitur in ipsa ratio bonitatis, quae consurgit ex fine; et ideo malum simpliciter invenitur in rebus, non autem falsum.

4. Ad quartum dicendum, quod secundum Philosophum in VI *Ethic.*, ipsum verum est bonum intellectus; secundum hoc enim intellectus operatio est perfecta, quod sua conceptio est vera; et quia enuntiatio est signum intellectus, ideo veritas eius est finis ipsius. Non autem

za disposta a enganar a muitos ou aos sábios. Ora, embora as criaturas tragam em si mesmas alguma semelhança com Deus, todavia permanece uma máxima dessemelhança, daí que só por uma grande insipiência aconteça que a mente seja enganada por tal semelhança. Por isso, pela semelhança e dessemelhança mencionadas das criaturas a Deus, não se segue que todas as criaturas devam dizer-se falsas.

2. Alguns avaliaram que Deus seja um corpo, e como Deus é a unidade pela qual toda coisa é una, avaliaram conseqüentemente que o corpo fosse a própria unidade por causa de sua semelhança com a unidade. Assim, diz-se ser o corpo falsa unidade, por induzir ou poder induzir alguns a erro, de modo a ser avaliado como unidade.

3. Há uma dupla perfeição: a primeira perfeição é a forma de alguma coisa, pela qual tem o ser, daí que nenhuma coisa enquanto persiste é destituída de tal perfeição; a segunda perfeição é a operação que é o fim da coisa ou aquilo pelo qual se alcança o fim, e a coisa, às vezes, é destituída desta perfeição. Todavia, da primeira perfeição resulta o caráter de verdade da coisa: pois a coisa imita a arte do intelecto divino e gera o conhecimento de si na alma por ter a forma; da segunda perfeição, porém, procede na coisa o caráter de bondade, a qual se origina do fim. E, assim, o mal simplesmente encontra-se nas coisas, não porém o falso.

4. Segundo o Filósofo em VI *Ethicorum* [2], o próprio verdadeiro é o bem do intelecto: segundo isso, pois, a operação do intelecto é perfeita enquanto a sua concepção for verdadeira, e como o enunciado é signo do intelecto, assim a verdade do enunciado é seu fim. Não é

ita est in rebus aliis; et propter hoc non est simile.

### Articulus undecimus
### Utrum falsitas sit in sensibus

Et videtur quod non.

#### Obiectiones

1. Intellectus enim semper est rectus, ut dicitur in III *De anima*. Sed intellectus est superior pars in homine. Ergo et aliae partes eius rectitudinem sequuntur, sicut et in mundo maiori inferiora disponuntur secundum superiorum motum. Ergo et sensus, qui est inferior pars animae, semper erit rectus: non ergo in eo erit falsitas.

2. Praeterea, Augustinus dicit in lib. *De vera relig.*: ipsi oculi non fallunt nos; non enim enuntiare possunt animo nisi affectionem suam. Quod si et omnes corporis sensus ita enuntiant ut afficiuntur, quid ab eis amplius exigere debemus ignoro. Ergo in sensibus non est falsitas.

3. Praeterea, Anselmus in lib. *De veritate* dicit: videtur mihi veritas vel falsitas in sensu esse, sed in opinione; et sic habetur propositum.

#### Sed contra

1. Est quod Anselmus dicit: est quidem in sensibus nostris veritas, sed non semper; nam fallunt nos aliquando.

assim com as outras coisas, e por isso não vale a semelhança.

## Artigo 11
## Se há falsidade nos sentidos

Parece que há falsidade nos sentidos.

### Objeções

1. "O intelecto é sempre reto" como se diz em III *De anima* [10], porém o intelecto é a parte superior no homem; portanto também as outras partes seguem a sua retidão, como também no mundo as coisas inferiores estão dispostas segundo o movimento das superiores; portanto também os sentidos, que são parte inferior da alma, sempre serão retos, e neles não há falsidade.

2. Diz Agostinho [*De vera religione* 33]: "Os olhos não nos enganam pois só podem revelar à alma como são afetados. Ora, também todos os sentidos do corpo revelam tal como são afetados e por isso ignoro o que mais se possa exigir deles." Portanto, não há falsidade nos sentidos.

3. Anselmo [*De veritate* 6] diz: "Não me parece que a verdade ou a falsidade são nos sentidos, mas na opinião"; e assim comprova-se a tese.

### Em contrário

1. Diz Anselmo [*De veritate* 6]: "Certamente há verdade em nossos sentidos, mas nem sempre: pois às vezes nos enganam."

2. Praeterea, secundum Augustinum in lib. *Soliloquiorum*, falsum solet dici quod a verisimilitudine longe abest, sed tamen habet ad verum nonnullam imitationem. Sed sensus habet quandoque similitudinem aliquarum rerum, quae non sunt ita in rerum natura; sicut est quandoque quod unum duo videatur, ut cum oculus comprimitur. Ergo in sensu est falsitas.

3. Sed dicebat, quod sensus non decipitur in propriis sensibilibus, sed de communibus. Sed contra, quandocumque aliquid apprehenditur de aliquo aliter quam sit, est apprehensio falsa. Sed quando corpus album videtur mediante vitro viridi, sensus apprehendit aliter quam sit, quia apprehendit illud ut viride, et ita iudicat, nisi superius iudicium adsit, per quod falsitas detegatur. Ergo sensus decipitur etiam in propriis sensibilibus.

*Responsio*

Dicendum, quod cognitio nostra quae a rebus initium sumit, hoc ordine progreditur, ut primo incipiatur in sensu, et secundo perficiatur in intellectu; ut sic sensus inveniatur quodammodo medius inter intellectum et res: est enim, rebus comparatus, quasi intellectus; et intellectui comparatus, quasi res quaedam: et ideo in sensu dicitur esse veritas vel falsitas dupliciter. Uno modo secundum ordinem sensus ad intellectum; et sic dicitur sensus esse falsus vel verus sicut et res; in quantum, videlicet, faciunt existimationem veram in intellectu, vel falsam. Alio modo secundum

2. Segundo Agostinho [*Soliloquiorum* II, 15]: "Costuma-se dizer falso aquilo que se afasta muito da semelhança ao verdadeiro, mas que, no entanto, tenha alguma semelhança com o verdadeiro." Ora, os sentidos têm às vezes a imagem de algumas coisas que não são do mesmo modo na natureza, como quando às vezes uma coisa parece duas ao comprimir-se os olhos; portanto há falsidade nos sentidos.

3. Objetou-se que o sentido não se engana nos sensíveis próprios, mas nos sensíveis comuns. Replica-se: todas as vezes que uma coisa é apreendida de maneira diferente do que realmente é, há uma apreensão falsa. Ora, quando um corpo branco é visto através de um vidro verde, o sentido aprende-o de maneira diferente do que é, porque o apreende como verde, e assim julga, a não ser que intervenha um juízo superior pelo qual é detectada a falsidade; portanto o sentido também se engana nos sensíveis próprios.

*Solução*

O nosso conhecimento, que tem início nos sentidos, progride deste modo: em primeiro lugar, principia nos sentidos e, em segundo lugar, aperfeiçoa-se no intelecto, daí que os sentidos de certo modo medeiam entre o intelecto e a coisa: pois são comparados com as coisas como se fossem um intelecto, e ao intelecto como se fossem uma coisa. E assim se diz que nos sentidos há verdade ou falsidade de dois modos: do primeiro modo, segundo a ordem dos sentidos ao intelecto, deste modo se diz que os sentidos são verdadeiros ou falsos como a coisa, enquanto proporcionam ao intelecto um conhecimento verdadeiro ou falso; do segundo modo, conforme

ordinem sensus ad res; et sic dicitur esse veritas vel falsitas in sensu, sicut et in intellectu; in quantum videlicet iudicat esse quod est, vel quod non est. Si ergo loquamur de sensu secundum primum modum, sic in sensu quodammodo est falsitas, et quodammodo non est falsitas: sensus enim et est res quaedam in se, et est indicativum alterius rei. Si ergo comparetur ad intellectum secundum quod est res quaedam, sic nullo modo est falsitas in sensu intellectui comparato: quia secundum quod sensus disponitur, secundum hoc dispositionem suam intellectui demonstrat; unde Augustinus dicit in auctoritate inducta, quod non possunt animo enuntiare nisi affectionem suam. Si autem comparetur ad intellectum secundum quod est repraesentativum rei alterius, cum quandoque repraesentet ei aliter quam sit, secundum hoc sensus falsus dicitur, in quantum natus est facere falsam existimationem in intellectu, quamvis non necessario faciat, sicut et de rebus dictum est: quia intellectus iudicat sicut de rebus, ita et de his quae a sensibus offeruntur. Sic ergo sensus intellectui comparatus semper facit veram existimationem in intellectu de dispositione propria, sed non semper de dispositione rerum. Si autem consideretur sensus secundum quod comparatur ad res, tunc in sensu est falsitas et veritas per modum quo est in intellectu. In intellectu autem primo et principaliter invenitur veritas et falsitas in iudicio componentis et dividentis; sed in formatione quidditatum non nisi per ordinem ad iudicium quod ex formatione praedicta consequitur;

a ordem dos sentidos à coisa, e assim se diz que há verdade ou falsidade nos sentidos como no intelecto, enquanto verdadeiramente julgam ser aquilo que é ou que não é.

Se então falamos dos sentidos do primeiro modo, então nos sentidos de certo modo há falsidade e de certo modo não a há: pois o sentido é uma certa coisa em si mesmo e também é indicativo de outra coisa. Se for comparado ao intelecto enquanto é uma certa coisa, então de modo algum há falsidade no sentido comparado com o intelecto, porque o sentido é disposto de modo a apresentar ao intelecto sua disposição: daí dizer Agostinho no texto citado: "os sentidos só podem revelar à alma como são afetados". Se porém é comparado ao intelecto enquanto é representativo de outra coisa, posto que às vezes lhe representa a coisa diferente de como é, segundo este aspecto o sentido diz-se falso, enquanto proporciona, por sua natureza, uma falsa apreciação ao intelecto, ainda que não a proporcione necessariamente, como se disse quanto às coisas [a. 10], porque o intelecto, do mesmo modo que julga as coisas, assim julga aquilo que lhe é oferecido pelos sentidos. Assim, pois, o sentido comparado ao intelecto proporciona sempre ao intelecto uma apreciação verdadeira da própria disposição, mas nem sempre da disposição das coisas.

Se porém se consideram os sentidos segundo sua comparação às coisas, então nos sentidos há verdade ou falsidade do mesmo modo que no intelecto; no intelecto, pois, primária e principalmente encontra-se a verdade e a falsidade no juízo componente e dividente, todavia na formação das qüididades encontra-se somente em ordem ao juízo que se segue à formação mencionada;

unde et in sensu proprie veritas et falsitas dicitur secundum hoc quod iudicat de sensibilibus; sed secundum hoc quod sensibile apprehendit, non est ibi proprie veritas vel falsitas sed solum secundum ordinem ad iudicium; prout scilicet ex apprehensione tali natum est sequi tale vel tale iudicium. Sensus autem iudicium de quibusdam est naturale, sicut de propriis sensibilibus; de quibusdam autem quasi per quamdam collationem, quam facit in homine vis cogitativa, quae est potentia sensitivae partis, loco cuius in aliis animalibus est aestimatio naturalis; et sic iudicat vis sensitiva de sensibilibus communibus et de sensibilibus per accidens. Naturalis autem actio alicuius rei semper est uno modo, nisi per accidens impediatur, vel propter defectum intrinsecus, vel extrinsecus impedimentum; unde sensus iudicium de sensibilibus propriis semper est verum, nisi sit impedimentum in organo, vel in medio; sed de sensibilibus communibus vel per accidens interdum iudicium sensus fallitur. Et sic patet qualiter in iudicio sensus potest esse falsitas. Sed circa apprehensionem sensus sciendum est, quod est quaedam vis apprehensiva, quae apprehendit speciem sensibilem sensibili re praesente, sicut sensus proprius; quaedam vero quae apprehendit eam re absente, sicut imaginatio; et ideo semper sensus apprehendit rem ut est, nisi sit impedimentum in organo, vel in medio; sed imaginatio ut plurimum apprehendit rem ut non est, quia apprehendit eam ut praesentem, cum sit absens; et ideo dicit Philosophus

daí que também no sentido a verdade e a falsidade dizem-se propriamente enquanto ele julga os sensíveis, já na apreensão do sensível não há propriamente verdade e falsidade, mas tão-somente em relação ao juízo, enquanto, a saber, a tal apreensão, por sua natureza, se segue este ou aquele juízo. Pois o juízo dos sentidos em relação a algumas coisas é natural, como no caso dos sensíveis próprios; em relação a outras, no entanto, ocorre como por certo confronto, realizado no homem pela faculdade cogitativa, a qual é uma potência da parte sensitiva, em cujo lugar há nos outros animais a estimativa natural, e assim a potência sensitiva julga os sensíveis comuns e os sensíveis por acidente, mas a ação natural de alguma coisa ocorre sempre do mesmo modo, a menos que não seja impedida por acidente ou por algum defeito intrínseco ou por impedimento extrínseco. Por isso, também o juízo dos sentidos sobre os sensíveis próprios é sempre verdadeiro, a menos que não haja um impedimento no órgão ou no meio; enquanto sobre os sensíveis comuns ou por acidente às vezes os juízos dos sentidos podem falhar. Assim se esclarece de que modo pode haver falsidade nos juízos dos sentidos. Mas acerca da apreensão dos sentidos é preciso saber que há uma certa capacidade apreensiva, que apreende a espécie sensível na presença da coisa sensível, como os sentidos próprios, e há uma outra, todavia, que apreende a espécie sensível na ausência da coisa, como a imaginação. Desse modo, os sentidos apreendem sempre a coisa como é, a menos que haja um impedimento no órgão ou no meio, todavia a imaginação freqüentemente apreende a coisa como não é, enquanto a apreende como presente, sendo a coisa ausente: e por isso diz o Filósofo

in IV *Metaph.*, quod sensus non est dicens falsitatis, sed phantasia.

### *Responsio ad obiecta*

Ad primum ergo dicendum, quod in maiori mundo superiora nihil accipiunt ab inferioribus, sed e converso; sed in homine intellectus, qui est superior, aliquid accipit a sensu; et ideo non est simile.

Ad alia patet solutio de facili ex dictis.

### *Articulus duodecimus*
### *Utrum falsitas sit in intellectu*

Et videtur quod non.

### *Obiectiones*

1. Quia intellectus habet duas operationes: scilicet unam qua format quidditates, in qua non est falsum, ut Philosophus dicit in III *De anima*; aliam qua componit et dividit; et in hac etiam non est falsum, ut patet per Augustinum in lib. *De vera religione*, qui dicit sic: nec quisquam intelligit falsa. Ergo falsitas non est in intellectu.

2. Praeterea, Augustinus in libro LXXXIII *Quaestionum*, quaestio 32: omnis qui fallitur, id in quo fallitur, non intelligit. Ergo in intellectu non potest esse falsitas.

3. Item Algazel dicit: aut intelligimus aliquid sicut est, aut non intelligimus. Sed quicumque intelligit rem sicut est, vere

[IV *Metaph*. 4] que não é o sentido, mas a imaginação a portadora da falsidade.

### Resposta às objeções

No mundo, as coisas superiores não recebem nada das inferiores, mas ao contrário; contudo, no homem, o intelecto, que é superior, recebe algo dos sentidos. Por isso não vale a comparação.

É fácil, pelo que se disse, solucionar com clareza as objeções.

## Artigo 12
## *Se há falsidade no intelecto*

Parece que não há falsidade no intelecto.

### Objeções

1. O intelecto tem duas operações: a primeira pela qual forma as qüididades, na qual não há o falso, como diz o Filósofo [III *De anima* 11]; a segunda pela qual compõe e divide, e também nesta não há o falso, como é evidente pelo que diz Agostinho [*De vera religione* 34]: "Ninguém entende as coisas falsas"; portanto não há falsidade no intelecto.

2. Agostinho [LXXXIII *Quaestionum*, q. 32] afirma: "Quem quer que erre não entende aquilo em que erra", portanto não pode haver falsidade no intelecto.

3. Diz Algazel [*Metaph*. I, tr. 3, sent. 11]: "Ou entendemos uma coisa como é ou não a entendemos"; mas quem quer que entenda uma coisa como é, verdadeiramente a

intelligit. Ergo intellectus semper est verus; ergo non est in eo falsitas.

## Sed contra

Est quod Philosophus dicit in III *De anima*, quod ubi est compositio intellectuum, ibi iam verum et falsum est. Ergo falsitas invenitur in intellectu.

## Responsio

Dicendum, quod nomen intellectus sumitur ex hoc quod intima rei cognoscit; est enim intelligere quasi intus legere: sensus enim et imaginatio sola accidentia exteriora cognoscunt; solus autem intellectus ad interiora et essentiam rei pertingit. Sed ulterius intellectus ex essentiis rerum apprehensis diversimode negotiatur ratiocinando et inquirendo. Nomen ergo intellectus dupliciter accipi potest. Uno modo secundum quod se habet ad hoc tantum a quo primo nomen impositum fuit; et sic dicimur proprie intelligere cum apprehendimus quidditatem rerum, vel cum intelligimus illa quae statim nota sunt intellectui notis rerum quidditatibus, sicut sunt prima principia, quae cognoscimus dum terminos cognoscimus; unde et intellectus habitus principiorum dicitur. Quidditas autem rei est proprium obiectum intellectus; unde, sicut sensus sensibilium propriorum semper verus est, ita et intellectus in cognoscendo quod quid est ut dicitur in III *De anima*. Sed tamen per accidens potest ibi falsitas accidere, in quantum,

entende; portanto o intelecto é sempre verdadeiro e nele não há falsidade.

### Em contrário

O Filósofo [III *De anima* 6] diz: "onde há composição de conceitos, ali já há o verdadeiro e o falso"; portanto há falsidade no intelecto.

### Solução

O nome "intelecto" é atribuído por conhecer o íntimo das coisas: pois entender é como que um ler dentro (*intus legere*). Ora, o sentido e a imaginação conhecem somente os acidentes exteriores; só o intelecto alcança o interior e a essência da coisa. Posteriormente, porém, o intelecto, por meio da essência das coisas que apreendeu, procede diversamente raciocinando e indagando. Pois o nome "intelecto" pode ser entendido de dois modos: do primeiro modo, segundo se refere apenas àquilo que primeiramente ocasionou a imposição do nome, e assim se diz que entendemos propriamente quando apreendemos a qüididade da coisa; do segundo modo, quando entendemos aquilo que imediatamente é notado pelo intelecto ao conhecermos as qüididades das coisas, como no caso dos primeiros princípios, que conhecemos ao conhecermos os termos, por isso se diz que o intelecto é o hábito dos princípios. Ora, a qüididade da coisa é o objeto próprio do intelecto: por isso, assim como o sentido quanto aos sensíveis próprios é sempre verdadeiro, assim também o intelecto ao conhecer aquilo que é, como se diz em *De anima* [11]. Contudo por acidente pode aí acontecer a falsidade, enquanto pois o

videlicet, intellectus falso componit et dividit; quod dupliciter contingit: vel in quantum definitionem unius attribuit alteri, ut si animal rationale mortale conciperet quasi definitionem asini; vel in quantum coniungit partes definitionis ad invicem, quae coniungi non possunt, ut si conciperet quasi definitionem asini animal irrationale immortale; haec enim est falsa: aliquod animal irrationale est immortale. Et sic patet quod definitio non potest esse falsa, nisi in quantum implicat affirmationem falsam. Hic autem duplex modus falsitatis tangitur in V *Metaph*. Similiter nec in primis principiis intellectus ullo modo decipitur. Principiis intellectus ullo modo decipitur. Unde patet quod si intellectus accipiatur secundum illam actionem a qua nomen intellectus imponitur, non est in intellectu falsitas. Alio modo potest accipi intellectus communiter, secundum quod ad omnes operationes se extendit, et sic comprehendit opinionem et ratiocinationem; et sic in intellectu est falsitas; nunquam tamen si recte fiat resolutio in prima principia. Et per hoc patet solutio ad obiecta.

intelecto compõe e divide falsamente, o que acontece de dois modos: primeiramente, enquanto ele atribui a definição de uma coisa a outra, como se se concebesse animal racional mortal como sendo a definição de jumento; secundariamente, enquanto junta partes de definição que não podem ser juntadas, como se se concebesse a definição de jumento: animal irracional imortal. Realmente é falsa a proposição: algum animal irracional é imortal. E assim fica claro que a definição só pode ser falsa enquanto implicar uma afirmação falsa. Este duplo modo de falsidade é tratado em V *Metaph.* [22]. Analogamente também quanto aos primeiros princípios, o intelecto não pode de modo algum se enganar. Por isso é claro que se o intelecto é entendido segundo aquela ação pela qual lhe foi imposto o nome, nele não há falsidade. Mas o intelecto pode ser entendido em sentido genérico, enquanto se estende a todas as operações, e assim compreende a opinião e o raciocínio. Por isso, no intelecto há a falsidade, nunca porém se se realiza corretamente uma redução aos primeiros princípios.

E por isso é evidente a solução às objeções.

# *Nota introdutória a "Sobre a diferença entre a palavra divina e a humana"*

Apresentamos a seguir a tradução do opúsculo *Sobre a diferença entre a palavra divina e a humana* (*De differentia verbi divini et humani*), de Tomás de Aquino, a partir do original latino[1]. O texto do *De differentia* é certamente de autoria do próprio Tomás e reaparece como Introdução à *Exposição sobre o Evangelho de S. João*[2], escrito durante a segunda regência em Paris (em torno do ano 1270), como um comentário à sentença: "No princípio era o Verbo."

Além da já comentada dificuldade de traduzir *verbum*, outro complexo problema de tradução diz respeito à palavra latina *ratio*: optamos por deixar sem tradução seis das onze ocorrências desse vocábulo nos demais casos, decidimo-nos pela tradução por *essência* ou *conceito*[3].

Neste texto, tenha o leitor em conta que sempre que, na tradução, aparece "palavra", corresponde ao original latino *verbum*, que acumula também os significados de conceito e Verbo.

(Tradução e notas por Luiz Jean Lauand)

..........

1. *S. Thomae Aquinatis: Opuscula Omnia cura et studio R. P. Petri Mandonnet*, Paris, Lethielleux, 1927. Vol. V.

2. Em nossa tradução, cotejamos o *De differentia* com seu equivalente na *Exposição sobre o Evangelho de S. João* (Caput I, Lectio I, 25 a 29) em *S. Thomae Aquinatis: Super Evangelium S. Ioannis*, cura P. Raphaelis Cai O.P., editio V revisa, Turim-Roma, Marietti, 1952. Acolhemos o texto deste, quando nos pareceu oportuno, em alguns poucos casos de divergência.

3. Em uma outra utilização de *ratio*, traduzimos por *caráter*, e, finalmente, no único caso em que Tomás emprega *ratio* para indicar a faculdade racional: *razão*.

# *De differentia verbi divini et humani*

## *Introductio*

1. Ad intellectum hujus nominis quod dicitur "verbum" sciendum est secundum Philosophum (I *Perih.*, 2), quod ea quae sunt in voce, sunt signa earum quae sunt in anima passionum.

2. Consuetum autem est in Scripturis quod res significatae sortiuntur vocabula signorum, et e contrario, sicut illud: "Petra autem erat Christus" (1 Cor 10, 4).

3. De necessitate ergo sequitur, quod illud intrinsecum animae nostrae, quod significatur voce exteriori cum verbo nostro, verbum vocetur.

4. Utrum autem prius conveniat nomen verbi rei exteriori voce prolatae, vel ipsi conceptui animae interiori, nihil refert ad praesens. Planum tamen est, quod illud quod significatur interius in anima existens, prius est quam ipsum verbum vocem prolatum, utpote causa eius existens.

5. Si vero volumus scire quid est interius verbum in anima nostra, videamus quid significet verbum, quod exteriori voce profertur.

# *Sobre a diferença entre a palavra divina e a humana*

## *Introdução*

1. Para entender o vocábulo "palavra", é preciso saber que, como diz Aristóteles, aquilo que é expresso com a voz é signo do que há nas potências da alma.

2. Ora, é usual que na Sagrada Escritura se atribuam os nomes dos signos às realidades significadas, e reciprocamente, como quando se diz: "Esta pedra, porém, era Cristo" (1 Cor 10, 4).

3. Segue-se, pois, necessariamente, que se chame também "palavra" àquilo que está presente interiormente na nossa alma e que exteriormente é significado pela voz mediante a palavra.

4. Não tem a menor importância para esta nossa discussão se o nome "palavra" é mais adequado à realidade exterior, proferida pela voz, ou ao próprio conceito interior da alma. É, no entanto, evidente que o conceito interior na alma precede a palavra proferida vocalmente e é como que sua causa.

5. Se, pois, quisermos saber o que é essa "palavra interior" (o conceito) em nossa alma, examinemos o que significa a palavra proferida exteriormente pela voz.

# I

1. In intellectu autem nostro tria sunt, scilicet ipsa potentia intellectus, species rei intellectae, quae est forma eius se habens ad ipsum intellectum sicut species coloris ad pupillam, et intelligire, quod est operatio intellectus.

2. Nullum vero istorum significatur verbo exteriori voce prolato; nam hoc nomen, lapis, non significat substantiam intellectus, quia hoc non intendit dicere nominans; nec significat speciem qua intellectus intelligit, cum nec sit haec intentio nominantis, nec etiam significat ipsum intelligere, cum intelligere non sit actio progrediens ab intelligente, sed in ipso manens, verbum autem interius conceptum per modum egredientis se habet, quod testatur verbum exterius vocale, quod est eius signum; illud enim egreditur a dicente vocaliter ad extra.

3. Illud ergo proprie dicitur verbum interius, quod intelligens intelligendo format. Intellectus autem duo format secundum duas eius operationes. Nam secundum operationem suam, quae dicitur indivisibilium intelligentia, format definitionem. Secundum vero operationem, qua componit et dividit, format enuntiationem, vel aliquid tale, et ideo illud sic formatum et expressum per operationem intellectus vel definientis vel enuntiantis, exteriori verbo significat. Unde dicit Philosophus, IV Met., "Ratio quam significat nomen, est definitio".

# I

1. Ora, há no nosso intelecto três realidades, a saber:
a) a própria potência do intelecto;
b) a espécie da coisa conhecida, que é a sua forma, e que está para o intelecto assim como a espécie da cor está para a pupila (no caso da visão);
c) a própria operação do intelecto que é a intelecção.

2. Nenhuma destas três realidades, porém, é significada pela palavra proferida exteriormente mediante a voz. Pois uma palavra, digamos, "pedra", não significa a substância do intelecto, pois não é este o sentido que se imprime a essa palavra. Não significa também a espécie pela qual o intelecto entende (tampouco a isto se dirige a intenção do falante). E também não significa a própria intelecção, pois a intelecção não é um ato que "saia" do sujeito cognoscente, mas permanece nele; ao passo que a "palavra" interior é concebida e se comporta como algo que, por assim dizer, "sai" do sujeito, como se comprova pelo seu signo: a palavra exterior, que, sendo vocalmente proferida, sai para fora do sujeito.

3. Assim, é em sentido próprio que chamamos palavra interior àquilo que o sujeito forma no ato de intelecção. Ora, o intelecto forma duas coisas de acordo com duas de suas operações. Segundo a operação que se chama indivisível, forma a definição; e, segundo a operação pela qual afirma ou nega, forma a enunciação ou seus equivalentes. E, assim, aquilo que é formado e expresso pela operação do intelecto, ao definir ou enunciar, é significado pela palavra exterior. Daí que Aristóteles diga [IV *Metaph.*]: "A *ratio* significada por um nome é a definição."

4. Istud ergo sic formatum et expressum in anima dicitur verbum interius, et ideo comparatur ad intellectum non sicut quo intellectus intelligit, sed sicut in quo intelligit, quia in isto sic expresso et formato videt naturam rei intellectae.

## II

1. Ex his ergo duo possumus de verbo accipere, scilicet quod verbum est semper aliquid procedens ab intellectu, et in intellectu existens, et quod verbum est ratio et similitudo rei intellectae.

2. Et si quidem eadem res sit intelligens et intellecta, tunc verbum est ratio et similitudo intellectus a quo procedit. Si autem aliud sit intellectus et intellectum, tunc verbum non est ratio intelligentis, sed rei intellectae: sicut conceptio quam habet aliquis de lapide est similitudo lapidis tantum. Sed quando intellectus intelligit se, tunc tale verbum est ratio et similitudo intellectus.

3. Et ideo Augustinus ponit similitudinem Trinitatis in anima, secundum quod mens intelligit seipsam, non autem secundum quod intelligit alia. Patet ergo quod in qualibet re intellectuali, cui competet intelligere, necesse est ponere verbum: de ratione enim intelligendi est, quod intellectus intelligendo aliquid formet; talis autem formatio dicitur verbum.

## III

1. Natura vero intellectualis est natura humana, angelica et divina,

4. Portanto, aquilo que desse modo é formado e expresso na alma é chamado palavra interior e é referido ao intelecto não como aquilo pelo que o intelecto entende, mas aquilo no que entende, isto é, nessa palavra interior, expressa e formada, vê a natureza da coisa inteligida.

## II

1. Dessas considerações, podemos já extrair duas características da palavra: 1) que ela sempre é algo que procede do intelecto e existe no intelecto; 2) que a palavra sempre é *ratio* e semelhança da coisa conhecida pelo intelecto.

2. No caso em que o intelecto conhece a si mesmo, a palavra é *ratio* e semelhança do intelecto de que procede. Se, porém, um é o que conhece e outro é o conhecido, então a palavra não é a *ratio* do que conhece, mas a *ratio* da coisa conhecida: tal como o conceito que alguém tem de pedra não passa de semelhança da própria pedra. Mas quando o intelecto se conhece a si mesmo, então tal conceito é *ratio* e semelhança do próprio intelecto.

3. Daí que Agostinho [*De Trinitate* IX, 5] encontre um modelo da Trindade na alma humana: a mente conhece a si mesma, não segundo o modo pelo qual conhece a outro. É evidente, pois, que para o entendimento de qualquer realidade intelectual o cognoscente tenha de formar a palavra, pois é da própria essência da intelecção que o intelecto forme algo e este algo formado se chama palavra.

## III

1. Ora, sendo três as naturezas intelectuais – a humana, a angélica e a divina –, três são as palavras. Há, assim,

et ideo est verbum humanum; unde in Ps. XIII: "Dixit insipiens in corde suo: Non est Deus etc." Et est verbum angeli, Zac. I: "Dixit angelus etc." Et est verbum divinum, Gn I: "Dixit Deus etc."

2. De quo Joan.: "in principio erat Verbum etc.". Constat quod non dixit hoc de verbo humano nec angelico, quia utrumque istorum factum est, cum verbum non praecedat dicentem; hoc autem Verbum, de quo Joan. loquitur, non est factum, sed "omnia per ipsum facta sunt". Oportet ergo hoc de Verbo divino intelligi.

3. Et sciendum est quod Verbum Dei, de quo loquitur Joan, tres habet differentias ad verbum nostrum.

## IV

1. Prima est secundum Augustinum, quia verbum nostrum est prius formabile quam formatum; nam cum volo concipere rationem lapidis, oportet quod ad ipsum verbum ratiocinando perveniam, et sic est in omnibus aliis quae a nobis intelliguntur, nisi forte in primis principiis, quae cum sit naturaliter nota, absque discursu rationis statim intelliguntur seu cognoscuntur.

2. Quamdiu ergo intellectus ratiocinando discurrit, huc illucque jactatur, necdum formatio perfecta est, nisi quando ipsam rationem rei perfectae conceperit, et tunc primo habet rationem verbi.

uma palavra humana, como se lê no Salmo 13: "Disse o insensato em seu coração: 'Não há Deus' etc."; há palavra de anjo, como se lê em Zacarias [1, 9]: "Disse o anjo etc."; e há palavra divina: "Disse Deus: faça-se a luz etc." (Gn 1, 5).

2. Quando o evangelista diz "No princípio era o Verbo", sem dúvida se refere à Palavra divina e não à palavra humana ou angélica, ambas criadas, pois certamente a palavra não pode preceder àquele que a profere e o homem e o anjo também foram criados: têm causa e princípio em seu ser e em seu agir. Ora, a Palavra, o Verbo a que João se refere, não só não foi criado, como também "tudo por Ele foi criado". Trata-se, pois, necessariamente do Verbo divino.

3. Deve-se saber que a Palavra divina difere da nossa em três pontos.

*IV*

1. A primeira diferença entre a palavra divina e a humana, segundo Agostinho, é que a nossa palavra é antes formável do que formada: pois quando quero conceber a essência de pedra tenho de raciocinar para chegar a ela, e assim também em tudo o que é objeto de nossa intelecção, a não ser no caso dos primeiros princípios, que – sendo conhecidos naturalmente sem discurso da razão – são imediatamente conhecidos.

2. Enquanto o intelecto está em processo de discorrer raciocinando, lançado de um lado para o outro, não há formação perfeita até que perfaça o conceito da própria essência do objeto, e é só ao perfazer a *ratio* da coisa que essa *ratio* adquire caráter de palavra.

3. Et inde est quod in anima nostra est etiam cogitatio per quam significatur ipse discursus inquisitionis, verbum quod est jam formatum per perfectam contemplationem veritatis, ideo perfecta contemplatio veritatis dicitur Verbum.

4. Sic ergo verbum nostrum prius est in potentia quam in actu. Sed Verbum divinum semper est in actu, et ideo nomen cogitationis Verbo Dei proprie non convenit. Dicit enim Augustinus, III *De Trin.*, "Ita dicitur illud Verbum Dei, ut cogitando non dicatur, ne quid quasi volubile in Deo credatur". Et illud quod Anselmus dicit, quod "dicere summo Patri, nihil aliud est quam cogitando intueri", improprie dictum est.

*V*

1. Secunda differentia est verbi nostri ad divinum, quia nostrum est imperfectum; sed Verbum Dei est perfectissimum, quia nos non possumus omnia quae sunt in anima nostra uno verbo exprimere, et ideo oportet quod sint plura verba imperfecta, per quae divisim exprimamus omnia quae sint in scientia nostra sunt.

2. In Deo autem non est sic. Cum enim ipse intelligat et seipsum et quidquid intelligit per essentiam suam, uno actu unicum Verbum divinum expressivum est totius quod in Deo est, non solum patris, sed etiam creaturarum, aliter esset imperfectum: unde dicit Augustinus: "Si aliquid minus esset in verbo quam in scientia continentur dicentis, esset verbum imperfectum." Sed constat quod divinum Verbum est perfectissimum: ergo est tantum unum, unde Job XXXIII: "Semel loquitur Deus."

3. Há, pois, em nossa alma, cogitação, isto é, o pensamento que discorre e indaga; e há, além disso, a palavra que já está formada pela perfeita contemplação da verdade, e assim a perfeita contemplação da verdade se diz palavra.

4. A nossa palavra está, pois, em potência antes do que em ato. O Verbo divino, porém, está sempre em ato e assim o termo cogitação não é adequado ao Verbo de Deus. Tal como diz Agostinho [*De Trinitate* III]: "Chamamo-lo Verbo de Deus para excluir a cogitação; para que não se creia que haja em Deus movimento." E a sentença de Anselmo: "Falar, para o Pai, não é outra coisa que ver pela cogitação", é uma formulação imprópria.

## V

1. A segunda diferença entre a nossa palavra e a palavra divina é que a nossa é imperfeita, enquanto o Verbo divino é perfeitíssimo. E isto porque nós não podemos expressar em uma única palavra tudo o que há em nossa alma e devemos valer-nos de muitas palavras imperfeitas e, por isso, exprimimos fragmentária e setorialmente tudo o que conhecemos.

2. Já em Deus não é assim: Ele, conhecendo em um único ato a si mesmo e a todas as coisas pela Sua essência, um único Verbo divino expressa tudo que é em Deus: não só o que se refere ao Pai, mas também às criaturas, pois, em caso contrário, seria imperfeito. Daí que Agostinho diga: "Se houvesse menos no Verbo do que no conhecimento daquele que O profere, o Verbo seria imperfeito." Mas é certo que o Verbo divino é perfeitíssimo e, portanto, único, daí que se leia em Jó [33, 14]: "Uma só vez fala Deus."

## VI

1. Tertia differentia est, quod verbum nostrum non est ejusdem naturae nobiscum, sed verbum divinum est ejusdem naturae cum Deo, et subsistens in natura divina. Nam ratio intellectiva quam intellectus noster de aliqua re format, habet esse in anima intellectibili tantum; intelligere autem non est idem cum esse naturali animae, quia anima non est sua operatio, et ideo verbum quod format intellectus noster, non est de essentia animae, sed est accidens ei.

2. In Deo autem idem est intelligere et esse, et ideo verbum quod format intellectus divinus, non est aliquod accidens, sed pertinens ad naturam ejus: unde oportet quod sit subsistens, quia quidquid est natura Dei, est Deus. Unde dicit Damascenus, quod "Dei verbum subsistens est, et in hypostasi ens, reliqua vero verba [nostra, scilicet], virtutes sunt animae".

## VII

1. Ex praemissis ergo tenendum est, quod proprie loquendo Verbum semper dicitur personaliter in divinis, cum non importet nisi quid expressum ab intelligente.

2. Patet etiam quod Verbum in divinis est similitudo ejus a quo procedit et quod est coaeternum ei a quo procedit, cum non fuerit prius formabile quam formatum, sed semper in actu, et quod sit aequali Patri, cum sit perfectum, et totius esse Patris expressivum, et quod sit coessentiale et consubstantiale Patri, cum sit subsistens in natura ejus.

## VI

1. A terceira diferença está em que a nossa palavra não constitui uma única natureza conosco, enquanto o Verbo divino constitui uma mesma natureza com Deus e subsiste na natureza divina. Pois a *ratio* intelectiva que nosso intelecto forma de algo só tem ser na alma intelectiva; pois o conhecer intelectualmente não se identifica com a própria alma, já que a alma não é a sua operação. E, assim, o termo que o nosso intelecto forma não é da essência da alma, mas apenas seu acidente.

2. Já em Deus entender e ser é o mesmo, e, assim, o Verbo formado pelo intelecto divino não é algo acidental, mas de Sua natureza: daí que necessariamente seja subsistente, já que tudo que é na natureza de Deus é Deus. Daí que João Damasceno afirme que "o Verbo de Deus é subsistente, existe em Pessoa; enquanto as outras palavras (as humanas) não são senão produtos da alma".

## VII

1. Do que acima dissemos, segue-se que, propriamente falando, em se tratando de Deus, o Verbo sempre se diz pessoalmente, quando se referir àquele que é expresso pelo que entende.

2. É evidente também que o Verbo divino é semelhança Daquele de quem procede e é-lhe co-eterno, porque não foi formável antes de ser formado, mas é sempre em ato. E, sendo perfeito e expressivo da plenitude do ser do Pai, é igual ao Pai; e sendo subsistente na natureza do Pai, é-lhe co-essencial e consubstancial.

3. Patet etiam quod cum in qualibet natura id quod procedit habens similitudunem et naturam ejus a quo procedit, vocetur filius: et hoc fit in Verbo, quod in Deo dicatur Filius, et productio ejus dicitur generatio.

3. É evidente ainda que, em qualquer natureza, aquele que procede, guardando a semelhança e a natureza daquele de quem procede, chame-se filho. É o caso do Verbo, que em Deus é chamado Filho e sua produção denominada geração.

# *Nota introdutória à questão disputada "Sobre o verbo"*

A questão refere-se constantemente à teologia trinitária. Já no artigo 1, o mistério da processão é estudado em analogia com a alma humana: o Verbo – a Palavra divina – é comparado ao falar humano.

O artigo 2 discute os conceitos escolásticos de *distinção real* (que se dá entre realidades – *supposita* – diferentes) e *distinção de razão* (que se dá só entre conceitos aplicáveis a uma mesma e única realidade).

O artigo 3 destaca o caráter manifestativo, que se dá no intelecto, do *verbo*.

No artigo 4, encontra-se a diferença entre o nosso intelecto – que expressa a realidade fragmentariamente por diversas palavras – e o divino, que expressa tudo num único *Verbum*.

Analogamente, no artigo 5, mostra-se que as criaturas têm uma dependência real para com o *Verbo*, mas não ao contrário...

No artigo 6, Tomás mostra como – do mesmo modo que o Sol por sua supereminência não pode ser dito quente – as coisas são mais verdadeiras no Verbo e que só em termos de predicação são mais verdadeiras em si mesmas.

O artigo 7 retoma o importante tema das criaturas como palavras proferidas por Deus e o artigo 8 discute – o fundamento é joânico – o *Verbo* como fonte de vida.

(Tradução e notas por Luiz Jean Lauand)

# *Quaestio quarta – De verbo*

### *Articulus primus*
### *Utrum verbum proprie dicatur in divinis*

Et videtur quod non.

### *Obiectiones*

1. Est enim duplex verbum, scilicet interius et exterius. Exterius autem de Deo proprie dici non potest, cum sit corporale et transiens; similiter nec verbum interius, quod Damascenus definiens, dicit, in II *libro*: "Sermo interius dispositus est motus animae in excogitativo fiens, sine aliqua enuntiatione." In Deo autem non potest poni nec motus nec cogitatio, quae discursu quodam perficitur. Ergo videtur quod verbum nullo modo proprie dicatur in divinis.

2. Praeterea, Augustinus in XV *De Trinit.* probat, quod verbum quoddam est ipsius mentis, ex hoc quod etiam eius aliquod os esse dicitur, ut patet *Matth*. XV, 11: "Quae procedunt de ore, haec coinquinant hominem"; quod de ore cordis intelligendum esse ostenditur ex his quae

# Quarta questão – Sobre o verbo

## Artigo 1
### Se o nome verbo se aplica propriamente nas relações divinas

Parece que não.

### Objeções

1. Há um duplo sentido de *verbo*: o interior e o exterior. Ora, o *verbo* exterior não pode ser aplicado em sentido próprio a Deus, pois é corporal e efêmero. E nem tampouco o *verbo* interior, pois pela definição de João Damasceno [*De fide* II, 21]: "o *verbo* interior é um movimento da alma que ocorre no raciocínio discursivo sem nenhuma enunciação". Ora, em Deus não se dá movimento nem raciocínio que requeresse um certo procedimento discursivo. Parece, pois, que *verbo*, de modo algum, possa se aplicar propriamente a Deus.

2. Agostinho [XV *De Trinitate* 10] prova que o *verbo*, de certo modo, pertence à própria mente pois dela é a boca, como fica claro em Mt 15, 11: "O que sai da boca contamina o homem...", que deve ser entendido como *da boca do coração*, como se evidencia pela continua-

sequuntur: "quae autem procedunt de ore, de corde exeunt". Sed os non dicitur nisi metaphorice in spiritualibus rebus. Ergo nec verbum.

3. Praeterea, Verbum ostenditur esse medium inter Creatorem et creaturas, ex hoc quod *Ioan*. I, 3, dicitur: "Omnia per ipsum facta sunt"; et ex hoc ipso probat Augustinus, quod Verbum non est creatura. Ergo eadem ratione potest probari quod Verbum non sit creator; ergo verbum nihil ponit quod sit in Deo.

4. Praeterea, medium aequaliter distat ab extremis. Si igitur Verbum medium est inter Patrem dicentem et creaturam quae dicitur, oportet quod Verbum per essentiam distinguatur a Patre, cum per essentiam a creaturis distinguatur. Sed in divinis non est aliquid per essentiam distinctum. Ergo verbum non proprie ponitur in Deo.

5. Praeterea, quidquid non convenit Filio nisi secundum quod est incarnatus, hoc non proprie dicitur in divinis; sicut esse hominem, vel ambulare, aut aliquid huiusmodi. Sed ratio verbi non convenit Filio nisi secundum quod est incarnatus, quia ratio verbi est ex hoc quod manifestat dicentem; Filius autem non manifestat Patrem nisi secundum quod est incarnatus, sicut nec verbum nostrum manifestat intellectum nostrum nisi secundum quod est voci unitum. Ergo verbum non dicitur proprie in divinis.

6. Praeterea, si verbum proprie esset in divinis, idem esset Verbum quod fuit ab aeterno apud Patrem, et quod est ex tempore incarnatum, sicut dicimus quod est idem Filius. Sed hoc, ut videtur, dici non potest; quia Verbum incarnatum comparatur verbo vocis, Verbum autem apud Patrem existens, verbo mentis, ut patet per Augustinum in XV *De Trinit*.: non est autem idem verbum cum voce prolatum, et verbum

ção da sentença: "...pois o que sai da boca, provém do coração". Ora, "boca", só metaforicamente pode-se aplicar a seres espirituais e portanto também *verbo*.

3. Em Jo 1, 3, mostra-se que o *Verbo* é um intermediário entre o Criador e as criaturas: "tudo foi feito por Ele". Daí, Agostinho [*in* Jo I, 11 e 12] prova que o *Verbo* não é criatura. Ora, pela mesma razão, pode-se provar que o *Verbo* não é o Criador. Portanto, *verbo* não se refere a nada em Deus.

4. O meio dista igualmente dos extremos. Se pois o *Verbo* está como intermediário entre o Pai que profere e a criatura que é proferida, então ele essencialmente se distingue do Pai como se distingue essencialmente das criaturas. Mas em Deus não há algo essencialmente distinto. Logo, *verbo* não se aplica propriamente a Deus.

5. Tudo o que se aplica ao Filho só pela Encarnação não se aplica propriamente a Deus: como o ser homem, o andar etc. Mas o caráter de *verbo* diz respeito ao Filho enquanto encarnado, pois o que caracteriza o *verbo* é manifestar aquele que o profere. Ora, o Filho só manifesta o Pai ao estar encarnado, como nosso *verbo* manifesta nosso intelecto só quando está unido à voz. Logo, o *verbo* não se aplica propriamente a Deus.

6. Se o *verbo* se aplicasse propriamente a Deus, então o *Verbo* que era desde a eternidade junto ao Pai e aquele que se encarnou no tempo seriam o mesmo e único, como dizemos que o Filho é um mesmo e único. Mas isto, ao que parece, não se pode afirmar, pois o *Verbo* encarnado corresponde ao *verbo* vocalmente proferido, enquanto o *Verbo* junto ao Pai corresponde ao *verbo* mental, como mostra Agostinho [XV *De Trinitate* 11]. Sendo distintos o *verbo* proferido vocalmente e o *verbo*

in corde existens. Ergo non videtur quod Verbum quod ab aeterno dicitur apud Patrem fuisse, proprie ad naturam divinam pertineat.

7. Praeterea, quanto effectus est posterior, tanto magis habet rationem signi, sicut vinum est causa finalis dolii, et ulterius circuli, qui appenditur ad dolium designandum; unde circulus maxime habet rationem signi. Sed verbum quod est in voce, est effectus postremus ab intellectu progrediens. Ergo ei magis convenit ratio signi quam conceptui mentis; et similiter etiam ratio verbi, quod a manifestatione imponitur. Omne autem quod per prius est in corporalibus quam in spiritualibus, non proprie dicitur de Deo. Ergo verbum non proprie dicitur de ipso.

8. Praeterea, unumquodque nomen illud praecipue significat a quo imponitur. Sed hoc nomen verbum imponitur vel a verberatione aeris, vel a boatu, secundum quod verbum nihil est aliud quam verum boans. Ergo hoc est quod praecipue significatur nomine verbi. Sed hoc nullo modo convenit Deo nisi metaphorice. Ergo verbum non proprie dicitur in divinis.

9. Praeterea, verbum alicuius dicentis videtur esse similitudo rei dictae in dicente. Sed Pater intelligens se, non intelligit se per similitudinem, sed per essentiam. Ergo videtur quod ex hoc quod intuetur se, non generet aliquod verbum sui. Sed "nihil est aliud dicere summo spiritui quam cogitando intueri", ut Anselmus dicit. Ergo verbum non proprie dicitur in divinis.

10. Praeterea, omne quod dicitur de Deo ad similitudinem creaturae, non dicitur de eo proprie, sed metaphorice. Sed

que existe no coração, não parece que o *Verbo* do qual se diz que desde a eternidade é junto ao Pai seja propriamente de natureza divina.

7. Quanto mais o efeito é posterior à causa tanto mais tem caráter de signo. É o caso das etiquetas com que se rotulam os vinhos: o vinho é causa final do tonel e por extensão da etiqueta que se ajunta ao tonel para marcá-lo. Daí que a etiqueta da marca tenha maximamente o caráter de signo. Ora, o *verbo* na voz é o efeito último que procede do intelecto e, portanto, a ele – mais do que ao conceito da mente – convém o caráter de signo e analogamente também o caráter de *verbo*, que decorre da manifestação. Ora, aquilo que primariamente se dá em coisas corporais mais do que nas espirituais não se pode aplicar propriamente a Deus. Daí que o *verbo* não se aplique propriamente a Deus.

8. Cada nome significa principalmente aquilo que lhe foi atribuído em sua origem. Ora, *verbo* vem de *verberação* do ar ou de ressonância, daí que *verbo* seja simplesmente algo que ressoa e isto é o que significa principalmente o nome *verbo*. Ora, isto não se pode aplicar de modo algum – a não ser metaforicamente – a Deus e portanto *verbo* não se aplica propriamente a Deus.

9. O *verbo* parece ser uma semelhança no falante da realidade de que se fala. Ora, o Pai, ao se conhecer, não se conhece por semelhança, mas por essência e assim parece que ao intuir a si mesmo não gere *verbo* algum. Mas, como diz Anselmo [*Monologion* 63] "falar pelo Espírito Santo é pura e simplesmente intuir pensando". Daí que *verbo* não se aplique propriamente a Deus.

10. Tudo o que se afirma de Deus por semelhança com a criatura diz-se metafórica e não propriamente. Ora,

verbum in divinis dicitur ad similitudinem verbi quod est in nobis, ut Augustinus dicit. Ergo videtur quod metaphorice, et non proprie, in divinis dicatur.

11. Praeterea, Basilius dicit, quod Deus dicitur verbum, secundum quod eo omnia proferuntur; sapientia, quo omnia cognoscuntur; lux, quo omnia manifestantur. Sed proferre non proprie dicitur in Deo, quia prolatio ad vocem pertinet. Ergo verbum non proprie dicitur in divinis.

12. Praeterea, sicut se habet verbum vocis ad Verbum incarnatum, ita verbum mentis ad Verbum aeternum, ut per Augustinum patet. Sed verbum vocis non dicitur de Verbo incarnato nisi metaphorice. Ergo nec verbum interius dicitur de Verbo aeterno nisi metaphorice.

## Sed contra

1. Augustinus dicit in IX *De Trinit.*: "Verbum quod insinuare intendimus, cum amore notitia est." Sed notitia et amor proprie dicuntur in divinis. Ergo et verbum.

2. Praeterea, Augustinus in XV *De Trinit.* dicit: "Verbum quod foris sonat, signum est verbi quod intus lucet, cui magis verbi competit nomen: nam illud quod profertur carnis ore, vox verbi est; verbumque et ipsum dicitur propter illud a quo, ut foris appareret, assumptum est." Ex quo patet quod nomen verbi magis proprie dicitur de verbo spirituali quam de corporali. Sed omne illud quod magis proprie invenitur in spiritualibus quam in corporalibus, propriissime Deo competit. Ergo verbum propriissime in Deo dicitur.

3. Praeterea, Richardus de Sancto Victore dicit quod verbum est manifestativum sensus alicuius sapientis. Sed

*verbo* se diz em Deus por semelhança com o *verbo* que está em nós, segundo Agostinho [*De Trinitate* XV, 11]. Daí que *verbo* se aplique metafórica e não propriamente a Deus.

11. Basílio diz que o *verbo* se atribui a Deus enquanto todas as coisas são proferidas por Ele: a Sabedoria pela qual todas as coisas são conhecidas, a luz que manifesta todas as coisas. Ora, o proferir que depende de emissão de voz não compete propriamente a Deus. Portanto o *verbo* não se aplica propriamente a Deus.

12. O *verbo* vocal está para o *Verbo* encarnado assim como o *verbo* da mente está para o *Verbo* eterno, como mostra Agostinho [*De Trinitate* XV, 11]. Ora, o *verbo* vocal só metaforicamente pode ser aplicado ao *Verbo* Encarnado e assim também o *verbo* interior só metaforicamente pode se aplicar ao *Verbo* eterno.

## Em contrário

1. Diz Agostinho [IX *De Trinitate* 10]: "O *Verbo* a que pretendemos aludir é conhecimento com amor." Ora, conhecimento e amor aplicam-se propriamente a Deus, logo também o *Verbo*.

2. Diz Agostinho [XV *De Trinitate* 11]: "o *verbo* que soa exteriormente é signo do *verbo* que reluz interiormente e a este corresponde mais o nome de *verbo*, pois aquilo que vem proferido materialmente pela boca é a voz do *verbo* e se chama *verbo* por causa daquilo que é captado por aparecer exteriormente". Fica portanto evidente que o nome *verbo* mais propriamente se aplica ao espiritual do que ao corporal e assim aplica-se com absoluta propriedade a Deus.

3. Ricardo de São Vítor diz [*De Trinitate* VI, 12] que o *verbo* manifesta o conhecimento de alguém. Ora, o Filho

Filius verissime manifestat sensum Patris. Ergo nomen verbi propriissime in Deo dicitur.

4. Praeterea, verbum, secundum Augustinum in XV *De Trinit.*, nihil est aliud quam cogitatio formata. Sed divina consideratio nunquam est formabilis, sed semper formata, quia semper est in suo actu. Ergo propriissime dicitur verbum in divinis.

5. Praeterea, inter modos unius, illud quod est simplicissimum, primo et maxime proprie dicitur unum. Ergo et similiter in verbo, quod est maxime simplex, propriissime dicitur verbum. Sed Verbum quod est in Deo, est simplicissimum. Ergo propriissime dicitur Verbum.

6. Praeterea, secundum grammaticos, haec pars orationis quae verbum dicitur, ideo sibi commune nomen appropriat, quia est perfectio totius orationis, quasi praecipua pars ipsius; et quia per verbum manifestantur aliae partes orationis, secundum quod in verbo intelligitur nomen. Sed Verbum divinum est perfectissimum inter omnes res, et est etiam manifestativum rerum. Ergo propriissime verbum dicitur.

*Responsio*

Dicendum, quod nomina imponuntur a nobis secundum quod cognitionem de rebus accipimus. Et quia ea quae sunt posteriora in natura, sunt ut plurimum prius nota nobis, inde est quod frequenter secundum nominis impositionem, aliquod nomen prius in aliquo duorum invenitur in quorum altero per nomen significata res prius existit; sicut patet de nominibus quae dicuntur de Deo et creaturis, ut ens, bonum, et huiusmodi, quae prius fuerunt creaturis imposita, et ex his ad

manifesta de modo sumamente verdadeiro o conhecimento do Pai e o nome *Verbo* se aplica com absoluta propriedade a Deus.

4. Segundo Agostinho [XV *De Trinitate* 11] *verbo* é pensamento já formado. Ora, a consideração divina nunca está em processo de formação, mas sempre está formada porque sempre é em ato. Daí que o nome *Verbo* se aplique com absoluta propriedade a Deus.

5. Assim como entre os modos da unidade diz-se que máxima e propriamente é *uno* aquilo que é simplicíssimo, assim também o *verbo* que é extremamente simples diz-se *verbo* com absoluta propriedade. Ora, o *Verbo* que está em Deus é simplicíssimo e diz-se *Verbo* com absoluta propriedade.

6. Segundo os gramáticos, a parte da oração chamada *verbo* – sua parte principal – configura o substantivo e é a perfeição de toda a oração. Pois é pelo *verbo* que se manifestam as outras partes da oração e por ele se torna inteligível o substantivo. Ora, o *Verbo* divino é perfeitíssimo entre todas as coisas e é também por Ele que se manifestam as coisas. Daí que com absoluta propriedade se chame *Verbo*.

*Solução*

Impomos nomes às coisas segundo o conhecimento que delas temos. Ora, freqüentemente acontece que seja antes conhecido por nós aquilo que é posterior na natureza. E muitas vezes diante de duas realidades impomos o nome primariamente a algo que na ordem do ser se encontra anteriormente em outra realidade. Isto é evidente nos nomes que se aplicam a Deus e às criaturas como "ente", "bom" e outros semelhantes, que foram aplicados antes às criaturas e a partir delas transferidas para

divinam praedicationem translata, quamvis esse et bonum per prius inveniatur in Deo. Et ideo, quia verbum exterius, cum sit sensibile, est magis notum nobis quam interius secundum nominis impositionem, per prius vocale verbum dicitur verbum quam verbum interius, quamvis verbum interius naturaliter sit prius, utpote exterioris causa et efficiens et finalis. Finalis quidem, quia verbum vocale ad hoc a nobis exprimitur, ut interius verbum manifestetur: unde oportet quod verbum interius sit illud quod significatur per exterius verbum. Verbum autem quod exterius profertur, significat id quod intellectum est, non ipsum intelligere, neque hoc intellectum qui est habitus vel potentia, nisi quatenus et haec intellecta sunt: unde verbum interius est ipsum interius intellectum. Efficiens autem, quia verbum prolatum exterius, cum sit significativum ad placitum, eius principium est voluntas, sicut et ceterorum artificiatorum; et ideo, sicut aliorum artificiatorum praeexistit in mente artificis imago quaedam exterioris artificii, ita in mente proferentis verbum exterius, praeexistit quoddam exemplar exterioris verbi. Et ideo, sicut in artifice tria consideramus, scilicet finem artificii, et exemplar ipsius, et ipsum artificium iam productum, ita et in loquente triplex verbum invenitur: scilicet id quod per intellectum concipitur, ad quod significandum verbum exterius profertur: et hoc est verbum cordis sine voce prolatum; item exemplar exterioris verbi, et hoc dicitur verbum interius quod habet imaginem vocis; et verbum

a predicação divina, ainda que em si o ser e o bem se encontrem primariamente em Deus. E assim, sendo o *verbo* exterior sensível e para nós mais notório do que o *verbo* interior, para efeitos de imposição de nomes, primeiramente é o *verbo* vocal que se diz *verbo*, ainda que o *verbo* interior seja-lhe anterior enquanto causa eficiente e final do *verbo* exterior.

É causa final porque o *verbo* vocal é por nós expresso precisamente para manifestar o *verbo* interior, daí que necessariamente o *verbo* interior seja aquilo que é significado pelo *verbo* exterior. Assim, o *verbo* proferido exteriormente é signo daquilo que é conhecido, mas não é o ato de conhecer nem o próprio intelecto – que é hábito ou potência – senão na medida em que estes se tornam aquelas coisas que são conhecidas: daí que o *verbo* interior seja a própria coisa enquanto conhecida interiormente.

E é causa eficiente porque o princípio do *verbo* proferido exteriormente – cujo significado é estabelecido por convenção – é a vontade, tal como acontece com outras coisas artificiais. E – como no caso de outras coisas artificiais, caso em que preexiste na mente do artífice uma imagem do artefato que vai ser produzido – também no caso do falar preexiste um certo modelo exemplar do *verbo* exterior na mente de quem profere esse *verbo* exterior.

No caso do artífice, há uma tríplice consideração: o fim do artífice, seu modelo exemplar e o próprio artefato já produzido. Do mesmo modo encontramos no falante um tríplice *verbo*: 1) o conceito do intelecto do qual o *verbo* exteriormente proferido é um signo: é o *verbo* do coração, proferido sem voz; 2) o verbo interior, que tem a "imagem sonora" do vocábulo e é exemplar do verbo

exterius expressum, quod dicitur verbum vocis. Et sicut in artifice praecedit intentio finis, et deinde sequitur excogitatio formae artificiati, et ultimo artificiatum in esse producitur; ita verbum cordis in loquente est prius verbo quod habet imaginem vocis, et postremum est verbum vocis.

Verbum igitur vocis, quia corporaliter expletur, de Deo non potest dici nisi metaphorice: prout scilicet ipsae, creaturae, a Deo productae verbum eius dicuntur, aut motus ipsarum, inquantum designant intellectum divinum, sicut effectus causam. Unde, eadem ratione, nec verbum quod habet imaginem vocis, poterit dici de Deo proprie, sed metaphorice tantum; ut sic dicantur verbum Dei ideae rerum faciendarum. Sed verbum cordis, quod nihil est aliud quam id quod actu consideratur per intellectum, proprie de Deo dicitur, quia est omnino remotum a materialitate et corporeitate et omni defectu; et huiusmodi proprie dicuntur de Deo, sicut scientia et scitum, intelligere et intellectum.

## Responsio ad obiecta

1. Ad primum ergo dicendum, quod cum verbum interius sit id quod intellectum est, nec hoc sit in nobis nisi secundum quod actu intelligimus, verbum interius semper requirit intellectum in actu suo, qui est intelligere. Ipse autem actus intellectus motus dicitur, non quidem imperfecti, ut describitur in III *Phys.*; sed motus perfecti, qui est operatio ut dicitur in III *De anima*; et ideo Damascenus dixit, verbum interius

exterior; 3) o *verbo* exteriormente expresso, chamado *verbo* vocal. Como no caso do artífice, temos primeiro o fim intentado; a seguir, a concepção da forma do objeto e finalmente a produção real do objeto. Do mesmo modo, o *verbo* do coração no falante precede o *verbo* que tem a imagem da voz e finalmente temos o *verbo* vocal.

O *verbo* vocal, por ser expresso corporeamente, só de modo metafórico pode ser atribuído a Deus, no sentido de que, sendo as criaturas produzidas por Deus, são como que *palavras* de Deus, como também as mudanças delas enquanto são sinais do intelecto divino como o efeito o é da causa. Por essa mesma razão, nem o *verbo* que tem a imagem da voz pode ser atribuído a Deus em sentido próprio, mas só metaforicamente como quando se chamam *verbo* de Deus as idéias das coisas que se fazem. Mas o *verbo* do coração, que é aquilo que é considerado em ato pelo intelecto, predica-se propriamente de Deus, pois é absolutamente alheio à materialidade, à corporeidade e a qualquer defeito. E predica-se de Deus propriamente, como o saber e o que é sabido, o conhecer e o que é conhecido.

*Resposta às objeções*

1. Sendo o *verbo* interior aquilo que é entendido e só está em nós enquanto entendemos em ato, o *verbo* interior requer sempre o intelecto em ato, que é o próprio entender. Fala-se portanto em movimento do intelecto, mas não se trata aqui daquele movimento imperfeito descrito por Aristóteles [III *Phys.* 3], mas do movimento perfeito que é a operação, da que se fala em III *De anima* [12]. E assim João Damasceno fala do *verbo* interior como um movimento da mente, mas tomando o

esse motum mentis, ut tamen accipiatur motus pro eo ad quod motus terminatur, id est operatio pro operato, sicut intelligere pro intellecto. Nec hoc requiritur ad rationem verbi quod actus intellectus, qui terminatur ad verbum interius, fiat cum aliquo discursu, quem videtur cogitatio importare; sed sufficit qualitercumque aliquid actu intelligatur. Quia tamen apud nos ut frequentius per discursum interius aliquid dicimus, propter hoc Damascenus et Anselmus definientes verbum, utuntur cogitatione loco considerationis.

2. Ad secundum dicendum, quod argumentum Augustini non procedit a simili, sed a minori; minus enim videtur quod in corde os dici debeat quam verbum; et ideo ratio non procedit.

3. Ad tertium dicendum, quod medium potest accipi dupliciter. Uno modo inter duo extrema motus: sicut pallidum est medium inter album et nigrum in motu denigrationis vel dealbationis. Alio modo inter agens et patiens: sicut instrumentum artificis est medium inter ipsum et artificiatum; et similiter omne illud quo agit; et hoc modo Filius est medium inter Patrem creantem et creaturam factam per Verbum; non autem inter Deum creantem et creaturam, quia ipsum Verbum etiam est Deus creans; unde sicut Verbum non est creatura, ita non est Pater. Et tamen etiam praeter hoc ratio non sequeretur. Dicimus enim, quod Deus creat per sapientiam suam essentialiter dictam, ut sic sapientia sua medium dici possit inter Deum et creaturam; et tamen ipsa sapientia est Deus. Augustinus autem non per hoc probat Verbum non esse creaturam, quia est medium, sed quia est universalis creaturae causa.

movimento pelo seu termo, isto é, tomando a operação em lugar daquilo que é operado, o ato de entender em vez do que é entendido. O conceito de *verbo* não requer que o ato do intelecto que tem seu termo no *verbo* interior se produza discursivamente, envolvendo raciocínio, mas é suficiente que, de qualquer modo, haja conhecimento pelo ato do intelecto. Como *para nós* freqüentemente o dizer interior está associado a procedimentos discursivos, João Damasceno e Anselmo definiram o *verbo* em termos de "raciocínio" em vez de "consideração".

2. O argumento de Agostinho não procede do que é semelhante mas do que é menor: com efeito, parece menor que no coração se fale de boca em vez de *verbo*, e portanto não vige.

3. Intermediário pode ser entendido de dois modos: em primeiro lugar, como algo que está entre os dois extremos do movimento, como acinzentado é intermédio entre o branco e o negro num processo de enegrecimento ou de alvejamento. O outro modo é a intermediação que se exerce entre agente e paciente: como o instrumento do artífice é intermediário entre ele e o artefato, e do mesmo modo em tudo aquilo através do qual se age. Deste modo é o Filho intermediário entre o Pai criador e a criatura feita pelo *Verbo*; não porém entre Deus criador e a criatura, pois o *Verbo* é, Ele próprio, Deus criador: daí que, se o *Verbo* não é criatura, também não o é o Pai. No entanto, mesmo prescindindo disto, a argumentação não procede, pois dizemos que Deus cria pela Sabedoria, que é de sua essência. Essa Sabedoria, portanto, sim é intermediária, mas é o próprio Deus. Ora, Agostinho não prova que o *Verbo* não é criatura por ser intermediário e sim por ser causa universal da criatura, pois todo movi-

In quolibet enim motu fit reductio ad aliquod primum, quod non movetur secundum motum illum, sicut alterabilia omnia reducuntur in primum alterans non alteratum; et ita etiam illud in quod reducuntur creata omnia, oportet esse non creatum.

4. Ad quartum dicendum, quod medium quod accipitur inter terminos motus, aliquando accipitur secundum aequidistantiam terminorum, aliquando autem non. Sed medium quod est inter agens et patiens, si sit quidem medium, ut instrumentum, quandoque est propinquius primo agenti, quandoque propinquius ultimo patienti; et quandoque se habet secundum aequidistantiam ad utrumque; sicut patet in agente cuius actio ad patiens pervenit pluribus instrumentis. Sed medium quod est forma qua agens agit, semper est propinquius agenti, quia est in ipso secundum veritatem rei, non autem in patiente nisi secundum sui similitudinem. Et hoc modo Verbum dicitur esse medium inter Patrem et creaturam. Unde non oportet quod aequaliter distet a Patre et creatura.

5. Ad quintum dicendum, quod quamvis apud nos manifestatio, quae est ad alterum, non fiat nisi per verbum vocale, tamen manifestatio ad seipsum fit etiam per verbum cordis; et haec manifestatio aliam praecedit; et ideo etiam verbum interius verbum per prius dicitur. Similiter etiam per Verbum incarnatum Pater omnibus manifestatus est; sed Verbum ab aeterno genitum eum manifestavit sibi ipsi; et ideo non convenit sibi nomen Verbi secundum hoc tantum quod incarnatus est.

6. Ad sextum dicendum, quod Verbum incarnatum habet aliquid simile cum verbo vocis, et aliquid dissimile. Hoc quidem simile est in utroque, ratione cuius unum alteri comparatur: quod sicut vox manifestat verbum interius, ita per carnem manifestatum est Verbum aeter-

mento conduz a um primeiro motor que não se move segundo esse movimento, do mesmo modo que o alterável se reduz a um primeiro alterador que não é alterado; portanto aquilo a que remetem todas as coisas criadas é necessariamente não criado.

4. O meio entre os extremos pode ou não ser eqüidistante deles. Ora, o intermediário entre o agente e o paciente, sendo instrumento, em alguns casos está mais próximo do primeiro agente, em outros, do último paciente e em outros ainda eqüidistante de ambos, como é claro quando o agente age sobre o paciente por meio de múltiplos instrumentos. Porém, a forma como meio pelo qual age o agente está sempre mais próxima do agente porque está nele segundo a verdade da coisa e está no paciente somente enquanto sua semelhança. Desse modo se diz que o *Verbo* é meio entre o Pai e a criatura, mas isto não implica eqüidistância entre os dois.

5. Embora *quanto a nós* a manifestação a outro requeira *verbo* vocal, a manifestação para si mesmo faz-se também pelo *verbo* do coração e esta manifestação precede àquela. E assim verbo é primariamente um *verbo* interior. Analogamente também pelo *Verbo* encarnado o Pai se manifestou a todos, mas o *Verbo* gerado desde toda a eternidade manifestou-o a si mesmo e, portanto, o nome *Verbo* não se lhe aplica somente por ter se encarnado.

6. O *Verbo* encarnado tem algo de semelhante e de dessemelhante com o *verbo* vocal. A semelhança está em que – e por isso são equiparados – o *verbo* vocal manifesta o *verbo* interior, assim como a carne manifesta o *Verbo* eterno. A dessemelhança está em que a própria carne assumida pelo *Verbo* eterno não é chamada *verbo*, enquanto o próprio som do *verbo* que é assumido para

num. Sed quantum ad hoc est dissimile: quod ipsa caro assumpta a Verbo aeterno, non dicitur verbum, sed ipsa vox quae assumitur ad manifestationem verbi interioris, dicitur verbum; et ideo verbum vocis est aliud a verbo cordis; sed verbum incarnatum est idem quod Verbum aeternum, sicut et verbum significatum per vocem, est idem quod verbum cordis.

7. Ad septimum dicendum, quod ratio signi per prius convenit effectui quam causae, quando causa est effectui causa essendi, non autem significandi, sicut in exemplo proposito accidit. Sed quando effectus habet a causa non solum quod sit, sed etiam quod significet, tunc, sicut causa est prius quam effectus in essendo, ita in significando; et ideo verbum interius per prius habet rationem significationis et manifestationis quam verbum exterius; quia verbum exterius non instituitur ad significandum nisi per interius verbum.

8. Ad octavum dicendum, quod nomen dicitur ab aliquo imponi dupliciter: aut ex parte imponentis nomen, aut ex parte rei cui imponitur. Ex parte autem rei nomen dicitur ab illo imponi per quod completur ratio rei quam nomen significat; et hoc est differentia specifica illius rei. Et hoc est quod principaliter significatur per nomen. Sed quia differentiae essentiales sunt nobis ignotae, quandoque utimur accidentibus vel effectibus loco earum, ut VIII *Metaph*. dicitur; et secundum hoc nominamus rem; et sic illud quod loco differentiae essentialis sumitur, est a quo imponitur nomen ex parte imponentis, sicut lapis imponitur ab effectu, qui est laedere pedem. Et hoc non oportet esse principaliter significatum per nomen, sed illud loco cuius hoc ponitur. Similiter dico, quod nomen verbi imponitur a verberatione vel a boatu ex parte imponentis, non ex parte rei.

manifestar o *verbo* interior é chamado *verbo*. E assim o *verbo* vocal é diferente do *verbo* do coração, mas o *Verbo* encarnado é o próprio *Verbo* eterno, como o *verbo* significado pela voz é o próprio *verbo* do coração.

7. O caráter de signo convém antes ao efeito do que à causa quando a causa é causa do ser do efeito e não da significação. Porém, quando o efeito recebe da causa não só o ser mas também a significação, então, assim como a causa precede o efeito quanto ao ser, precede-o também quanto à significação. Daí que o *verbo* interior preceda o exterior quanto ao caráter de significação e de manifestação, pois o *verbo* exterior é investido na significação pelo *verbo* interior.

8. Os nomes são atribuídos de dois modos: por parte de quem atribui o nome ou por parte da coisa à qual o nome é atribuído. Por parte da coisa, o nome corresponde àquilo que perfaz sua essência, ou seja, sua diferença específica: aquilo que é principalmente expresso pelo nome. Mas como as diferenças essenciais nos são desconhecidas, valemo-nos por vezes de acidentes ou de efeitos em seu lugar, como diz Aristóteles [VIII *Metaph.*, 2], e por esses critérios nomeamos as coisas. E assim aquilo que vem no lugar da diferença essencial é uma base para atribuir nomes, como no caso de pedra (*lapis, lapidis*), que recebeu este nome pelo efeito de ferir o pé (*"laedere pedem"*): o que não implica ser este o significado principal do nome, mas este acidente somente ocupou o lugar que caberia à diferença essencial. Do mesmo modo, o nome *verbo* procede de "verberação" ou de ressonância por conta de quem lhe atribuiu o nome e não por parte da realidade da coisa.

9. Ad nonum dicendum, quod quantum ad rationem verbi pertinet, non differt utrum aliquid intelligatur per similitudinem vel essentiam. Constat enim quod interius verbum significat omne illud quod intelligi potest, sive per essentiam sive per similitudinem intelligatur; et ideo omne intellectum, sive per essentiam sive per similitudinem intelligatur, potest verbum interius dici.

10. Ad decimum dicendum, quod de his quae dicuntur de Deo et creaturis, quaedam sunt quorum res significatae per prius inveniuntur in Deo quam in creaturis, quamvis nomina prius fuerint creaturis imposita; et talia proprie dicuntur de Deo, ut bonitas sapientia, et huiusmodi. Quaedam vero sunt nomina quorum res significatae Deo non conveniunt, sed aliquid simile illis rebus; et huiusmodi dicuntur metaphorice de Deo, sicut dicimus Deum leonem vel ambulantem. Dico ergo, quod verbum in divinis dicitur ad similitudinem nostri verbi, ratione impositionis nominis, non propter ordinem rei; unde non oportet quod metaphorice dicatur.

11. Ad undecimum dicendum, quod prolatio pertinet ad rationem verbi quantum ad id a quo imponitur nomen ex parte imponentis, non autem ex parte rei. Et ideo quamvis prolatio dicatur metaphorice in divinis, non sequitur quod verbum metaphorice dicatur; sicut etiam Damascenus dicit, quod hoc nomen Deus dicitur ab ethin, quod est ardere: et tamen, quamvis ardere dicatur metaphorice de Deo, non tamen hoc nomen Deus.

12. Ad duodecimum dicendum, quod Verbum incarnatum comparatur verbo vocis propter quamdam similitudinem tantum, ut ex dictis, patet; et ideo Verbum incarnatum non potest dici verbum vocis nisi metaphorice. Sed Verbum aeternum comparatur verbo cordis secundum veram rationem verbi interioris; et ideo verbum proprie dicitur utrobique.

9. Para o conceito de *verbo* é indiferente se se conhece por semelhança ou por essência: o *verbo* interior significa tudo o que pode ser conhecido, seja por essência seja por semelhança. E assim tudo que é conhecido – seja por essência seja por semelhança – pode ser chamado *verbo* interior.

10. Dos nomes que se aplicam a Deus e às criaturas, alguns significam realidades que se encontram antes em Deus do que nas criaturas, e embora os nomes tenham sido antes aplicados às criaturas, aplicam-se em sentido próprio a Deus: como bondade, sabedoria etc. Já outros nomes não se aplicam a Deus, senão somente sob alguma semelhança com a realidade que expressam e assim metaforicamente se dizem de Deus, como quando afirmamos que Deus é um leão ou que anda. O que afirmo é que *verbo* se diz em Deus por semelhança com o nosso *verbo* em razão da imposição do nome e não pela ordem da coisa: daí que não se trate necessariamente de metáfora.

11. O proferir integra o conceito de *verbo* no referente ao que se usou para atribuir o nome e não por exigência da realidade. Embora o proferir seja dito metaforicamente de Deus, daí não decorre que o *verbo* seja dito metaforicamente, como também João Damasceno afirma [*De fide* I, 9] que o nome "Deus" procede de *ethin*, que significa queimar, e embora queimar se diga metaforicamente de Deus, o nome Deus não é metafórico.

12. O *Verbo* encarnado é comparado ao *verbo* vocal só por certa semelhança, como ficou claro pelo que dissemos acima, e assim o *Verbo* encarnado é dito *verbo* vocal só metaforicamente. Por outro lado, o *Verbo* eterno é comparado ao *verbo* do coração segundo a verdadeira natureza do *verbo* interior e assim *verbo* se diz em sentido próprio em ambos os casos.

## *Articulus secundus*
## *Utrum verbum in divinis dicatur essentialiter vel personaliter tantum*

### *Obiectiones*

1. Et videtur quod etiam essentialiter possit dici quia nomen verbi a manifestatione imponitur, ut dictum est. Sed essentia divina potest se per seipsam manifestare. Ergo ei per se verbum competit et ita verbum essentialiter dicetur.

2. Praeterea, significatum per nomen est ipsa definitio, ut in IV *Metaph.* dicitur. Sed verbum, secundum Augustinum in IX *De Trinitate*, "est notitia cum amore"; et secundum Anselmum in *Monologion*, "dicere summo Spiritui nihil est aliud quam cogitando intueri". In utraque autem definitione nihil ponitur nisi essentialiter dictum. Ergo verbum essentialiter dicitur.

3. Praeterea, quidquid dicitur, est verbum. Sed Pater dicit non solum seipsum, sed etiam Filium et Spiritum Sanctum, ut Anselmus dicit in libro praedicto. Ergo verbum tribus personis commune est; ergo essentialiter dicitur.

4. Praeterea, quilibet dicens habet verbum quod dicit, ut Augustinus dicit in VII *De Trinit.* Sed, sicut dicit Anselmus in *Monol.*, sicut Pater est intelligens, et Filius intelligens, et Spiritus Sanctus intelligens et tamen non sunt tres intelligentes, sed unus intelligens: ita Pater est dicens, et Filius est dicens, et Spiritus Sanctus est dicens: et tamen non sunt tres dicentes, sed unus dicens. Ergo cuilibet eorum respondet verbum.

## Artigo 2
### Se *verbo* se atribui a Deus essencialmente ou só de modo pessoal

Parece que o *verbo* se atribui a Deus também essencialmente.

*Objeções*

1. Do nome *verbo* decorre, como dissemos [a. 1], manifestação. Ora, a essência divina pode manifestar-se por si mesma e portanto o nome *verbo* lhe é atribuído essencialmente.

2. O que é significado pelo nome é a própria definição, como se diz em IV *Metaph.*, 16. Ora, *verbo*, segundo Agostinho [IX *De Trinitate* 10], é "conhecimento com amor" e, segundo Anselmo [*Monologion* 63], "falar pelo Espírito Santo é pura e simplesmente intuir pensando". Ambas as definições incidem sobre a essência e portanto *verbo* se predica essencialmente de Deus.

3. Tudo o que se diz é *verbo*. Ora, o Pai não só profere a si mesmo, mas também ao Filho e ao Espírito Santo, como afirma Anselmo [*op. cit.*]. Daí que *verbo* seja comum às três pessoas e portanto se predica essencialmente de Deus.

4. O *dizente* tem o *verbo* que diz, como afirma Agostinho [VII *De Trinitate* 1]; mas, como afirma Anselmo [*Monologion* 63]: "como o Pai é inteligente, assim o Filho é inteligente e o Espírito Santo é inteligente e, no entanto, não são três inteligentes, mas um só inteligente. Assim também o Pai é *dizente*, o Filho é *dizente* e o Espírito Santo é *dizente* e no entanto não são três a dizer, mas um único *dizente*". Portanto *verbo* corresponde a cada

Sed nihil est commune tribus nisi essentia. Ergo verbum essentialiter dicitur in divinis.

5. Praeterea, in intellectu nostro non differt dicere et intelligere. Sed verbum in divinis sumitur ad similitudinem verbi quod est in intellectu. Ergo nihil aliud est in Deo dicere quam intelligere; ergo et verbum nihil aliud quam intellectum. Sed intellectum in divinis essentialiter dicitur. Ergo et verbum.

6. Praeterea, Verbum divinum, ut Augustinus dicit, est potentia operativa Patris. Sed potentia operativa essentialiter dicitur in divinis. Ergo et verbum essentialiter dicitur.

7. Praeterea, sicut amor importat emanationem affectus, ita verbum emanationem intellectus. Sed amor in divinis essentialiter dicitur. Ergo et verbum.

8. Praeterea, illud quod potest intelligi in divinis non intellecta distinctione personarum, non dicitur personaliter. Sed verbum est huiusmodi: quia etiam illi qui negant distinctionem personarum, ponunt quod Deus dicit seipsum. Ergo verbum non dicitur personaliter in Deo.

## *Sed contra*

1. Est quod Augustinus dicit in VI *De Trinitate*, quod solus Filius dicitur Verbum, non autem simul Pater et Filius verbum. Sed omne quod essentialiter dicitur, communiter utrique convenit. Ergo verbum non dicitur essentialiter.

2. Praeterea, *Ioan.* I, 1, dicitur: "Verbum erat apud Deum." Sed ly apud, cum sit praepositio transitiva, distinctionem importat. Ergo Verbum a Deo distinguitur. Sed nihil

um, mas só a essência é comum às três pessoas e, portanto, *verbo* se predica essencialmente de Deus.

5. No intelecto, o dizer não difere do pensar. Ora, *verbo* em Deus é aplicado por semelhança com o *verbo* que é no intelecto, daí que em Deus dizer seja o mesmo que entender e portanto o *verbo* seja o mesmo que o intelecto. Ora, sendo essencial em Deus o intelecto, também o é o *verbo*.

6. O *verbo* divino, como diz Agostinho [*De div. quaest.* 83, 63], é potência operativa do Pai. Ora, potência operativa em Deus é da essência e portanto também o é o *verbo*.

7. Como o amor supõe emanação do afeto, assim também o *verbo* supõe emanação do intelecto. Mas o amor é predicado essencialmente de Deus e portanto também o *verbo*.

8. Não é atribuível pessoalmente a Deus aquilo que nele possa ser conhecido sem distinção de pessoas. É precisamente o caso do *verbo*: mesmo aqueles que negam a distinção de pessoas admitem que Deus profere a si mesmo. Daí que o *verbo* não se predique pessoalmente de Deus.

*Em contrário*

1. Agostinho [VI *De Trinitate* 2] diz que só o Filho é chamado Verbo e não o Pai junto com o Filho. Ora, tudo o que se afirma essencialmente de Deus aplica-se comumente a ambos. Logo *verbo* não se aplica essencialmente a Deus.

2. João 1, 1 diz que "o Verbo estava junto a Deus", mas a preposição "junto" é transitiva e implica distinção. Daí que o Verbo se distinga de Deus. Mas nada que se

distinguitur in divinis quod dicatur essentialiter. Ergo verbum non dicitur essentialiter.

3. Praeterea, omne illud quod in divinis importat relationem personae ad personam, dicitur personaliter, non essentialiter. Sed Verbum est huiusmodi. Ergo etc.

4. Praeterea ad hoc est etiam auctoritas Richardi de Sancto Victore, qui ostendit in lib. suo *De Trinitate*, solum Filium verbum dici.

### Responsio

Dicendum, quod verbum secundum quod in divinis metaphorice dicitur, prout ipsa creatura dicitur verbum manifestans Deum, procul dubio ad totam pertinet Trinitatem; nunc autem quaerimus de verbo secundum quod proprie dicitur in divinis. Quaestio autem ista in superficie videtur esse planissima, propter hoc quod verbum originem quamdam importat secundum quam in divinis personae distinguuntur. Sed, interius considerata, difficilior invenitur, eo quod in divinis invenimus quaedam quae originem important non secundum rem, sed secundum rationem tantum; sicut hoc nomen operatio, quae proculdubio importat aliquid procedens ab operante: et tamen iste processus non est nisi secundum rationem tantum; unde operatio in divinis non personaliter, sed essentialiter dicitur, quia in Deo non differt essentia, virtus et operatio. Unde non statim fit evidens, utrum hoc nomen verbum processum realem importet, sicut hoc nomen Filius; vel rationis tantum, sicut hoc nomen operatio; et ita utrum personaliter vel essentialiter dicatur.

Unde, ad huius notitiam, sciendum est, quod verbum intellectus nostri,

predica essencialmente implica distinção em Deus, daí que *verbo* não se predica essencialmente em Deus.

3. Tudo o que em Deus implica relação entre pessoa e pessoa é afirmado pessoal e não essencialmente. É precisamente o caso do *Verbo*.

4. Para o caso, vale a autoridade de Ricardo de São Vítor, que mostra (*De Trinitate* VI, 12) que só o Filho pode ser chamado *Verbo*.

### *Solução*

Se *verbo* é metaforicamente aplicado a Deus, no sentido em que se diz que a própria criatura é dita *palavra* (*verbum*) que manifesta Deus, sem dúvida *verbo* se aplica a toda a Trindade; mas aqui trata-se do *verbo* enquanto aplicado a Deus em sentido próprio. E esta questão, à primeira vista, parece facílima pois o *verbo* comporta uma origem segundo a qual as pessoas divinas se distinguem entre si. Quando aprofundamos, porém, ela se mostra mais difícil porque em Deus encontramos certos pontos que remetem não a uma origem real, mas somente de razão, como é o caso da palavra "operação", que sem dúvida implica algo procedente do operante e, no entanto, o processo é só de razão: daí que a operação em Deus não seja atribuída pessoalmente, mas de modo essencial, pois, em Deus, essência, virtude e operação não se distinguem. Daí que não é imediatamente evidente se este nome "*verbo*" implica um processo real como o do nome "Filho" ou só de razão como o do nome "operação" e portanto se se trata de atribuição pessoal ou essencial em Deus.

Daí que para o conhecimento da presente questão deve-se ter em conta que o *verbo* de nosso intelecto – à

secundum cuius similitudinem loqui possumus de verbo divino, est id ad quod operatio intellectus nostri terminatur, quod est ipsum intellectum, quod dicitur conceptio intellectus; sive sit conceptio significabilis per vocem incomplexam, ut accidit quando intellectus format quidditates rerum; sive per vocem complexam, quod accidit quando intellectus componit et dividit. Omne autem intellectum in nobis est aliquid realiter progrediens ab altero; vel sicut progrediuntur a principiis conceptiones conclusionum, vel sicut conceptiones quidditatum rerum posteriorum a quidditatibus priorum; vel saltem sicut conceptio actualis progreditur ab habituali cognitione. Et hoc universaliter verum est de omni quod a nobis intelligitur, sive per essentiam intelligatur, sive per similitudinem. Ipsa enim conceptio est effectus actus intelligendi; unde etiam quando mens intelligit seipsam, eius conceptio non est ipsa mens, sed aliquid expressum a notitia mentis. Ita ergo verbum intellectus in nobis duo habet de sua ratione; scilicet quod est intellectum, et quod est ab alio expressum. Si ergo secundum utriusque similitudinem verbum dicatur in divinis, tunc non solum importabitur per nomen verbi processus rationis, sed etiam rei. Si autem secundum similitudinem alterius tantum, scilicet quod est intellectum, sic hoc nomen verbum in divinis non importabit processum realem, sed rationis tantum, sicut et hoc nomen intellectum. Sed hoc non erit secundum propriam verbi acceptionem, quia si aliquid eorum quae sunt de ratione alicuius auferatur, iam non erit propria acceptio. Unde verbum si proprie accipiatur in divinis, non dicitur nisi personaliter; si autem accipiatur communiter, poterit etiam dici essentialiter.

semelhança do qual podemos falar do *verbo* divino – é aquilo em que termina a operação de nosso intelecto; o entendimento de algo, que se denomina conceito do intelecto: quer se trate de um conceito significável por um termo simples, como acontece quando o intelecto forma a qüididade da coisa, quer de um termo complexo, tal como acontece com o intelecto componente e dividente. Porém, tudo que é entendido por nós depende realmente de outra coisa: como as conclusões procedem dos princípios; os conceitos das qüididades de coisas posteriores procedem das qüididades anteriores ou, ao menos, como o conceito atual procede do conhecimento habitual. E isto é universalmente válido para tudo o que conhecemos, seja por essência seja por semelhança: pois o próprio conceito é o efeito do ato intelectivo, pelo qual, até quando a mente se conhece a si mesma, seu conceito não é a própria mente, mas algo expresso para o conhecimento da mente. Assim o *verbo* do intelecto, em nós, requer por natureza duas coisas: que seja entendido e também que seja expresso por alguma outra coisa. Se pois segundo essa dupla semelhança se aplica o *verbo* a Deus, então por *verbo* entender-se-á não só o processo da razão mas também o real; se porém a atribuição é por semelhança com apenas um desses dois – a saber, com o que é entendido –, então o nome *verbo* não implicará processo real, mas só de razão: o da coisa entendida. Mas isto não está de acordo com a acepção própria de *verbo*, porque se se suprime alguma coisa do conceito, ele já não está mais em seu sentido próprio. Por isso se em Deus se toma *verbo* em sentido próprio, então só se aplica à pessoa; se porém *verbo* for tomado em sentido comum, poderá ser atribuído também essencialmente.

Sed tamen, quia nominibus utendum ut plures, secundum Philosophum, usus maxime est aemulandus in significationibus nominum; et quia omnes sancti communiter utuntur nomine verbi, prout personaliter dicitur, ideo hoc magis dicendum est, quod personaliter dicatur.

### Responsio ad obiecta

1. Ad primum igitur dicendum, quod verbum de ratione sui non solum habet manifestationem, sed realem processum unius ab alio. Et quia essentia non realiter progreditur a seipsa, quamvis manifestet seipsam, non potest essentia verbum dici, nisi ratione identitatis essentiae ad personam; sicut etiam dicitur Pater vel Filius.

2. Ad secundum dicendum, quod notitia quae ponitur in definitione verbi est intelligenda notitia expressa ab alio, quae est in nobis notitia actualis. Quamvis autem sapientia vel notitia essentialiter dicatur in divinis, tamen sapientia genita non dicitur nisi personaliter. Similiter etiam quod Anselmus dicit, quod dicere est cogitando intueri, est intelligendum, si proprie dicere accipiatur de intuitu cogitationis, secundum quod per ipsum aliquid progreditur, scilicet cogitatum ipsum.

3. Ad tertium dicendum, quod conceptio intellectus est media inter intellectum et rem intellectam, quia ea mediante operatio intellectus pertingit ad rem. Et ideo conceptio intellectus non solum est id quod intellectum est, sed etiam id quo res intelligitur; ut sic id quod intelligitur, possit dici et res ipsa, et conceptio intellectus; et similiter id quod dicitur, potest dici et res quae dicitur per verbum, et verbum ipsum; ut etiam in verbo

No entanto, como "as palavras são usadas de acordo com a maioria", como diz o Filósofo [*Topic*. II, 2], no significado das palavras segue-se principalmente o uso, e como no caso todos os santos comumente usam o nome *verbo* aplicado à pessoa, o uso deve recair sobre a atribuição pessoal.

### Resposta às objeções

1. *Verbo*, por sua própria natureza, comporta não apenas manifestação mas também um processo real de encaminhamento de uma coisa a outra. E já que a essência não tem realmente esse processo a partir de si – ainda que manifeste a si mesma –, não pode ser chamada *verbo*, a não ser pela identidade da essência com a pessoa, tal como quando se diz Pai ou Filho.

2. O conhecimento contido na definição de *verbo* é entendido como conhecimento expresso de outra coisa, que em nós é conhecimento atual. Se bem que a sabedoria ou o conhecimento se prediquem essencialmente de Deus, no entanto, a Sabedoria gerada se diz só pessoalmente. E de modo semelhante se interpreta o que Anselmo diz: "falar é intuir pensando", se se toma o "falar" no sentido próprio da intenção do pensamento em que por ele procede algo, isto é, a própria coisa pensada.

3. O conceito é intermediário entre o intelecto e a coisa conhecida porque, por meio dele, a operação do intelecto atinge a coisa. E assim conceito do intelecto inclui não só *o que* é conhecido, mas também *aquilo* pelo qual a coisa é conhecida. Desse modo pode-se dizer que o que é entendido é tanto a própria coisa quanto o conceito do intelecto. De modo semelhante pode-se afirmar que o que é dito é o próprio *verbo* ou a coisa por ele

exteriori patet; quia et ipsum nomen dicitur, et res significata per nomen dicitur ipso nomine. Dico igitur, quod Pater dicitur, non sicut verbum, sed sicut res dicta per verbum; et similiter Spiritus Sanctus, quia Filius manifestat totam Trinitatem; unde Pater dicit verbo uno suo omnes tres personas.

4. Ad quartum dicendum, quod in hoc videtur contrariari Anselmus sibi ipsi. Dicit enim, quod verbum non dicitur nisi personaliter, et convenit soli Filio; sed dicere convenit tribus personis; dicere autem nihil est aliud quam ex se emittere verbum. Similiter etiam verbo Anselmi contrariatur verbum Augustini in VII *De Trinitate*, ubi dicit, quod non singulus in Trinitate est dicens, sed Pater verbo suo; unde, sicut verbum proprie dictum non dicitur nisi personaliter in divinis, et convenit soli Filio, ita et dicere et soli Patri convenit. Sed Anselmus accepit dicere communiter pro intelligere, et verbum proprie; et potuisset facere e converso si ei placuisset.

5. Ad quintum dicendum, quod in nobis dicere non solum significat intelligere, sed intelligerecum hoc quod est ex se exprimere aliquam conceptionem; nec aliter possumus intelligere, nisi huiusmodi conceptionem exprimendo; et ideo omne intelligere in nobis, proprie loquendo, est dicere. Sed Deus potest intelligere sine hoc quod aliquid ex ipso procedat secundum rem, quia in eo idem est intelligens et intellectum et intelligere: quod in nobis non accidit; et ideo non omne intelligere in Deo, proprie loquendo, dicitur dicere.

6. Ad sextum dicendum, quod sicut verbum non dicitur notitia Patris nisi notitia genita ex Patre, ita et dicitur et virtus operativa Patris, quia est

expressa, como é evidente também na linguagem, pois uma palavra pode significar tanto a própria palavra como a realidade por ela designada. Assim, o Pai é dito não como *verbo*, mas como coisa significada pelo *verbo*. E do mesmo modo o Espírito Santo, pois o Filho manifesta toda a Trindade, daí que o Pai com seu único *Verbo* exprime todas as três pessoas.

4. Nesta passagem, Anselmo parece contradizer-se, pois afirma que *verbo* só se diz pessoalmente e só se aplica ao Filho, mas o dizer convém às três pessoas. Ora, dizer é pura e simplesmente emitir de si um *verbo*. Do mesmo modo, a afirmação de Anselmo está em contradição com aquela passagem de Agostinho [VII *De Trinitate* 1] que afirma que não são *dizentes* as pessoas singulares na Trindade, mas o Pai pelo seu *Verbo*. Daí que, assim como o *verbo* em sentido próprio só se diz pessoalmente em Deus e só do Filho, assim também o dizer convém só ao Pai. Mas Anselmo emprega o dizer no sentido geral de entender e *verbo* no sentido próprio, e se quisesse poderia ter feito o contrário.

5. Em nós, dizer não significa só entender, mas entender com o exprimir algum conceito a partir de si mesmo. E só podemos entender exprimindo um tal conceito. Por isso, em nós, todo entender é propriamente um dizer. Mas Deus pode entender sem que nenhuma coisa proceda realmente dele, pois nele se identificam o cognoscente, a coisa conhecida e o conhecer – o que não acontece conosco – e assim, em Deus, nem todo ato de conhecimento intelectivo é propriamente um dizer.

6. Assim como o *Verbo* não se diz conhecimento do Pai, senão enquanto conhecimento gerado pelo Pai, assim também se diz virtude operativa do Pai, porque é

virtus procedens a Patre virtute. Virtus autem procedens personaliter dicitur. Et similiter potentia operativa procedens a Patre.

7. In divinis autem non potest esse secundum rem distinctio perfectionis a perfectibili. Inveniuntur tamen in Deo res ab invicem distinctae, scilicet tres personae; et ideo processus qui significatur in divinis ut operationis ab operante, non est nisi rationis tantum; sed processus qui significatur ut rei a principio, potest in Deo realiter inveniri. Haec autem est differentia inter intellectum et voluntatem: quod operatio voluntatis terminatur ad res, in quibus est bonum et malum; sed operatio intellectus terminatur in mente, in qua est verum et falsum, ut dicitur in VI *Metaph*. Et ideo voluntas non habet aliquid progrediens a seipsa, quod in ea sit nisi per modum operationis; sed intellectus habet in seipso aliquid progrediens ab eo, non solum per modum operationis, sed etiam per modum rei operatae. Et ideo verbum significatur ut res procedens, sed amor ut operatio procedens; unde amor non ita se habet ad hoc ut dicatur personaliter, sicut verbum.

8. Ad octavum dicendum quod non intellecta distinctione personarum non proprie Deus dicet se ipsum, nec proprie Deus dicet se ipsum, nec proprie hoc a quibusdam intelligitur

virtude procedente da virtude do Pai. Ora, a virtude procede pessoalmente e, do mesmo modo, a potência operativa que procede do Pai.

7. De dois modos pode uma coisa proceder de outra: por um lado, como ação do agente ou operação do operante; por outro lado, como produto da operação do operante. O processo da operação do operante não distingue entre uma coisa por si existente e outra coisa por si existente, mas faz distinção entre a perfeição e o perfeito já que a operação é a perfeição do operante. O proceder do produto operado, porém, distingue uma coisa de outra. Mas em Deus não pode haver distinção real entre perfeição e perfectível: encontram-se, no entanto, realidades distintas entre si, a saber, as três pessoas, e assim o processo que em Deus é significado como operação do operante é apenas de razão, enquanto o processo que relaciona coisa a princípio pode-se encontrar realmente em Deus. Ora, esta é precisamente a diferença entre o intelecto e a vontade: a operação da vontade termina nas coisas, nas quais está o bem e o mal, enquanto a operação do intelecto termina na mente, na qual está o verdadeiro e o falso, como se diz em VI *Metaph.* 4. E assim a vontade só a modo de operação tem algo procedente de si que esteja nela mesma, enquanto o intelecto tem em si mesmo algo que dele procede não só a modo de operação mas também enquanto coisa operada. Por isso, o *verbo* significa a coisa que procede, enquanto o amor significa a operação procedente, daí que o amor, no caso, não se comporta de modo tal que possa ser atribuído pessoalmente como o *verbo*.

8. Fora da distinção de pessoas, Deus não profere propriamente a si mesmo, e para aqueles que ignoram a

qui distinctionem personarum in Deo non ponunt.

*Responsio ad ea quae contra obiciuntur*

1. Ad hoc enim quod obiicit de verbis Augustini, posset dici, quod Augustinus accipit verbum, secundum quod importat realem originem.

2. Ad secundum posset dici, quod etsi haec praepositio apud importet distinctionem, haec tamen distinctio non importatur in nomine verbi; unde ex hoc quod verbum dicitur esse apud Patrem, non potest concludi quod verbum personaliter dicatur quia etiam dicitur Deus de Deo, et Deus apud Deum.

3. Ad tertium potest dici quod relatio illa est rationis tantum.

4. Ad quartum sicut ad primum

## *Articulus tertius*
### *Utrum verbum Spiritui Sancto conveniat*

Et videtur quod sic.

*Obiectiones*

1. Sicut enim dicit Basilius in III *Sermone de Spiritu Sancto*, sicut Filius se habet ad Patrem, eodem modo Spiritus se habet ad Filium; et propter hoc Dei quidem verbum Filius, verbum autem Filii Spiritus. Ergo Spiritus Sanctus dicitur verbum.

2. Praeterea, *Hebr.* I, 3, dicitur de Filio: "cum sit splendor gloriae et figura substantiae eius, portansque omnia verbo virtutis suae". Ergo Filius

distinção de pessoas, esse proferir é propriamente desconhecido.

*Resposta aos argumentos em contrário*

1. Pode-se facilmente responder a alguém que quisesse sustentar o contrário. Ao objetado, baseando-se nas palavras de Agostinho, pode-se responder que Agostinho toma *verbo* no sentido que comporta uma origem real.

2. Se bem que a preposição "junto" comporte uma distinção, essa distinção não é comportada pela palavra *verbo*, daí que, por dizer-se que o *Verbo* está junto ao Pai, não se pode concluir que o *verbo* seja tomado pessoalmente, pois também se diz Deus de Deus e Deus junto a Deus.

3. Pode-se dizer que aquela relação só é de razão.

4. Responde-se como à primeira.

## Artigo 3
### Se verbo compete ao Espírito Santo

Parece que sim.

*Objeções*

1. Diz Basílio [III *Sermone de Spiritu Sancto*]: "O Filho está para o Pai como o Espírito está para o Filho e por isso, sendo o Filho o *Verbo* de Deus, o Espírito é o *Verbo* do Filho." Portanto, o Espírito Santo é chamado *verbo*.

2. A Escritura (Heb 1, 3) diz do Filho: "Sendo o esplendor da glória e figura da sua substância e sustentando tudo com o *verbo* de seu poder." O Filho portanto

habet verbum a se procedens, quo omnia portantur. Sed in divinis non procedit a Filio nisi Spiritus Sanctus. Ergo Spiritus Sanctus dicitur verbum.

3. Praeterea, verbum ut dicit Augustinus, IX *De Trinitate*, "est notitia cum amore". Sed, sicut notitia appropriatur Filio, ita amor Spiritui Sancto. Ergo, sicut verbum convenit Filio, ita et Spiritui Sancto.

4. Praeterea, *Hebr.* I, 3, super illud, "portans omnia verbo virtutis suae, dicit *Glossa*, quod verbum accipitur ibi pro imperio". Sed imperium ponitur inter signa voluntatis. Cum ergo Spiritus Sanctus per modum voluntatis procedat, videtur quod verbum possit dici.

5. Praeterea, verbum de sui ratione manifestationem importat. Sed, sicut Filius manifestat Patrem, ita Spiritus Sanctus manifestat Patrem et Filium; unde dicitur *Ioan.* XVI, 13, quod Spiritus Sanctus "docet omnem veritatem". Ergo Spiritus Sanctus debet dici verbum.

## *Sed contra*

Est quod Augustinus dicit VI *De Trinit.*, quod "Filius eo dicitur verbum quo Filius". Sed Filius dicitur Filius eo quod genitus; ergo et verbum dicitur eo quod est genitus; sed Spiritus Sanctus non est genitus. Ergo non est verbum.

## *Responsio*

Dicendum, quod usus horum nominum, scilicet verbum et imago, aliter est apud nos et sanctos nostros, et aliter apud antiquos doctores graecorum. Illi enim usi sunt nomine verbi et imaginis pro omni eo quod in divinis procedit; unde indifferenter Spiritum Sanctum et Filium, verbum et imaginem appellabant. Sed nos et sancti

tem um *verbo* que dele procede e que tudo sustenta. Mas, nas relações divinas, do Filho só procede o Espírito Santo. Portanto, o Espírito Santo é chamado *verbo*.

3. O Verbo, como diz Agostinho [IX *De Trinitate* 10], "é conhecimento com amor". Mas como o conhecimento é próprio do Filho, assim o amor é próprio do Espírito Santo. E tal como *verbo* se atribui ao Filho, deve-se atribuir também ao Espírito Santo.

4. A *Glosa* diz – a propósito de Heb 1, 3: "tudo sustentando com o *verbo* de seu poder" – que *verbo* deve ser entendido como "comando". Mas o comando é sinal da vontade. Daí parece que o Espírito Santo, que procede a modo de vontade, possa ser chamado de *verbo*.

5. O *verbo* por sua natureza implica manifestação, e como o Filho manifesta o Pai, o Espírito Santo manifesta o Pai e o Filho, daí que no Evangelho (Jo 16, 13) se afirme que o Espírito Santo "ensina toda a verdade". Logo o Espírito Santo deve ser chamado *verbo*.

### Em contrário

Agostinho diz [VI *De Trinitate* VII, 2] que "o Filho é chamado de *Verbo* por ser Filho", mas o Filho é chamado de Filho por ser gerado. Ora, o Espírito Santo não é gerado, portanto não é *verbo*.

### Solução

O uso desses nomes, *verbo* e imagem, é diferente para nós e para os antigos doutores gregos: eles usavam *verbo* e imagem para tudo o que procedia nas relações divinas, daí que chamavam indistintamente o Espírito Santo e o Filho de *verbo* e imagem. Mas nós e nossos santos

nostri in usu nominum horum aemulamur consuetudinem canonicae Scripturae, quae aut vix aut nunquam verbum aut imaginem ponit nisi pro Filio. Et de imagine quidem ad praesentem quaestionem non pertinet. Sed de verbo satis rationabilis usus noster apparet. Verbum enim manifestationem quamdam importat; manifestatio autem per se non invenitur nisi in intellectu. Si enim aliquid quod est extra intellectum, manifestare dicatur, hoc non est nisi secundum quod ex ipso aliquid in intellectu relinquitur, quod postea est principium manifestativum in eo. Proximum ergo manifestans est in intellectu: sed remotum potest esse etiam extra eum; et ideo nomen verbi proprie dicitur de eo quod procedit ab intellectu. Quod vero ab intellectu non procedit, non potest dici verbum nisi metaphorice, inquantum, scilicet, est aliquo modo manifestans. Dico ergo, quod in divinis solus Filius procedit per viam intellectus, quia procedit ab uno; spiritus enim sanctus, qui procedit a duobus, procedit per viam voluntatis; et ideo Spiritus Sanctus non potest dici verbum nisi metaphorice, secundum quod omne manifestans verbum dicitur. Et hoc modo exponenda est auctoritas Basilii.

*Responsio ad obiecta*

1. Et sic patet responsio ad primum.

2. Ad secundum dicendum, quod verbum, secundum Basilium, accipitur ibi pro Spiritu Sancto, et sic dicendum sicut ad primum. Vel potest dici secundum *Glossam*, quod accipitur pro imperio Filii; quod metaphorice dicitur verbum, quia verbo consuevimus imperare.

3. Ad tertium dicendum, quod notitia est de ratione verbi quasi importans essentiam verbi; sed amor est de ratione verbi non quasi pertinens ad essentiam eius, sed quasi concomitans ipsum, ut ipsa

seguimos no uso desses nomes o costume da Escritura canônica, a qual nunca, ou quase nunca, usa *Verbo* e imagem senão para o Filho. Da imagem não estamos tratando nesta questão. Quanto a *verbo*, nosso uso parece de todo plausível. De fato, *verbo* implica manifestação e a manifestação, de per si, só se dá no intelecto. Se alguma coisa que não seja o intelecto manifesta é só porque algo dessa coisa ficou no intelecto e, assim, proximamente é o próprio intelecto que manifesta; remotamente, pode algo que não seja o intelecto manifestar. E assim o nome *verbo* propriamente se refere àquilo que procede do intelecto; o que não procede do intelecto só metaforicamente pode ser chamado *verbo*, na medida em que de algum modo manifesta. Nas relações divinas, só o Filho procede por via de intelecto, pois procede de uma só pessoa; já o Espírito Santo, que procede de duas pessoas, procede por via de vontade e assim o Espírito Santo só metaforicamente pode ser chamado *verbo*, no sentido de que todo manifestante se diz *verbo*. É desse modo que se deve entender o texto de Basílio.

*Resposta às objeções*

1. Fica claramente respondida a objeção.
2. O *verbo* segundo Basílio é aqui tomado como o Espírito Santo e a resposta é a mesma que a dada à primeira objeção. Ou pode-se dizer, segundo a *Glosa*, que é tomado no sentido de comando do Filho, que é chamado *verbo* metaforicamente, porque costumamos comandar com a *palavra* (*verbum*).
3. O conhecimento integra a natureza do *verbo* como que constituindo sua essência; o amor, embora não pertença a essa essência, é-lhe concomitante, como mostra

auctoritas inducta ostendit; et ideo non potest concludi quod Spiritus Sanctus sit verbum, sed quod procedat ex Verbo.

4. Ad quartum dicendum, quod verbum manifestat non solum quod est in intellectu, sed etiam quod est in voluntate, secundum quod ipsa voluntas est etiam intellecta; et ideo imperium quamvis sit signum voluntatis, tamen potest dici verbum, et ad intellectum pertinet.

5. Ad quintum patet solutio ex dictis.

## *Articulus quartus*
## *Utrum Pater dicat creaturam verbo quo dicit se*

Et videtur quod non.

### *Obiectiones*

1. Quia cum dicimus: Pater dicit se; non significatur ibi nisi dicens et dictum; et ex utraque parte significatur Pater tantum. Cum ergo Pater non producat ex se Verbum nisi secundum quod dicit se, videtur quod verbo, quod ex Patre procedit, non dicatur creatura.

2. Praeterea, verbum quo unumquodque dicitur, est similitudo illius. Sed verbum non potest dici similitudo creaturae, ut Anselmus probat in *Monolog.*; quia vel Verbum perfecte conveniret cum creaturis, et sic esset mutabile, sicut et creaturae, et periret in eo summa immutabilitas: vel non summe conveniret; et sic non esset in eo summa veritas, quia similitudo tanto verior est, quanto magis convenit cum eo cuius est similitudo. Ergo Filius non est verbum quo creatura dicatur.

o próprio texto aduzido. E assim não se pode concluir que o Espírito Santo seja o *Verbo*, mas que dele procede.

4. O *verbo* manifesta não só aquilo que está no intelecto mas também o que está na vontade, enquanto a própria vontade é também entendida pelo intelecto. Assim o comando, embora seja sinal da vontade, pode ser atribuído ao *verbo* e pertence ao intelecto.

5. Fica claramente respondida a objeção.

## Artigo 4
### Se o Pai profere as criaturas com o verbo com que profere a si mesmo

E parece que não.

### Objeções

1. A expressão "o Pai profere a si mesmo" só indica quem fala e o que é falado, e em ambos os casos só indica o Pai. E como o Pai só produz de si o *Verbo* ao proferir a si mesmo, parece que com o *Verbo*, que do Pai procede, não profira a criatura.

2. O *verbo* com que toda coisa é proferida é uma semelhança da própria coisa, mas o *Verbo* não pode ser dito semelhança da criatura, como demonstra Anselmo [*Monologion* 31], pois ou o *Verbo* se ajustaria perfeitamente à criatura e seria mutável como as criaturas, perdendo sua suma imutabilidade, ou não se ajustaria perfeitamente e então não possuiria aquela suprema verdade, pois a semelhança é tanto mais verdadeira quanto mais se ajusta àquilo a que é semelhante. Portanto, o Filho não é o *verbo* com que é proferida a criatura.

3. Praeterea, verbum creaturarum in Deo dicitur hoc modo sicut verbum artificiatorum in artifice. Sed verbum artificiatorum in artifice non est nisi dispositio de artificiatis. Ergo et verbum creaturarum in Deo non est nisi dispositio de creaturis. Sed dispositio de creaturis in Deo, essentialiter dicitur, et non personaliter. Ergo verbum quo creaturae dicuntur, non est Verbum quod personaliter dicitur.

4. Praeterea, verbum omne ad id quod per verbum dicitur, habet habitudinem vel exemplaris vel imaginis. Exemplaris quidem, quando verbum est causa rei sicut accidit in intellectu practico; imaginis autem, quando causatur a re, sicut accidit in nostro intellectu speculativo. Sed in Deo non potest esse verbum creaturae quod sit creaturae imago. Ergo oportet quod verbum creaturae in Deo sit creaturae exemplar. Sed exemplar creaturae in Deo est idea. Ergo verbum creaturae in Deo nihil est aliud quam idea. Idea autem non dicitur in divinis personaliter, sed essentialiter. Ergo Verbum personaliter dictum in divinis, quo Pater dicit seipsum, non est verbum quo dicuntur creaturae.

5. Praeterea, magis distat creatura a Deo quam ab aliqua creatura. Sed diversarum creaturarum sunt plures ideae in Deo. Ergo et non est idem verbum, quo Pater se et creaturam dicit.

6. Praeterea, secundum Augustinum, eo dicitur verbum quo imago. Sed Filius non est imago creaturae. Sed solius Patris; ergo Filius non est verbum creaturae.

7. Praeterea, omne verbum procedit ab eo cuius est verbum. Sed Filius non procedit a creatura. Ergo non est verbum quo creatura dicatur.

3. O *verbo* das criaturas em Deus é proferido do mesmo modo que o *verbo* dos artefatos no artífice, mas o *verbo* dos artefatos no artífice é só uma disposição dos artefatos, e portanto também o *verbo* das criaturas em Deus é só uma disposição das criaturas. Ora, a disposição das criaturas em Deus diz-se essencialmente e não pessoalmente. Daí que o *verbo* pelo qual as criaturas são proferidas não é o *Verbo* pessoa.

4. Todo *verbo* é como que exemplar ou imagem daquilo por ele expresso. Como exemplar, quando o *verbo* é causa da coisa como ocorre no intelecto prático; como imagem, quando é causado pela coisa como ocorre em nosso intelecto especulativo. Ora, em Deus não se pode dar um *verbo* da criatura que seja imagem da criatura, daí que necessariamente o *verbo* das criaturas, em Deus, seja exemplar das criaturas. Ora, o exemplar das criaturas em Deus é idéia, logo o *verbo* das criaturas em Deus não é mais do que idéia e a idéia não se predica pessoalmente, mas essencialmente. Portanto, o *Verbo* pessoal em Deus, pelo qual o Pai profere a si mesmo, não é o *verbo* pelo qual são proferidas as criaturas.

5. A criatura dista de Deus mais do que dista de outra criatura, mas em Deus há muitas idéias para as diversas criaturas. Daí que não é o mesmo o *verbo* pelo qual o Pai profere a si mesmo e as criaturas.

6. Segundo Agostinho [*De Trinitate* VI, 2], chama-se *Verbo* porque é Imagem. Ora, o Filho não é imagem da criatura mas só do Pai. Logo, o Filho não é *verbo* da criatura.

7. Todo *verbo* procede daquilo que é *verbo*. Ora, o Filho não procede da criatura, daí que não é o *verbo* pelo qual a criatura é proferida.

## Sed contra

1. Anselmus dicit, quod Pater dicendo se dixit omnem creaturam. Sed Verbum quo se dixit, est Filius. Ergo Verbo, quod est Filius, dicit omnem creaturam.

2. Praeterea, Augustinus, sic exponit, "Dixit et factum est": id est Verbum genuit, in quo erat ut fieret. Ergo Verbo, quod est Filius, dixit omnem creaturam.

3. Praeterea, eadem est conversio artificis ad artem et ad artificiatum; sed ipse Deus est ars aeterna a qua creaturae producuntur sicut artificiata quaedam; ergo Pater eadem conversione ad se et ad omnes creaturas, et sic dicendo se dicit omnes creaturas.

4. Praeterea, omne posterius reducitur ad id quod est primum in aliquo genere, sicut ad causam. Sed creaturae dicuntur a Deo. Ergo reducuntur ad primum, quod a Deo dicitur. Sed ipse primo seipsum dicit. Ergo per hoc quod dicit se, dicit omnes creaturas.

## Responsio

Dicendum, quod Filius procedit a Patre et per modum naturae, inquantum procedit ut Filius, et per modum intellectus, inquantum procedit ut Verbum. Uterque autem processionis modus apud nos invenitur, quamvis non quantum ad idem. Nihil enim est apud nos quod per modum intellectus et naturae ex alio procedat, quia intelligere et esse non est idem apud nos, sicut apud Deum; uterque autem modus processionis habet similem differentiam, secundum quod in nobis et in Deo invenitur. Filius

## Em contrário

1. Diz Anselmo [*Monologion* 33] que o Pai, proferindo a si mesmo, profere todas as criaturas. Ora, o *Verbo* pelo qual ele profere a si mesmo é o Filho. Portanto o *Verbo*, que é o Filho, profere todas as criaturas.

2. Agostinho [*De gen. ad litt*. II, 6] explica as passagens: "E Deus disse... e se fez" no sentido que gerou o *Verbo* no qual a criatura seria feita. Daí que o *Verbo*, que é o Filho, profere todas as criaturas.

3. O artífice simultaneamente aplica-se à arte e ao artefato, mas o próprio Deus é a arte eterna pela qual as criaturas são produzidas tal como certos artefatos. Assim, o Pai no mesmo ato refere-se a si e a todas as criaturas e, proferindo a si mesmo, profere todas as criaturas.

4. Tudo o que é posterior remonta a um primeiro em algum gênero como sua causa; mas as criaturas, sendo proferidas por Deus, remontam ao que é proferido por Deus por primeiro. Ora, Deus profere a si mesmo por primeiro; portanto, proferindo a si mesmo, profere todas as criaturas.

## Solução

O Filho procede do Pai a modo de natureza, enquanto Filho, e também a modo de intelecto, enquanto *Verbo*. Ora, estas duas formas de processão dão-se entre nós ainda que não quanto a uma mesma coisa: não se dá, entre nós, o caso de algo que proceda de outro por natureza e por intelecto, pois o ser e o entender não coincidem em nós como coincidem em Deus. Os dois modos de processão, no entanto, têm uma diferença semelhante quando referidos a nós ou a Deus: o filho de

enim hominis, qui a Patre homine per viam naturae procedit, non habet in se totam substantiam Patris, sed partem substantiae eius recipit. Filius autem Dei, inquantum per viam naturae procedit a Patre, totam in se naturam Patris recipit, ut sic sint naturae unius numero Filius et Pater. Et similis differentia invenitur in processu qui est per viam intellectus. Verbum enim quod in nobis exprimitur per actualem considerationem, quasi exortum ex aliqua priorum consideratione, vel saltem cognitione habituali, non totum in se recipit quod est in eo a quo oritur: non enim quidquid habituali cognitione tenemus, hoc totum exprimit intellectus in unius verbi conceptione, sed aliquid eius. Similiter in consideratione unius conclusionis non exprimitur omne id quod erat virtutis in principiis. Sed in Deo, ad hoc quod verbum eius perfectum sit, oportet quod verbum eius exprimat quidquid continetur in eo ex quo exoritur; et praecipue cum Deus omnia uno intuitu videat, non divisim. Sic igitur oportet quod quidquid in scientia Patris continetur, totum hoc per unum ipsius verbum exprimatur, et hoc modo quo in scientia continetur, ut sit verbum verum suo principio correspondens. Per scientiam autem suam Pater scit se, et cognoscendo se omnia alia cognoscit, unde et verbum ipsius exprimit ipsum Patrem principaliter, et consequenter omnia alia quae cognoscit Pater cognoscendo seipsum. Et sic Filius ex hoc ipso quod est verbum perfecte exprimens Patrem, exprimit omnem creaturam. Et hic ordo ostenditur in verbis

um homem, que procede do pai por via de natureza, não tem em si toda a substância do pai, mas recebe somente parte da sua substância. Já o Filho de Deus, enquanto por via de natureza procede do Pai, recebe em si toda a natureza do Pai, de tal modo que Pai e Filho são numericamente da mesma natureza.

Uma diferença semelhante encontra-se na processão por via de intelecto. Pois o *verbo* que se exprime em nós por consideração atual, como que surgido de uma certa consideração, ou ao menos conhecimento habitual de coisas anteriores, não recebe completamente, em si mesmo, tudo quanto se encontra naquilo do qual surgiu: pois o intelecto não exprime em uma única *palavra* (*verbum*) tudo o que possuímos no conhecimento habitual, mas só em parte; do mesmo modo que na consideração de uma conclusão não se exprime tudo o que virtualmente está contido nos princípios. Já em Deus, para que seu *Verbo* seja perfeito, é necessário que seu *Verbo* exprima tudo o que está contido naquele do qual procede, sobretudo porque Deus vê com um único olhar, e não separadamente, todas as coisas.

Daí que necessariamente tudo o que está contido no conhecimento do Pai seja expresso pelo seu único *Verbo*, que contém todo o conhecimento, de modo a ser um verdadeiro *Verbo* correspondente a seu princípio. Ora, pelo seu conhecimento, o Pai se conhece e, conhecendo-se, conhece a tudo o mais, daí que também seu *Verbo* exprime principalmente o próprio Pai e conseqüentemente todas as outras coisas que o Pai conhece ao conhecer-se a si mesmo. E assim o Filho, por ser *Verbo* que perfeitamente exprime o Pai, exprime também todas as criaturas. E essa articulação é expressa na sentença de

Anselmi, qui dicit, quod dicendo se, dixit omnem creaturam.

## *Responsio ad obiecta*

1. Ad primum igitur dicendum, quod cum dicitur: "Pater dicit se"; in hac dictione includitur etiam omnis creatura; inquantum, scilicet, Pater scientia sua continet omnem creaturam velut exemplar creaturae totius.

2. Ad secundum dicendum, quod Anselmus accipit stricte nomen similitudinis, sicut et Dionysius, in IX *De divinis nominibus* ubi dicit, quod in aeque ordinatis ad invicem, recipimus similitudinis reciprocationem; ut scilicet unum dicatur alteri simile, et e converso. Sed in his quae se habent per modum causae et causati, non invenitur, proprie loquendo, reciprocatio similitudinis: dicimus enim quod imago Herculis similatur Herculi sed non e converso. Unde, quia Verbum divinum non est factum ad imitationem creaturae, ut verbum nostrum, sed potius e converso; ideo Anselmus vult quod verbum non sit similitudo creaturae, sed e converso. Si autem largo modo similitudinem accipiamus, sic possumus dicere, quod Verbum est similitudo creaturae, non quasi imago eius, sed sicut exemplar; sicut etiam Augustinus dicit, ideas esse rerum similitudines. Nec tamen sequitur quod in Verbo non sit summa veritas, quia est immutabile, creaturis existentibus mutabilibus: quia non exigitur ad veritatem verbi similitudo ad rem quae per verbum dicitur, secundum conformitatem naturae, sed secundum repraesentationem, ut in quaestione *De Scientia Dei* dictum est.

Anselmo que afirma que o Pai proferindo a si mesmo, profere a todas as criaturas.

## Resposta às objeções

1. Quando se afirma que o Pai profere a si mesmo, nesse proferir estão incluídas todas as criaturas, na medida em que o Pai, em seu conhecimento, contém todas as criaturas, sendo exemplar de todas as criaturas.

2. Anselmo toma a palavra semelhança em sentido estrito, tal como o faz Dionísio [*De divinis nominibus* IX, 6] quando diz que nas coisas reciprocamente ordenadas com eqüidade dá-se a reciprocidade na semelhança, isto é, uma coisa se diz semelhante a outra e vice-versa; já nas coisas que se relacionam a modo de causa e causado não se dá, propriamente falando, reciprocidade na semelhança: pois dizemos que a imagem de Hércules é semelhante a Hércules, mas não vice-versa. Dado que o *Verbo* divino não é feito à imitação de criatura, como o nosso *verbo*, mas precisamente ao contrário, Anselmo pretende, então, que o *Verbo* não seja semelhança da criatura, mas vice-versa. Se porém tomamos semelhança em sentido lato, então podemos afirmar que o *Verbo* é semelhança da criatura, não como imagem, mas como exemplar, que é também o que Agostinho afirma [*De div. quaest.* 83, 46]: que as idéias são semelhanças das coisas. No entanto, não se segue que no *Verbo* não esteja a suma verdade, que é imutável, enquanto as criaturas são mutáveis, pois não se exige para a verdade do *Verbo* semelhança com a coisa, que é proferida pelo *Verbo*, segundo a conformidade de natureza, mas segundo a representação, como discutimos na questão sobre a ciência de Deus.

3. Ad tertium dicendum, quod dispositio creaturarum non dicitur verbum, proprie loquendo, nisi secundum quod est ab altero progrediens, quae est dispositio genita; et dicitur personaliter, sicut et sapientia genita, quamvis dispositio simpliciter sumpta, essentialiter dicatur.

4. Ad quartum dicendum, quod verbum differt ab idea: idea enim nominat formam exemplarem absolute; sed verbum creaturae in Deo nominat formam exemplarem ab alio deductam; et ideo idea in Deo ad essentiam pertinet. Sed verbum ad personam.

5. Ad quintum dicendum, quod quamvis Deus maxime distet a creatura, considerata proprietate naturae, tamen Deus est creaturae exemplar; non autem una creatura est exemplar alterius; et ideo per Verbum quo exprimitur Deus, exprimitur omnis creatura, non autem idea qua exprimitur una creatura, exprimitur alia. Ex quo etiam apparet alia differentia inter verbum et ideam: quia idea directe respicit creaturam, et ideo plurium creaturarum sunt plures ideae, sed Verbum respicit directe Deum, qui primo per Verbum exprimitur, et ex consequenti creaturas. Et quia creaturae secundum quod in Deo sunt, unum sunt, ideo creaturarum omnium est unum verbum.

6. Ad sextum dicendum, quod cum dicit Augustinus, quod Filius eo dicitur Verbum quo Imago, intelligit quantum ad proprietatem personalem Filii, quae est eadem secundum rem, sive secundum eam dicatur Filius, sive Verbum, sive Imago. Sed quantum ad modum significandi non est eadem ratio trium nominum praedictorum: verbum enim non solum importat rationem originis et imitationis, sed etiam manifestationis; et hoc modo Verbum est aliquo modo creaturae, inquantum scilicet per Verbum creatura manifestatur.

3. A disposição das criaturas só se diz *verbo* propriamente falando enquanto procede de outro, que é a disposição gerada, e se diz pessoalmente tal como a sabedoria gerada; ainda que a própria disposição se diga essencialmente.

4. O *verbo* difere da idéia: a idéia indica a forma exemplar de modo absoluto enquanto o *verbo* da criatura em Deus indica a forma exemplar decorrente de outro, e assim a idéia em Deus é própria da essência, mas o *verbo* é da pessoa.

5. Embora, consideradas as naturezas, Deus diste maximamente da criatura, no entanto Deus é o exemplar das criaturas, pois uma criatura não é exemplar de outra. E assim, pelo *Verbo* que Deus expressa, expressa toda criatura; ao passo que, pela idéia que expressa uma criatura, não se exprime uma outra. E assim se manifesta também outra diferença entre *verbo* e idéia, pois a idéia diz respeito diretamente à criatura e assim há diversas idéias para diversas criaturas, enquanto o *Verbo* diz respeito diretamente a Deus, que primeiramente se expressa pelo *Verbo* e por conseqüência expressa as criaturas. E como as criaturas são, em Deus, uma só coisa, um só é o *Verbo* para todas as criaturas.

6. Quando Agostinho diz que o Filho "se diz *Verbo* enquanto é Imagem", refere-se à propriedade pessoal do Filho, a qual, em termos de realidade, é a mesma quer se fale em Filho, *Verbo* ou Imagem. Quanto ao modo de significar, porém, não é idêntico o conteúdo desses três nomes: *Verbo* não só comporta o caráter de origem e de imitação mas também o de manifestação, e assim o *Verbo* aponta, de algum modo, para a criatura, enquanto é pelo *Verbo* que a criatura é manifestada.

7. Ad septimum dicendum, quod verbum est alicuius multipliciter: uno modo ut dicentis, et sic procedit ab eo cuius est verbum; alio modo ut manifestati per verbum, et sic non oportet quod procedat ab eo cuius est, nisi quando scientia ex qua procedit verbum, est causata a rebus; quod in Deo non accidit; et ideo ratio non sequitur.

### *Articulus quintus*
### *Utrum hoc nomen verbum importet respectum ad creaturam*

Et videtur quod non.

#### *Obiectiones*

1. Omne enim nomen quod importat respectum ad creaturam, dicitur de Deo ex tempore, ut creator et dominus. Sed verbum de Deo ab aeterno dicitur. Ergo non importat respectum ad creaturam.

2. Praeterea, omne relativum, vel est relativum secundum esse, vel secundum dici. Sed Verbum non refertur ad creaturam secundum esse, quia sic dependeret a creatura; nec iterum secundum dici, quia oporteret quod in aliquo casu ad creaturam referretur, quod non invenitur: maxime enim videretur referri per genitivum casum, ut diceretur: verbum est creaturae; quod Anselmus in *Monolog.*, negat. Ergo Verbum non importat respectum ad creaturam.

3. Praeterea, omne nomen importans respectum ad creaturam, non potest intelligi non intellecto quod creatura sit,

7. O *Verbo* é de alguém de diversos modos: de um modo, enquanto é de quem o profere e assim procede daquele de quem é *verbo*; de outro modo, enquanto é do manifestado pelo *verbo* e assim não é necessário que proceda daquele de quem é *verbo*, a menos que o conhecimento do qual procede o *verbo* seja causado pelas coisas, o que não ocorre com Deus. Daí que a objeção seja improcedente.

## Artigo 5
### Se a palavra verbo contém em si referência às criaturas

E parece que não

*Objeções*

1. Todo nome que comporte referência à criatura aplica-se a Deus no tempo, como "Criador" e "Senhor", mas o *Verbo* se aplica a Deus desde toda a eternidade. Daí que o *Verbo* não contenha referência à criatura.

2. Tudo o que é relativo ou é relativo segundo o ser ou relativo segundo o dizer; mas o *Verbo* não se refere à criatura segundo o ser, porque então dela dependeria. Nem tampouco se refere à criatura segundo o dizer, porque seria necessário que em algum caso de declinação se referisse à criatura, o que não ocorre: pois uma tal referência ocorreria sobretudo no caso genitivo com a formulação "o *Verbo* é da criatura", o que é negado por Anselmo [*Monologion* 33]. Daí que o *Verbo* não contenha referência à criatura.

3. Todo nome que implica referência à criatura só pode ser entendido se se entende a criatura existente em

actu vel potentia: quia qui intelligit unum relativorum, oportet quod intelligat et reliquum. Sed non intellecto aliquam creaturam esse, vel futuram, esse adhuc Verbum in Deo intelligitur, secundum quod Pater dicit seipsum. Ergo Verbum non importat aliquem respectum ad creaturam.

4. Praeterea, respectus Dei ad creaturam non potest esse nisi sicut causae ad effectum. Sed, sicut habetur ex dictis Dionysii, II *De divinis nominibus*, omne nomen connotans effectum in creatura, commune est toti Trinitati. Verbum autem non est huiusmodi. Ergo non importat respectum aliquem ad creaturam.

5. Praeterea, Deus non intelligitur referri ad creaturam nisi per sapientiam, potentiam et bonitatem. Sed omnia ista non dicuntur de verbo nisi per appropriationem. Cum ergo Verbum non sit appropriatum, sed proprium, videtur quod Verbum non importet respectum ad creaturam.

6. Praeterea, homo, quamvis sit dispositor rerum, non tamen in hominis nomine importatur respectus ad res dispositas. Ergo, quamvis per verbum omnia disponantur, non tamen nomen Verbi respectum ad creaturas dispositas importabit.

7. Praeterea, verbum relative dicitur, sicut et Filius. Sed tota relatio Filii terminatur ad Patrem: non est enim Filius nisi Patris. Ergo similiter tota relatio verbi; ergo Verbum non importat respectum ad creaturam.

8. Praeterea, secundum Philosophum, V *Metaph.*, omne relativum dicitur ad unum tantum; alias relativum haberet duo esse, cum esse relativi sit ad aliud se habere. Sed Verbum relative dicitur ad Patrem. Non ergo relative dicitur ad creaturas.

9. Praeterea, si unum nomen imponatur diversis secundum speciem, aequivoce eis conveniet, sicut canis latrabili et marino. Sed suppositio et superpositio sunt diversae species

ato ou em potência, pois só se pode entender um dos termos relativos se se entender o outro. Mas só a partir do entendimento de que uma criatura é ou será, pode-se entender em Deus o *Verbo* pelo qual o Pai profere a si mesmo. Daí que o *Verbo* não contenha referência às criaturas.

4. A relação entre Deus e a criatura só pode ser como a de causa e efeito, mas, como mostra Dionísio [*De divinis nominibus* II, 3], todo nome que conota um efeito na criatura é comum a toda a Trindade, o que não ocorre com o *Verbo*, daí que o *Verbo* não contenha referência à criatura.

5. Deus só é entendido em relação à criatura pela sabedoria, potência e bondade, que só se podem atribuir ao *Verbo* por apropriação. E como o *Verbo* não é apropriado mas próprio, parece que o *Verbo* não contenha referência às criaturas.

6. Embora o homem seja o dispositor das coisas, a *palavra* "homem" não implica referência às coisas dispostas. Assim, embora pelo *Verbo* tudo seja disposto, no entanto o nome *verbo* não comporta referência à criatura.

7. *Verbo*, como Filho, é conceito relativo. Ora, toda a relação de filho tem seu termo no pai: não há filho sem pai. E do mesmo modo toda a relação do *Verbo*. Daí que o *Verbo* não contenha referência à criatura.

8. Segundo o Filósofo [*Metaph.* V, 17], todo relativo se refere a um só termo, senão o relativo teria dois seres, pois o ser do relativo está na referência a outro. Ora, se o *Verbo* é relativo ao Pai, não pode ter relação às criaturas.

9. Um mesmo nome que se imponha a coisas diversas segundo a espécie será equívoco, como o nome "cavalo" para o cavalo que relincha e para o cavalo-marinho. Ora, suposição e superposição são diversas espé-

relationis. Si ergo unum nomen importet utramque relationem, oportebit nomen illud esse aequivocum. Sed relatio Verbi ad creaturam non est nisi superpositionis; relatio autem Verbi ad Patrem est quasi suppositionis, non propter inaequalitatem dignitatis, sed propter principii auctoritatem. Ergo Verbum quod importat relationem ad Patrem, non importat relationem ad creaturam, nisi aequivoce sumatur.

*Sed contra*

1. Est quod Augustinus dicit in lib. LXXXIII *Quaest.*, sic dicens: "In principio erat Verbum, quod graece *Logos* dicitur, latine rationem et verbum significat; sed hoc loco melius verbum interpretamur, ut significetur non solum ad Patrem respectus, sed ad illa etiam quae per Verbum facta sunt operativa potentia." Ex quo patet propositum.

2. Praeterea, super illud psalmistae, *Ps.* LXI, 12, "Semel locutus est Deus", dicit *Glossa*: "Semel, id est Verbum aeternaliter genuit, in quo omnia disposuit." Sed dispositio dicit respectum ad disposita. Ergo verbum relative dicitur ad creaturas.

3. Praeterea, verbum omne importat respectum ad id quod per verbum dicitur. Sed, sicut dicit Anselmus, Deus dicendo se, dixit omnem creaturam. Ergo Verbum importat respectum non solum ad Patrem, sed ad creaturam.

4. Praeterea, Filius, ex hoc quod est Filius, perfecte repraesentat Patrem, secundum id quod est ei intrinsecum. Sed Verbum ex suo nomine addit manifestationem; non potest autem esse alia manifestatio nisi sicut manifestatur Pater per creaturas,

cies de relações e, se um mesmo nome designa a ambas, esse nome necessariamente será equívoco. Ora, a relação do *Verbo* com as criaturas é só de superposição, enquanto sua relação com o Pai é como que de suposição, não por desigualdade de dignidade, mas pela autoridade do princípio. Daí que o *Verbo*, que guarda relação com o Pai, não contenha referência à criatura, a menos que seja tomado equivocamente.

## Em contrário

1. Diz Agostinho [LXXXIII *Quaestionum* 63] "'No princípio era o *Verbo*.' O que em grego é *Logos*, é o que se diz em latim *ratio* (razão) ou *verbum* (palavra). E nesta passagem traduz-se melhor por *verbo* pois diz respeito não só ao Pai, mas também àquelas coisas que foram criadas mediante o *Verbo* com a potência operativa." O que torna evidente nossa tese.

2. Sobre a sentença do Salmo (61, 12): "Uma única vez falou Deus", diz a *Glosa* [Pedro Lombardo]: "'Uma única vez', isto é, eternamente gerou o *Verbo*, no qual dispôs todas as coisas." Ora, a disposição diz respeito às coisas dispostas. Portanto, *Verbo* se diz em relação às criaturas.

3. Todo *verbo* guarda relação com o que é dito pelo *verbo*. Mas, como mostra Anselmo [*Monologion* 33], Deus, proferindo a si mesmo, profere toda a criatura. Daí que o *Verbo* guarde relação não só com o Pai, mas também com a criatura.

4. O Filho, por ser Filho, representa perfeitamente o Pai naquilo que lhe é intrínseco, mas *Verbo*, pelo próprio nome *verbo*, acrescenta a nota de manifestação. Ora, a única manifestação possível é a do Pai pelas criaturas,

quae est quasi manifestatio ad exterius. Ergo Verbum importat respectum ad creaturam.

5. Praeterea, Dionysius dicit, VII *De divin. nomin.*, quod "Deus laudatur ratio" vel Verbum, "quia est sapientiae et rationis largitor"; et sic patet quod Verbum de Deo dictum importat rationem causae. Sed causa dicitur ad effectum. Ergo verbum importat respectum ad creaturas.

6. Praeterea, intellectus practicus refertur ad ea quae operata sunt per ipsum. Sed Verbum divinum est verbum intellectus practici, quia est operativum verbum, ut Damascenus dicit. Ergo Verbum dicit respectum ad creaturam.

### *Responsio*

Dicendum, quod quandocumque aliqua duo sic se habent ad invicem, quod unum dependet ad alterum, sed non e converso; in eo quod dependet ab altero, est realis relatio; sed in eo ad quod dependet, non est relatio nisi rationis tantum; prout, scilicet, non potest intelligi aliquid referri ad alterum quin cointelligatur etiam respectus oppositus ex parte alterius, ut patet in scientia, quae dependet ad scibile, sed non e converso. Unde, cum creaturae omnes a Deo dependeant, sed non e converso, in creaturis sunt relationes reales, quibus referuntur ad Deum; sed in Deo sunt relationes oppositae secundum rationem tantum. Et quia nomina sunt signa intellectuum, inde est quod aliqua nomina de Deo dicuntur, quae important respectum ad creaturam, cum tamen ille respectus sit rationis tantum, ut dictum est. Relationes enim reales in Deo sunt illae tantummodo quibus personae ab invicem distinguuntur.

a qual é de certo modo uma manifestação exterior. Portanto, *Verbo* se diz em relação às criaturas.

5. Diz Dionísio [*De divinis nominibus* VII, 4] que "Deus é louvado como Razão", isto é, *Verbo*, "porque é fonte de sabedoria e de razão". E assim é claro que o *Verbo* em Deus comporta o caráter de causa. Mas causa se diz em relação ao efeito. Portanto, *Verbo* se diz em relação às criaturas.

6. O intelecto prático refere-se àquelas coisas por ele operadas. Ora, o *Verbo* divino é um *verbo* do intelecto prático, pois é um verbo operativo, como diz João Damasceno [*De fide* I, 7]. Portanto, o *Verbo* diz respeito à criatura.

*Solução*

Sempre que duas coisas se relacionam entre si de modo que uma dependa da outra, mas não reciprocamente, na coisa que depende da outra há relação real, mas na coisa da qual a outra depende só há relação de razão, na medida em que não se pode entender que uma coisa dependa da outra sem que, ao mesmo tempo, se entenda também a relação oposta por parte da outra coisa; como fica claro no caso do conhecimento, que depende do cognoscível, mas não reciprocamente. Daí que – dado que todas as criaturas dependem de Deus, mas não vice-versa –, nas criaturas, as relações com respeito a Deus são reais; em Deus, porém, são relações somente de razão. E como os nomes são sinais das coisas conhecidas, há alguns nomes que se aplicam a Deus que comportam referência à criatura, embora essa referência seja só de razão, como dissemos [q. 2, a. 9 ad 4]: pois as relações reais em Deus são somente as que estabelecem distinções entre as pessoas.

In relativis autem invenimus quod quaedam nomina imponuntur ad significandum respectus ipsos, sicut hoc nomen similitudo; quaedam vero ad significandum aliquid ad quod sequitur respectus, sicut hoc nomen scientia imponitur ad significandum qualitatem quamdam quam sequitur quidam respectus. Et hanc diversitatem invenimus in nominibus relativis de Deo dictis, et quae ab aeterno et quae ex tempore de Deo dicuntur. Hoc enim nomen Pater, quod ab aeterno de Deo dicitur, et similiter hoc nomen dominus, quod dicitur de eo ex tempore, imponuntur ad significandum ipsos respectus; sed hoc nomen creator, quod de Deo ex tempore dicitur, imponitur ad significandum actionem divinam, quam consequitur respectus quidam; similiter etiam hoc nomen Verbum, imponitur ad significandum aliquid absolutum cum aliquo respectu adiuncto; est enim Verbum idem quod sapientia genita, ut Augustinus dicit. Nec ob hoc impeditur quin Verbum personaliter dicatur, quia, sicut Pater personaliter dicitur, ita et Deus generans, vel Deus genitus. Contingit autem ut aliqua res absoluta ad plura habere possit respectum. Et inde est quod nomen illud quod imponitur ad significandum aliquid absolutum ad quod sequitur aliquis respectus, potest ad plura relative dici, secundum quod scientia dicitur, inquantum est scientia, relative ad scibile; sed inquantum est accidens quoddam vel forma, refertur ad scientem. Ita etiam et hoc nomen verbum habet respectum et ad dicentem, et ad id quod per verbum dicitur; ad quod quidem potest dici dupliciter. Uno modo secundum convertentiam nominis; et sic verbum dicitur ad dictum. Alio modo ad rem cui convenit ratio dicti. Et quia Pater principaliter dicit se, generando Verbum suum, et ex consequenti dicit creaturas: ideo principaliter,

Ora, entre os relativos ocorre que alguns nomes sejam impostos para significar as próprias relações, como o nome "semelhança"; outros, por sua vez, para significar algo que se segue à relação, como o nome "conhecimento", que foi imposto para significar uma certa qualidade à qual se segue uma certa relação. E esta diversidade é encontrada nos nomes aplicados a Deus, tanto nos que se referem à eternidade como nos que se referem ao tempo. Pois o nome "Pai", que se aplica a Deus na dimensão da eternidade, e do mesmo modo o nome "Senhor", que se aplica a Deus na dimensão do tempo, são impostos para significar a ação divina à qual se segue uma ação divina. Do mesmo modo, o nome *Verbo* se impôs para indicar algo absoluto, junto com uma certa relação, pois *Verbo* é o mesmo que Sabedoria gerada, como diz Agostinho [*De Trinitate* VII, 2], e isto não impede que *Verbo* seja pessoal, como se diz pessoalmente "Deus gerador" ou "Deus gerado".

Pode acontecer porém que alguma coisa absoluta possa referir-se a muitas coisas. Daí verifica-se que o nome imposto para significar algo de absoluto, mas ao qual se segue uma certa relação, pode ser aplicado relativamente a muitas coisas, como "ciência" pode ser dito relativamente ao que é cognoscível, mas enquanto é um acidente ou uma certa forma refere-se àquele que possui a ciência. Assim também o nome *verbo* tem relação tanto com o falante como com o que é dito pelo *verbo*, e neste caso, de modo dúplice: segundo a convertibilidade do nome, caso em que *verbo* se refere à coisa dita, ou por outro lado em referência a uma coisa à qual convém o caráter de ser dita. E como o Pai principalmente profere a si mesmo na geração de seu *Verbo* e, por conseqüência, profere também as criaturas, então principal e

et quasi per se, Verbum refertur ad Patrem; sed ex consequenti, et quasi per accidens, refertur ad creaturam; accidit enim Verbo ut per ipsum creatura dicatur.

*Responsio ad obiecta*

1. Ad primum dicendum, quod ratio illa tenet in illis quae important actualem respectum ad creaturam, non autem in illis quae important respectum habitualem; et dicitur respectus habitualis qui non requirit creaturam simul esse in actu; et tales sunt omnes respectus qui consequuntur actus animae, quia voluntas et intellectus potest esse etiam de eo quod non est actu existens. Verbum autem importat processionem intellectus; et ideo ratio non sequitur.

2. Ad secundum dicendum, quod Verbum non dicitur relative ad creaturam secundum rem, quasi relatio ad creaturam sit in Deo realiter, sed dicitur secundum dici. Nec est remotum quin dicatur in aliquo casu; possum enim dicere quod est Verbum creaturae, id est de creatura, non a creatura; in quo sensu Anselmus negat. Et praeterea, si non referretur secundum aliquem casum, sufficeret quocumque modo referretur; ut puta si referatur per praepositionem adiunctam casuali, ut dicatur quod verbum est ad creaturam, scilicet constituendam.

3. Ad tertium dicendum, quod ratio illa procedit de illis nominibus quae per se important respectum ad creaturam. Hoc autem nomen non est huiusmodi, ut ex dictis, patet; et ideo ratio non sequitur.

4. Ad quartum dicendum, quod ex illa parte qua hoc nomen verbum importat aliquid absolutum, habet habitudinem causalitatis ad creaturam; sed ex respectu realis originis quem importat, efficitur personale, ex quo ad creaturam habitudinem non habet.

propriamente o *Verbo* refere-se ao Pai, mas por conseqüência e como que acidentalmente refere-se às criaturas. É de fato acidental ao *Verbo* que por ele sejam proferidas as criaturas.

### Resposta às objeções

1. Este argumento valeria para coisas que comportassem uma referência atual à criatura, mas não para as que comportam uma referência habitual. Referência habitual é tomada aqui no sentido de não requerer que a criatura seja simultaneamente em ato. Ora, deste tipo são todas as referências que se seguem aos atos da alma, porque a vontade e o intelecto podem ser mesmo daquilo que não é existente em ato. Ora, o *Verbo* comporta a processão do intelecto e portanto o argumento não é válido.

2. O *Verbo* não se diz relativamente à criatura de modo real como se a relação à criatura em Deus fosse real, mas segundo o dizer. E não está excluído que se refira à criatura em algum caso de declinação gramatical, pois posso dizer que o *Verbo* é *da criatura*, isto é, que diz respeito à criatura e não que seja *pela criatura*: sentido que Anselmo nega. Além disso, se não se referisse segundo alguma declinação, bastaria que se referisse de um modo qualquer, como por exemplo por preposição adjunta a um caso como quando se diz que o *Verbo* é para a criatura, isto é, para constituí-la.

3. O argumento vale para nomes que se referem por si à criatura; mas não é o caso do nome em questão, como é evidente pelo que foi dito.

4. O nome *Verbo*, sob o aspecto em que comporta algo de absoluto, tem uma relação de causalidade para com a criatura; mas, sob o aspecto da origem real que comporta, torna-se pessoal e não tem relação com a criatura.

5. Et per hoc patet responsio ad quintum.

6. Ad sextum dicendum, quod Verbum non solum est id per quod fit dispositio, sed est ipsa Patris dispositio de rebus creandis; et ideo aliquo modo ad creaturam refertur.

7. Ad septimum dicendum, quod Filius importat tantum relationem alicuius ad principium a quo oritur; sed verbum importat relationem et ad principium a quo dicitur, et ad id quod est quasi terminus, scilicet id quod per Verbum manifestatur; quod quidem principaliter est Pater, sed ex consequenti est creatura, quae nullo modo potest esse divinae personae principium; et ideo Filius nullo modo importat respectum ad creaturam, sicut Verbum.

8. Ad octavum dicendum quod ratio illa procedit de illis nominibus quae imponuntur ad significandum ipsos respectus: non enim potest esse quod unus respectus terminetur ad multa nisi secundum quod illa multa aliquo uniuntur.

9. Et similiter etiam est dicendum ad nonum.

*Responsio ad ea quae contra obiciuntur*

Rationes autem quae sunt ad oppositum, concludunt quod aliquo modo ad creaturam referatur Verbum; non autem quod hanc relationem per se importet, et quasi principaliter; et in hoc sensu concedendae sunt.

### Articulus sextus
### Utrum res verius sint in Verbo vel in seipsis

Et videtur quod non sint verius in Verbo.

5. A resposta fica clara pelo que foi dito.

6. O *Verbo* não é só aquilo pelo qual ocorre a disposição, mas é a própria disposição do Pai em relação às coisas para criar e assim, de certo modo, refere-se à criatura.

7. Filho comporta somente relação de alguém com o princípio do qual se origina, mas *Verbo* comporta tanto relação ao princípio do qual é proferido quanto àquilo que é como que termo, isto é, aquilo que é manifestado pelo *Verbo*. Relaciona-se assim principalmente com o Pai, mas conseqüentemente com a criatura, que de modo algum pode ser princípio de uma pessoa divina. E assim o Filho de modo algum comporta relação com a criatura como o *Verbo*.

8. O argumento vale para aqueles nomes estabelecidos para significar as próprias relações: de fato, é impossível que uma única relação tenha por termo a muitas coisas, a menos que estas formem uma certa unidade.

9. Vale a resposta acima.

*Resposta aos argumentos em contrário*

As razões contrárias levam à conclusão de que o Verbo se refere de certo modo à criatura, não porém que o *Verbo* comporte tal relação por si e como que principalmente, e neste sentido são concedidas.

## Artigo 6
### Se as coisas são mais verdadeiras no Verbo ou em si mesmas

Parece que as coisas não são mais verdadeiras no *Verbo*.

## *Obiectiones*

1. Verius enim est aliquid ubi est per essentiam suam, quam ubi per suam similitudinem tantum. Sed in Verbo res non sunt nisi per suam similitudinem, in se autem sunt per suam essentiam. Ergo verius sunt in seipsis quam in Verbo.

2. Sed dicebat, quod pro tanto sunt nobilius in Verbo, quia ibi habent nobilius esse. Contra, res materialis nobilius esse habet in anima nostra quam in seipsa, ut etiam Augustinus dicit in *lib. De Trin.*, et tamen verius est in seipsa quam in anima nostra. Ergo eadem ratione verius est in se quam sit in Verbo.

3. Praeterea, verius est id quod est in actu, quam id quod est in potentia. Sed res in seipsa est in actu, in Verbo autem est tantum in potentia, sicut artificiatum in artifice. Ergo verius est res in se quam in Verbo.

4. Praeterea, ultima rei perfectio est sua operatio. Sed res in seipsis existentes habent proprias operationes, quas non habent ut sunt in Verbo. Ergo verius sunt in seipsis quam in Verbo.

5. Praeterea, illa solum sunt comparabilia quae sunt unius rationis. Sed esse rei in seipsa, non est unius rationis cum esse quod habet in Verbo. Ergo, ad minus, non potest dici quod verius sit in Verbo quam in seipsa.

## *Sed contra*

1. "Creatura in creatore est creatrix essentia", ut Anselmus dicit. Sed esse increatum est verius quam creatum. Ergo res verius esse habet in Verbo quam in seipsa.

## Objeções

1. Uma coisa é mais verdadeira onde é por essência do que onde é só por semelhança. Ora, no *Verbo*, as coisas estão somente por semelhança, daí que se encontrem com mais verdade em si mesmas do que no *Verbo*.

2. Diz-se que as coisas, por serem de um modo mais nobre no *Verbo*, têm um ser mais nobre. Ora, a coisa material tem um ser mais nobre na alma do que em si mesma, como diz também Agostinho [*De Trinitate* IX, 4], e no entanto é mais verdadeira em si mesma do que em nossa alma. Daí que, pela mesma razão, mais verdadeira é a coisa em si mesma do que no *Verbo*.

3. Mais verdadeiro é o que é em ato do que o que é em potência. E a coisa em si mesma é em ato enquanto no *Verbo* ela só é em potência – como o artefato no artífice. Daí ser mais verdadeira a coisa em si mesma do que no *Verbo*.

4. A última perfeição de uma coisa é a sua operação. E a coisa em si mesma tem operações próprias que não possui no *Verbo*. Daí ser mais verdadeira a coisa em si mesma do que no *Verbo*.

5. Só são comparáveis coisas que têm um caráter comum: o que não ocorre com o ser da coisa em si mesma e o ser que tem no *Verbo*. Daí que no mínimo não se pode dizer que ela é mais verdadeira no *Verbo* do que em si mesma.

## Em contrário

1. "A criatura no Criador é essência criadora", como diz Anselmo. Ora, o ser incriado é mais verdadeiro do que o criado. Portanto, a coisa tem mais ser no *Verbo* do que em si mesma.

2. Praeterea, sicut ponebat Plato ideas rerum esse extra mentem divinam, ita nos in mente divina ponimus eas. Sed secundum Platonem, verius erat homo separatus, homo, quam materialis; unde hominem separatum per se hominem nominabat. Ergo et secundum positionem fidei verius sunt res in Verbo quam sint in seipsis.

3. Praeterea, illud quod est verissimum in unoquoque genere, est mensura totius generis. Sed similitudines rerum in Verbo existentes, sunt mensurae veritatis in rebus omnibus, quia secundum hoc res aliqua dicitur vera, secundum quod imitatur exemplar suum, quod est in Verbo. Ergo res verius sunt in Verbo quam in seipsis.

*Responsio*

Dicendum, quod, sicut dicit Dionysius II *De divinis nominibus*, causata deficiunt ab imitatione suarum causarum, quae eis supercollocantur. Et propter istam distantiam causae a causato, aliquid vere praedicatur de causato quod non praedicatur de causa, sicut patet quod delectationes non dicuntur proprie delectari, quamvis sint nobis causae delectandi: quod quidem non contingit nisi quia modus causarum est sublimior quam ea quae de effectibus praedicantur. Et hoc invenimus in omnibus causis aequivoce agentibus; sicut sol non potest dici calidus, quamvis ab eo alia calefiant; quod est propter ipsius solis supereminentiam ad ea quae calida dicuntur. Cum ergo quaeritur utrum res verius sint in seipsis quam in Verbo, distinguendum est: quia ly verius potest designare vel veritatem rei, vel veritatem praedicationis. Si designet veritatem rei, sic proculdubio maior est ve-

2. Platão colocava as idéias das coisas fora da mente divina e nós as colocamos na mente divina. Mas para Platão era mais verdadeiro o homem separado do que o homem material e considerava como homem em si precisamente o homem separado. E assim também segundo a posição da fé, mais verdadeiras são as coisas no *Verbo* do que em si mesmas.

3. Aquilo que é sumamente verdadeiro em qualquer gênero é a medida de todo o gênero. Ora, as semelhanças das coisas existentes no *Verbo* são a medida da verdade em todas as coisas, pois uma coisa se diz verdadeira na medida em que imita o exemplar que está no *Verbo*. Daí serem mais verdadeiras as coisas no *Verbo* do que em si mesmas.

### *Solução*

Como diz Dionísio [*De divinis nominibus* II, 8], as coisas causadas imitam deficientemente as causas colocadas acima delas, e pela distância da causa ao causado há coisas que se predicam do causado e não se predicam da causa; como evidentemente, por exemplo, não se diz que os deleites se deleitem, embora para nós sejam causa de deleite, o que só acontece porque o modo das causas é mais sublime do que o dos efeitos. E assim encontramos em todas as causas agentes equívocos: como o Sol não pode ser dito quente, ainda que por ele todas as coisas são esquentadas, em virtude da supereminência do próprio Sol em relação às coisas que se dizem quentes. Quando se pergunta, então, se as coisas são mais verdadeiras em si mesmas do que no *Verbo*, deve-se distinguir, porque a expressão "mais verdadeiras" pode designar a verdade da coisa ou a verdade da predicação. Se designa a verdade da coisa, então sem dúvida é maior a ver-

ritas rerum in Verbo quam in seipsis. Si autem designetur veritas praedicationis, sic est e converso: verius enim praedicatur homo de re quae est in propria natura, quam de ea secundum quod est in Verbo. Nec hoc est propter defectum Verbi, sed propter supereminentiam ipsius, ut dictum est.

## Responsio ad obiecta

1. Ad primum igitur dicendum, quod si intelligatur de veritate praedicationis, simpliciter verum est quod verius est aliquid ubi est per essentiam quam ubi est per similitudinem. Sed si intelligatur de veritate rei, tunc verius est ubi est per similitudinem quae est causa rei; minus autem vere ubi est per similitudinem.

2. Ad secundum dicendum, quod similitudo rei quae est in anima nostra, non est causa rei sicut similitudo rerum in Verbo; et ideo non est simile.

3. Ad tertium dicendum, quod potentia activa est perfectior quam sit actus, qui est eius effectus; et hoc modo creaturae dicuntur esse in potentia in Verbo.

4. Ad quartum dicendum, quod quamvis creaturae in Verbo non habeant proprias operationes, habent tamen operationes nobiliores, inquantum sunt effectivae rerum, et operationum ipsarum.

5. Ad quintum dicendum, quod quamvis non sint unius rationis, esse creaturarum in Verbo et in seipsis secundum univocationem, sunt tamen aliquo modo unius rationis, secundum analogiam.

## Responsio ad ea quae contra obiciuntur

1. Ad id vero quod primo in contrarium obiicitur, dicendum, quod ratio illa procedit de veritate rei, non autem de veritate praedicationis.

dade da coisa no *Verbo* do que nela mesma; se porém designa a verdade da predicação, então é o contrário: pois homem se predica com mais verdade da coisa que existe na própria natureza do que da que existe no *Verbo*, e isto não por um defeito do *Verbo* mas pela sua supereminência, como dissemos.

## Resposta às objeções

1. Quando se trata da verdade da predicação é simplesmente verdadeiro o caso que uma coisa se encontra com mais verdade onde é por essência do que onde é por semelhança. Quando, porém, se trata da verdade da coisa, então a coisa é mais verdadeira onde é por semelhança, que é causa da coisa, e é com menos verdade onde é por semelhança causada da coisa.

2. A semelhança da coisa em nossa alma não é causa da coisa como a semelhança das coisas no *Verbo*, e portanto não há equivalência.

3. Uma potência ativa é mais perfeita do que o ato que é um seu efeito, e assim se diz que as criaturas são em potência no *Verbo*.

4. Embora as criaturas no *Verbo* não tenham operações próprias, têm no entanto operações mais nobres enquanto efetuam as coisas e suas operações.

5. Embora o ser das criaturas em si mesmas e o ser que têm no *Verbo* não tenham o mesmo caráter segundo a univocidade, sim, de certo modo o têm, segundo a analogia.

## Resposta aos argumentos em contrário

1. O argumento vale para a verdade das coisas e não para a verdade da predicação.

2. Ad secundum dicendum, quod Plato in hoc reprehenditur quod posuit formas naturales secundum propriam rationem esse praeter materiam, ac si materia accidentaliter se haberet ad species naturales; et secundum hoc res naturales vere praedicari possent de his quae sunt sine materia. Nos autemhoc non ponimus, et ideo non est simile.

3. Ad tertium dicendum sicut ad primum.

## *Articulus septimus*
## *Utrum Verbum sit eorum quae nec sunt, nec erunt, nec fuerunt*

Et videtur quod sic.

### *Obiectiones*

1. Verbum enim importat aliquid progrediens ab intellectu. Sed intellectus divinus est etiam de his quae nec sunt, nec erunt, nec fuerunt, ut in quaestione *De Scientia Dei*, dictum est. Ergo Verbum etiam de his esse potest.

2. Praeterea, secundum Augustinum, lib. VI *De Trinit.*, Filius est ars Patris plena rationum viventium. Sed, sicut dicit August. in lib. LXXXIII *Quaestionum*, ratio, etsi nihil per illam fiat, recte ratio dicitur. Ergo Verbum est etiam eorum quae nec fient, nec facta sunt.

3. Praeterea, Verbum non esset perfectum nisi contineret in se omnia quae sunt in scientia dicentis. Sed in scientia Patris dicentis

2. Platão errou ao estabelecer formas naturais essencialmente fora da matéria, como se a matéria fosse acidental para as espécies naturais. E de acordo com isto a realidade natural poderia ser predicada com verdade de coisas sem matéria. Nós, porém, não pensamos desse modo e assim não há equivalência.

3. Vale a mesma resposta dada ao primeiro argumento.

## *Artigo 7*
### *Se o Verbo é daquelas coisas que não são nem serão nem foram*

E parece que sim.

### *Objeções*

1. O *verbo* implica qualquer coisa procedente do intelecto. Ora, o intelecto divino é daquelas realidades que não são nem serão nem foram, como discutimos na "Questão sobre o conhecimento de Deus" [a. 8]. Portanto, também o *Verbo* pode ser assim.

2. Segundo Agostinho [*De Trinitate* VI, 10], "o Filho é a Arte do Pai repleta das concepções (*rationum*) dos viventes". Mas como diz Agostinho [LXXXIII *Quaestionum* 63] "a concepção (*ratio*), ainda que nada se faça por ela, é corretamente chamada concepção". Portanto também o *Verbo* é das coisas que não estão se fazendo e nem se fizeram.

3. O *Verbo* não seria perfeito se em si não contivesse tudo o que está no conhecimento de quem profere. Mas no conhecimento de Deus Pai, que é quem profe-

sunt ea quae nunquam erunt, nec facta sunt. Ergo et ista erunt in Verbo.

## Sed contra

1. Est quod Anselmus dicit in *Monologion*: "Eius quod nec est, nec fuit nec futurum est, nullum verbum esse potest."
2. Praeterea, hoc ad virtutem dicentis pertinet, ut quidquid dicit, fiat. Sed Deus est potentissimus. Ergo Verbum eius non est de aliquo quod non aliquando fiat.

## Responsio

Dicendum, quod aliquid potest esse in Verbo dupliciter. Uno modo sicut id quod Verbum cognoscit, vel quod in Verbo cognosci potest, et sic in Verbo est etiam illud quod nec est, nec erit, nec factum est, quia hoc cognoscit Verbum sicut et Pater; et in Verbo etiam cognosci potest sicut et in Patre. Alio modo dicitur aliquid esse in Verbo sicut id quod per Verbum dicitur. Omne autem quod aliquo verbo dicitur, ordinatur quodammodo ad executionem, quia verbo instigamus alios ad agendum, et ordinamus aliquos ad exequendum id quod mente concepimus; unde etiam dicere Dei, disponere ipsius est, ut patet per *Glossam* super illud *Psalm.* LXI, 12: "Semel locutus est Deus" etc. Unde, sicut Deus non disponit nisi quae sunt, vel erunt, vel fuerunt, ita nec dicit; unde Verbum est horum tantum, sicut per ipsum dictorum. Scientia autem et ars et idea, vel ratio, non important ordinem ad aliquam executionem, et ideo non est simile de eis et de Verbo. Et per hoc patet responsio ad obiecta.

re, há coisas que nunca foram nem nunca serão: e assim também no *Verbo*.

### Em contrário

1. Diz Anselmo [*Monologion* 32]: "Não pode haver *verbo* daquilo que não é, não foi e não será."
2. É próprio do poder de quem profere que tudo que ele diga se faça. Ora, Deus é potentíssimo, daí não ser seu *Verbo* de coisas que nunca se farão.

### Solução

Algo pode ser no *Verbo* de dois modos: no primeiro modo, como aquilo que o *Verbo* conhece ou que pode ser conhecido no *Verbo*, e desse modo é no *Verbo* também o que não é, não foi e não será, porque isto conhece o *Verbo* como o Pai, e pode ser conhecido tanto no *Verbo* como no Pai. De outro modo, diz-se que algo seja no *Verbo* como aquilo que é proferido pelo *Verbo*. Ora, tudo o que é dito com algum *verbo* se dirige de algum modo à execução porque com a *palavra* (*verbum*) movemos os outros a agir e ordenamos que se execute o que com a mente concebemos: daí também que o dizer de Deus é o seu dispor, como mostra a *Glosa* [Pedro Lombardo] a propósito do Salmo LXI, 12: "Só uma vez Deus falou etc." E como Deus só dispõe coisas que são, foram ou serão, assim também só essas profere. Daí que o *Verbo* é somente das coisas ditas por ele. Já a ciência, a arte, a idéia e a razão não requerem nenhuma aplicação à execução e portanto não há equivalência entre essas e o *Verbo*. E com isto ficam claras as respostas às objeções.

## Articulus octavus
## Utrum omne quod factum est, sit vita in Verbo

Et videtur quod non.

### Obiectiones

1. Quia secundum hoc Verbum est causa rerum, quod res sunt in ipso. Si ergo res in Verbo sunt vita, Verbum causat res per modum vitae. Sed ex hoc quod causat res per modum bonitatis, sequitur quod omnia sunt bona. Ergo ex hoc quod causat res per modum vitae, sequetur quod omnia sint viva: quod falsum est; ergo et primum.

2. Praeterea, res sunt in Verbo sicut artificiata apud artificem. Sed artificiata in artifice non sunt vita: nec enim ipsius artificis vita sunt, qui vivebat etiam antequam artificiata in ipso essent; neque artificiatorum, quae vita carent. Ergo nec creaturae in Verbo sunt vita.

3. Praeterea efficientia vitae magis appropriatur in Scriptura Spiritui Sancto quam Verbo, ut patet *Ioan*. VI, 64: Spiritus est qui vivificat; et in pluribus aliis locis. Sed verbum non dicitur de Spiritu Sancto, sed de Filio tantum, ut patet ex dictis. Ergo nec convenienter dicitur quod res in Verbo sit vita.

4. Praeterea, lux intellectualis [non] est principium vitae. Sed res in Verbo non sunt lux. Ergo videtur quod in eo non sint vita.

### Sed contra

1. Est quod dicitur *Ioh*. I, 3: "Quod factum est, in ipso vita erat."

## Artigo 8
## Se todas as coisas que foram feitas são vida no Verbo

E parece que não.

### Objeções

1. O *Verbo* é causa das coisas enquanto estas nele são. Se pois as coisas fossem vida no *Verbo*, o *Verbo* as causaria a modo de vida. Mas, assim como por causá-las a modo de bondade segue-se serem boas todas as coisas, assim também por causar as coisas a modo de vida segue-se que todas as coisas sejam viventes, o que é falso, portanto também o pressuposto.

2. As coisas no *Verbo* são como os artefatos no artífice, mas no artífice os artefatos não são vida: não são a própria vida do artífice, que já vivia antes dos artefatos nele serem; e nem são a vida dos artefatos, que carecem de vida. Assim tampouco as criaturas são vida no *Verbo*.

3. A produção da vida, na Sagrada Escritura, é mais própria do Espírito Santo do que do *Verbo*, como se evidencia em Jo 6, 64: "É o Espírito que vivifica" e tantas outras passagens. Mas não se chama *Verbo* ao Espírito Santo mas só ao Filho, como mostramos [a. 3]. Portanto, não se pode dizer que a coisa no *Verbo* é vida.

4. A luz intelectual não é princípio de vida. Ora, as coisas no Verbo não são luz, portanto parece que não são vida.

### Em contrário

1. Diz Jo 1, 3: "O que foi criado nele era vida."

2. Praeterea, secundum Philosophum in VIII *Physicorum*, motus caeli dicitur vita quaedam omnibus natura existentibus. Sed magis influat Verbum in creaturas quam motus caeli in naturam. Ergo res, secundum quod sunt in Verbo, debent dici vita.

*Responsio*

Dicendum, quod res, secundum quod sunt in Verbo, considerari possunt dupliciter: uno modo per comparationem ad Verbum; alio modo per comparationem ad res in propria natura existentes; et utroque modo similitudo creaturae in Verbo est vita. Illud enim proprie vivere dicimus quod in seipso habet principium motus vel operationis cuiuscumque. Ex hoc enim primo sunt dicta aliqua vivere, quia visa sunt in seipsis habere aliquid ea movens secundum quemcumque motum. Et hinc processit nomen vitae ad omnia quae in seipsis habent operationis propriae principium; unde et ex hoc quod aliqua intelligunt vel sentiunt vel volunt, vivere dicuntur, non solum ex hoc quod secundum locum moventur, vel secundum augmentum. Illud ergo esse quod habet res prout est movens seipsam ad operationem aliquam, proprie dicitur vita rei, quia "vivere viventis est esse", ut in II *De anima* dicitur. In nobis autem nulla operatio ad quam nos movemus, est esse nostrum; unde intelligere nostrum non est vita nostra, proprie loquendo, nisi secundum quod vivere accipitur pro opere, quod est signum vitae; et similiter nec similitudo intellecta in nobis est vita nostra. Sed intelligere Verbi

2. Segundo Aristóteles [VIII *Physicorum* 1], o movimento do céu é chamado "uma certa vida para todas as coisas existentes na natureza". Ora, o *Verbo* influi nas criaturas mais do que o movimento do céu na natureza. Portanto as coisas segundo o ser que têm no *Verbo* devem chamar-se vida.

*Solução*

As coisas enquanto são no *Verbo* podem ser consideradas de dois modos: em comparação com o *Verbo* ou em comparação com as coisas tal como existem em sua própria natureza. Em ambos os casos a semelhança da criatura no *Verbo* é vida. Com efeito, dizemos propriamente que vive aquele que em si mesmo tem o princípio dos movimentos ou de quaisquer operações. É por isso que se começou a dizer de certos seres que eram vivos porque em si manifestavam algo que os movia segundo diversos movimentos, e então estendeu-se o nome vida a todos os que tinham em si mesmos o princípio da própria operação, daí que, por alguns entes pensarem, sentirem ou quererem, foram denominados viventes, e não apenas pelo movimento local ou pelo crescimento. Portanto, aquilo que a coisa tem enquanto move a si mesma a uma certa operação é o que se diz vida da coisa, já que "viver é o ser dos viventes", como diz Aristóteles [*De anima* II, 4]. Ora, quanto a nós, nenhuma atividade que realizamos é o nosso ser, daí que, propriamente falando, o nosso entender não é nossa vida, a não ser no sentido em que o viver é tomado como determinada atividade que é sinal de vida. E do mesmo modo também a semelhança entendida em nós não é a vida. Mas, no *Verbo*, o seu entender é seu ser e do mesmo modo sua semelhan-

est suum esse, et similiter similitudo ipsius; unde similitudo creaturae in Verbo, est vita eius. Similiter etiam similitudo creaturae est quodammodo ipsa creatura, per modum illum quo dicitur, quod anima quodammodo est omnia. Unde ex hoc quod similitudo creaturae in Verbo est productiva et motiva creaturae in propria natura existentis, quodammodo contingit ut creatura seipsam moveat, et ad esse producat, inquantum scilicet producitur in esse, et movetur a sua similitudine in Verbo existente. Et ita similitudo creaturae in Verbo est quodammodo creaturae vita.

*Responsio ad obiecta*

1. Ad primum ergo dicendum, quod hoc quod creatura in Verbo existens dicitur vita, non pertinet ad rationem propriam creaturae, sed ad modum quo est in Verbo. Unde, cum non sit eodem modo in seipsa, non sequitur quod in seipsa vivat, quamvis in Verbo sit vita; sicut non est in seipsa immaterialis, quamvis in Verbo sit immaterialis. Sed bonitas, entitas, et huiusmodi, pertinent ad propriam rationem creaturae; et ideo, sicut secundum quod sunt in Verbo, sunt bona, ita etiam secundum quod sunt in propria natura.

2. Ad secundum dicendum, quod similitudines rerum in artifice non possunt proprie dici vita, quia non sunt ipsum esse artificis viventis, nec etiam ipsa eius operatio, sicut in Deo accidit; et tamen Augustinus dicit, quod arca in mente artificis vivit; sed hoc est secundum quod in mente artificis habet esse intelligibile, quod ad genus vitae pertinet.

3. Ad tertium dicendum, quod vita Spiritui Sancto attribuitur secundum hoc quod Deus dicitur vita rerum,

ça: daí que a semelhança da criatura no *Verbo* é sua vida. Analogamente, a semelhança da criatura é de certo modo a própria criatura, no sentido que se diz "a alma é de certo modo todas as coisas". Daí que, sendo a semelhança da criatura no *Verbo* produtiva e motora da criatura existente em sua própria natureza, ocorre de certo modo que a própria criatura se mova e se produza a si mesma no ser, enquanto é produzida no ser e é movida por sua semelhança existente no *Verbo*. E assim a semelhança da criatura no *Verbo* é de certo modo a vida da criatura.

*Resposta às objeções*

1. O fato de que a criatura existente no *Verbo* seja chamada vida não pertence à natureza própria da criatura, mas ao modo pelo qual está no *Verbo*. Daí que, por não estar desse modo em si mesma, não se segue que em si mesma viva, se bem que no *Verbo* seja vida; do mesmo modo que a coisa não é em si imaterial, mas no *Verbo* o é. Quanto à bondade, entidade etc. elas pertencem à própria natureza da criatura e portanto, tal como no *Verbo* são boas, assim também o são em sua própria natureza.

2. As semelhanças das coisas no artífice não se podem propriamente chamar vida porque não são o próprio ser do artífice vivente nem tampouco a sua própria atividade, como ocorre em Deus. No entanto Agostinho [*in* Jo I, 17] diz que a arca na mente do artífice vive, mas isto por ter na mente do artífice um ser inteligível, que pertence ao gênero da vida.

3. A vida é atribuída ao Espírito Santo enquanto Deus é chamado vida das coisas, dado que ele está em todas

prout ipse est in rebus omnibus movens eas, ut sic modo quodam omnes res a principio intrinseco motae videantur; sed vita appropriatur Verbo secundum quod res sunt in Deo, ut ex dictis patet.

4. Ad quartum dicendum, quod similitudines rerum in Verbo, sicut sunt rebus causa existendi, ita sunt rebus causa cognoscendi; inquantum scilicet imprimuntur intellectualibus mentibus, ut sic res cognoscere possint; et ideo, sicut dicuntur vita prout sunt principia existendi, ita dicuntur lux prout sunt principia cognoscendi.

as coisas movendo-as de modo tal que parecem ser movidas por um princípio intrínseco. Mas a vida é própria do *Verbo*, segundo o qual as coisas são em Deus, como fica claro por tudo o que dissemos.

4. As semelhanças das coisas no *Verbo*, como são causa da existência das coisas, são também causa do conhecimento das coisas, enquanto são impressas nos intelectos, de modo que assim possam conhecer as coisas. Desse modo, assim como são consideradas vida enquanto princípios da existência, assim também são consideradas luz enquanto princípios do conhecimento.

abstraído, é oferecido ao intelecto passivo (que só é passivo no sentido que depende da ação do intelecto agente), para que produza o conceito. Na metáfora, o intelecto paciente poderia ser comparado ao filme virgem de raio-X (com a ressalva de que o filme é totalmente passivo, enquanto o intelecto reage ativamente para formar o conceito). O conceito, por sua vez, é meio para a união com o próprio objeto. O intelecto agente está assim ligado à atividade de estudar; o paciente, ao estado de saber.

**Intelecto componente e dividente** – o intelecto enquanto realiza a operação de emitir juízos. Ora, se a simples apreensão apenas capta uma forma e produz um conceito (por exemplo, "corvo") sem afirmar nem negar nada, o intelecto ao emitir juízos precisamente afirma (compõe) ou nega (divide) algo de algo: "o corvo é negro", "o corvo não é branco" etc.

**Intelecto prático / intelecto especulativo** – também aqui não se trata de dois intelectos: o intelecto especulativo contempla as verdades e pode estender essas verdades teóricas à ordem prática: do fazer e do agir. A arte (que tem em Santo Tomás mais o sentido técnico, do artífice) diz respeito ao bem fazer; a prudência, ao bem agir.

**Intencional** – V. *Simples apreensão.*

**Juízo** – V. *Intelecto componente.*

**Movimento** – não só no sentido de movimento local, mas de qualquer mudança: passagem de potência para ato.

**Potência** – indica não só o modo de ser que se contrapõe ao ato (na ordem do ser), mas, na ordem da operação, indica a faculdade. Assim, nesta ordem, se fala em potência visual, potência intelectiva etc.

**Potência apetitiva** – V. *Vontade.*

**Potência cognoscitiva** – V. *Intelecto.*

**Potências espirituais** – V. *Intelecto* e *Vontade.*

**Predicamentos** – ou categorias. São as classificações em que se divide a realidade: a substância e os acidentes.

**Qüididade** – V. *Simples apreensão.*

**Raciocínio** – uma das três operações da mente. O raciocínio é o movimento discursivo, pelo enlace lógico de *juízos*. O raciocínio é próprio do modo de pensar humano (Deus e os anjos não raciocinam), pois movimento indica potência e, portanto, imperfeição.

**Sentidos** – são as faculdades do conhecimento sensível. Há sentidos externos (que se unem imediatamente a seu objeto: visão, audição etc.) e quatro sentidos internos (que só atuam mediatamente, sobre as sensações dos sentidos externos): *sentido comum* (que registra e diferencia os dados que afetam os sentidos externos); *imaginação*, também chamada *fantasia* (que interioriza, produz internamente as imagens externas); *cogitativa* (nos animais, chamada "capacidade estimativa") que, no homem, realiza certas operações sensíveis ligadas ao conhecimento intelectual; e a *memória*.

**Simples apreensão** – é a posse intencional de formas. Intencional, aqui, significa não um ato volitivo, mas *intentio*, "tender a". A forma de cão que está em Rex, fazendo com que Rex seja um cão, está em Rex de modo natural. Ao conhecer, o sujeito apreende a forma de cão de Rex, a possui: evidentemente não do modo natural com que Rex a possui (e que o leva a agir como cão: a roer ossos, a latir etc.), mas de modo intencional, cognoscitivo. Pela forma assim apreendida (o conceito, a qüididade da coisa), o sujeito se une à própria realidade do objeto. Daí que se afirme que pelo conhecimento, de certo modo, o sujeito se torna o objeto (possui sua forma) e que a alma espiritual "é de certo modo todas as coisas". V. *intelecto agente*.

**Vontade** – além da dimensão cognoscitiva, o homem tem uma dimensão apetitiva: a dinâmica do dirigir-se à posse do bem. Assim como há um conhecimento sensível e um conhecimento intelectual (espiritual), assim também há um apetite sensível (que depende do conhecimento sensível) e a vontade (um apetite espiritual, que segue o conhecimento intelectual). De fato, não estamos limitados a apetecer os bens sensíveis, mas tendemos ao bem em geral e pode servir-nos de motivação: a honra ou a justiça etc. Como o ente é convertível com o verdadeiro, qualquer ente – na medida em que é cognoscível – pode servir de objeto para a vontade.